Cornelia Kazis, Bettina Ugolini
Ich kann doch nicht immer für dich da sein

W0180274

PIPER

Zu diesem Buch

Noch nie zuvor in der Geschichte der Menschheit dauerte die Eltern-Kind-Beziehung so lange wie heute. Doch neue Konflikte sind vorprogrammiert, wenn man selbst nicht mehr ganz jung ist und plötzlich mit den hoch betagten, oft gebrechlichen Eltern konfrontiert wird. Was bedeutet es, wenn man sich zur Ruhe setzen möchte, aber die eigenen Eltern immer mehr Unterstützung benötigen? Wie schafft man Nähe und gibt Hilfe, ohne das eigene Leben über die Maßen zu belasten? Mit Blick auf die Nöte und Erwartungen beider Seiten erklärt dieses Buch, wie trotz aller Konflikte ein beziehungsreiches Miteinander gelingen kann.

Cornelia Kazis ist Journalistin beim Schweizer *Radio DRS* 1 und 2 für Gesellschaft, Erziehung, Bildung und Familie. 2000 wurde sie für ihre Reportage *Letzte Tage, Protokolle des Sterbens* mit dem Egon-Erwin-Kisch-Preis ausgezeichnet, 2003 erhielt sie den Zürcher Journalistenpreis.

Dr. Bettina Ugolini ist Gerontopsychologin und Leiterin der Beratungsstelle »Leben im Alter« am Zentrum für Gerontologie der Universität Zürich. Sie verfügt über langjährige Führungs- und Beratungserfahrung im Alters- und Pflegebereich und ist Dozentin in verschiedenen Weiterbildungsprogrammen innerhalb und außerhalb der Universität Zürich.

Cornelia Kazis, Bettina Ugolini

Ich kann doch nicht immer für dich da sein

Wege zu einem besseren Miteinander
von erwachsenen Kindern und ihren Eltern

Piper München Zürich

Mehr über unsere Autoren und Bücher:
www.piper.de

Mix
Produktgruppe aus vorbildlich bewirtschafteten
Wäldern und anderen kontrollierten Herkünften
www.fsc.org Zert.-Nr. GFA-COC-001223
© 1996 Forest Stewardship Council

Ungekürzte Taschenbuchausgabe
Oktober 2010
© 2008 Piper Verlag GmbH, München
erschienen im Verlagsprogramm Pendo
Umschlaggestaltung: semper smile, München, nach einem Entwurf
von Hauptmann & Kompanie Werbeagentur, München – Zürich
Umschlagabbildung: Kristy-Anne Glubish / Design Pics / Vario Images
Autorenfoto: SR DRS, Severin Nowacki (Cornelia Kazis) /
Frank Brüderli (Bettina Ugolini)
Papier: Munken Print von Arctic Paper Munkedals AB, Schweden
Druck und Bindung: CPI – Clausen & Bosse, Leck
Printed in Germany   ISBN 978-3-492-26385-6

Für unsere Eltern
Hilde & Alfred
und
Dorita & Quinto
in großer Dankbarkeit für vieles.

Inhaltsverzeichnis von A–Z

Jeder Lebensabschnitt ist neu. Und wenn man noch so alt wird, man kommt immer wieder durch Unerfahrenheit in Schwierigkeiten.

François de La Rochefoucauld

Vorwort

Ich kann doch nicht immer für dich da sein

»Ich kann doch nicht immer für dich da sein!« Das ist ein Ausruf gereizten Unwillens, der einer Tochter – einem Sohn – nicht leicht von den Lippen geht. In einigermaßen gesitteten Verhältnissen braucht es eine Weile, bis eine alte Mutter, ein alter Vater vom strapazierten erwachsenen Kind so etwas hört. Bis es zu diesem »Jetzt ist es genug« einmal kommt, hatte Unmut sich lange gesammelt, ohne laut geworden zu sein.

»Es kann doch nicht immer nach dir gehen.« So könnte eine alte Mutter, ein alter Vater sich äußern, deren bzw. dessen Lebensalltag den tüchtigen Händen der Tochter – des Sohnes – anvertraut ist, so sehr anvertraut, dass ein eigenes Wollen und Wohlsein auf der Strecke bleibt. Es ist so schönes Wetter, geh doch spazieren, sagt die rührige Ehefrau zum Mann im Sessel in einem Sketch von Loriot. Ich sitze hier und bin ganz zufrieden, erwidert dieser. Doch seine eheliche Mentorin ist Expertin in Standards guter und gesunder Lebensführung und setzt dem Ruhe-Sitzer nachhaltig zu.

Der Ruhe-Sitzer will nicht, dass ein anderer sich seiner bemächtigt, schon gar nicht zu seinem Besten. Der fürsorgliche, betreuende oder pflegende jüngere Angehörige tut seine Pflicht, autorisiert, wie er meint, durch seine Rolle als erwachsenes Kind – und erhält keinen Dank.

Die strapazierte Tochter, bedrängt von weitschweifigen mütterlichen Telefonaten und vorwurfsvollen Ansprüchen der helfenden und unterhaltenden Kontaktpflege, sieht sich gefangen in der Kindespflicht und will doch auch Pflichten gegen sich selbst erfüllen, von den Neigungen ganz zu schweigen.

Nimm dein Leben in die eigene Hand, verwirkliche dich gemäß deinen Fähigkeiten und Möglichkeiten, so lautete ein Autonomieprojekt wohlmeinend demokratischer Gesinnung aus der zweiten Hälfte des letzten Jahrhunderts, ein Projekt, über dessen Naivität man heute lächeln und über dessen kindliche Egozentrik man nachträglich den Kopf schütteln mag. Nun sehen wir Langlebigen, die wir in ausreichend lebensfreundlichen Milieus leben durften, dass wir in ganz anderer Weise herausgefordert sind als auf dem Terrain der Selbstertüchtigung. Wir sind es auf dem Gebiet der Verantwortung, eben auf dem Gebiet der ehrenvollen Pflichten gegenüber anderen. Hier geht es um Herausforderungen der Intelligenz, des Gemüts, der Seelenkräfte, der Freude am Schönen, der Freude an Beziehungen, die immer auch dem Gegenüber, dem anderen, dem Alter, zugutekommen.

Diese Herausforderungen sind anspruchsvoll und im Alltag nur in kleiner Münze einzulösen, aber das gilt für die Leistungsforderungen, auf die man uns als allzeit Willige einschwören will, ja genauso.

Hilfe für den anspruchsvollen Alltag bietet dieses Buch. »Ich kann doch nicht immer für dich da sein!« nimmt zwei Perspektiven ins Blickfeld: die der betagten Eltern und diejenige ihrer erwachsenen Kinder. Das ist neu. Andere Bücher über das späte Miteinander der zwei Generationen sind mit dem »kindlichen« Blick geschrieben, von unten nach oben sozusagen. Das endet oft in Altersfeindlichkeit und ist deswegen alles andere als erhellend. Und noch in einer anderen Weise ist dieses Buch vermittelnd. Es verbindet die ganz unspektakulären Alltagskonflikte im Miteinander von erwachsenen Kindern und ihren alten Eltern mit gerontopsychologischem Hintergrund. Ich freue mich über den gelungenen Spagat.

»Ich kann doch nicht immer für dich da sein!« Nein, niemand will, dass einer für einen da ist. Das ist ja jenseits despotischer Verhältnisse nichts Erstrebenswertes. Man will manchmal, dass einer gern kommt. Oder man will, dass ein anderer Interesse am eigenen Wohlergehen zeigt. Oder man fügt sich in das eigene Angewiesensein auf die Betreuung durch den anderen. Und man dankt ihm, beschämt. Oder natürlich auch: führt sich zänkisch und unleidlich auf, so dass die Humor-Ressourcen des pflegenden Partners gute Dienste leisten müssen. Und oft ist ein Betagter der Stille des Einsamseins ausgesetzt. Aber nicht immer bedeutet das Unglück. Er kann auch stolze Lust an der *splendid isolation* empfinden.

Wenn alte Menschen Kontakt und Beziehung wollen, ist das ein Glück. Es sind Leute, die das Jetzt der Lebensherausforderungen um das Wesentliche des Damals, der Geschichte, ergänzen. Dass wir Aussichten haben, den Kontakt mit alten Menschen über viele Jahre zu pflegen, wird zu etwas Neuem führen: der Überführung der Leistungsgesellschaft in eine Beziehungsgesellschaft. Denn es ist eine eigene Kultur der guten und achtungsvollen, der lust- und liebevollen Beziehungen, die hier modellhaft gedeihen kann. Es geht nicht – in der Sprache von Effizienz und Leistung – darum, Lasten zu verteilen und Bürden zu minimieren, sondern Fähigkeiten verantwortlichen Handelns, moralischer Intelligenz und kultivierter Beziehungspraxis zu fördern. Dieses Buch mit seinen lebendigen Beispielen aus dem Alltag der Beziehungen und seinen gelungenen Erörterungen von Chancen und Risiken der Generationendynamik ist ein empfehlenswerter und Mut machender Begleiter auf dem Weg dahin.

Prof. Dr. Brigitte Boothe, Lehrstuhl für klinische Psychologie, Psychotherapie und Psychoanalyse, Universität Zürich

Gebrauchsanweisung

Dies ist ein Buch von A bis Z, von A wie »Alte Rollen« bis Z wie »Zeit«. Also eine Art Nachschlagewerk. Es will genau da helfen, wo es Ihnen unter den Nägeln brennt: Bei S wie Schuld oder H wie Hinfälligkeit. Bei Ü wie Überforderung oder G wie Grenzen. Bei A wie Aufmüpfigkeit oder C wie Chaos. Unter jedem dieser Stichwörter finden Sie Grundgedanken, die für das bessere Miteinander von erwachsenen Kindern und ihren betagten Eltern hilfreich sein können.

So erklären wir im **1. Kapitel,** wie Alter sich definiert und gliedert. Wir führen vier Wahrheiten zum Alter ein und stellen das Konzept der filialen Reife vor.

Im **2. Kapitel** geht es um die unterschiedlichen Werte von erwachsenen Kindern und ihren betagten Eltern. Wir machen deutlich, wie das Gesellschaftspolitische in private Konflikte hineinspielt.

Das **3. Kapitel** erhellt wesentliche Hintergründe zum Thema »Chaos und Ordnung« und macht so den Weg frei zu einem tieferen Verständnis, wenn bei den alten Eltern einiges drunter und drüber geht.

Das **4. Kapitel** widmet sich den oft verschwiegenen Gefühlen mit Sprengstoff: Ekel, Scham und Sexualität.

Im **5. Kapitel** stellen wir das gerontologische Konzept des »erfolgreichen Alterns« vor und schauen Arthur Rubinstein auf die Finger.

Das **6. Kapitel** soll für die ersten Anzeichen von Demenz, Depression, Sucht im Alter und Isolation von betagten Menschen sensibilisieren.

Nach der filialen Reife ist im **7. Kapitel** die parentale Reife Hauptthema.

Das **8. Kapitel** thematisiert die zuweilen erstaunliche Radikalität der Menschen, die ihren Zenit im Rücken haben.

Im **9. Kapitel** geht es um die späten Chancen von Klärung, Bereinigung, Versöhnung und Entschuldigung sowohl für die Eltern wie auch für deren erwachsene Kinder.

Das **10. Kapitel** thematisiert Macht und Ohnmacht und zeigt, welche Rolle dieser gesellschaftliche Dreh- und Angelpunkt in der Privatheit des späten Miteinanders spielt. Es zeigt auch auf, wie der Machtverlust bei alten Leuten häufig kompensiert wird.

Das **11. Kapitel** dreht sich um ein Thema, das viele umtreibt: der Übergang von den eigenen vier Wänden in ein Alters- und Pflegeheim. Dabei entkräften wir das Schreckgespenst »Heim«.

Das **12. Kapitel** geht dem Thema Schuld und Schuldigkeit auf den Grund und vermittelt Klärungsmöglichkeiten im Umgang mit Schuldgefühlen.

Das **13. Kapitel** sensibilisiert für das zuweilen sehr schwierige Gespräch über Sterben und Tod.

Im **14. Kapitel** steht die Pensionierung der alten Kinder im Zentrum. Wir zeigen das Neue am alten Übergang von der Berufstätigkeit zum Ruhestand.

Man muss die einzelnen Kapitel in keiner bestimmten Reihenfolge lesen. Sie beginnen mit Ihrer Lektüre einfach dort, wo Ihre Neugier am größten ist. Das Leben hält sich ja kaum je an eine vorgegebene Reihenfolge.

Dieses Buch erhebt keinen Anspruch auf Vollständigkeit. Manches Wichtige kommt sogar nur am Rande vor. Zum Beispiel G wie Großelternschaft oder S wie Schlaganfall. Natürlich sind das bedeutsame Themen. Aber es sind Themen, über die schon anderswo viel geschrieben worden ist. Wir haben Mut zur Lücke. Damit dieses Buch handhabbar bleibt.

Und: Dieses Buch nimmt den Alltag beim Wort. Es beginnt da, wo die längst erwachsenen Kinder oder ihre betagten Eltern Rat suchen, wo das Miteinander geklärt, neu gedacht, sogar neu erfunden wird und immer wieder auch glückt. Da, wo sich Neuland auftut im Altsein. Es ist also nicht einfach ein Konfliktkompendium, eine düstere Beschwerdesammlung, eine traurige Phänomenologie der späten Jahre, sondern ein heiteres Logbuch eines manchmal belasteten, zuweilen auch schrulligen und immer wieder neuen Alltags.

Es ist also ein sehr praktisches Buch. Eines mit Hintergedanken allerdings, alterspsychologischen Hintergedanken. Und das gleich in doppelter Hinsicht. Erstens geht es um die jungen Alten und ihre Sicht auf die alten Alten. Zweitens gilt auch der umgekehrte Blick, nämlich derjenige der alten Eltern auf ihre längst erwachsenen Kinder. So will dieses Buch den Perspektivenwechsel trainieren und das Verständnis von erwachsenen Kindern und betagten Eltern füreinander erleichtern. Damit nicht immer alles nur beim Alten bleibt.

Vielleicht wird so das späte Miteinander ersprießlicher, die verbleibende gemeinsame Zeit erfüllter und somit das Unausweichliche, der Tod, erträglicher. Vielleicht kann sogar ein missglückter Anfang, der Jahrzehnte zurückliegt, mit Hilfe von mehr Hintergrundwissen und einer neuen Sicht auf die lang erprobte Beziehung zwischen alten Eltern und erwachsenen Kindern wiedergutgemacht werden. Zu guter Letzt. Im wahrsten Sinne des Wortes.

Wir wünschen es Ihnen und uns.

Cornelia Kazis und Bettina Ugolini, im Juli 2008

1. Alte Rollen und neue Wege

> Es kommt nicht darauf an, wie alt man ist.
> Es kommt darauf an, wie man alt ist.
>
> *Carl Ochsenius*

Wie recht Ochsenius doch hat! Nur, der Herr mit dem seltsam deutsch-lateinischen Namen steigt steil ein in das Gebirge der Gerontologie. Die Frage ist doch zunächst ganz simpel: Wann ist man überhaupt alt?

Wann haben Sie sich zum ersten Mal alt gefühlt? Bei der Entdeckung der ersten grauen Haare? Beim Kauf einer stärkeren Lesebrille oder beim Auszug der Kinder aus dem Haus? Bei den Freudentränen über die Geburt des ersten Enkelkindes oder beim Abschied aus dem Berufsalltag? Als Sie von klimakterischen Hitzewallungen überrollt wurden oder als Sie vor kurzem zur Senior-Chefin aufgestiegen sind? Oder meinen Sie, das eigene Gefühl hilft bei der Frage weiter? Viele behaupten ja, man sei so alt, wie man sich fühle. Das klingt auf Anhieb tröstlich. Das Dumme ist nur, dass man das immer erst dann sagt, wenn man schon ziemlich »alt aussieht«.

Die Wissenschaft geht sachlicher an die Frage heran und spricht unter anderem bei den Vierzigjährigen von den alten Jungen und bei den Fünfzigjährigen von den jungen Alten. In der wissenschaftlichen Literatur gibt es keine allgemein verbindliche Definition vom Beginn des Alters, nur unzählige Definitionsversuche. Unsere sehr simple Frage bereitet also auch den Fachleuten Kopfzerbrechen.

Verschiedene Disziplinen, wie die Biologie, die Soziologie oder die Psychologie, nähern sich der Frage sehr unterschiedlich. Bei den Soziologen beginnt das Alter da, wo die Arbeit aufhört: mit dem Rentenalter.

In der Gerontologie, der Altersforschung, spricht man von vier Altersphasen:

1. die Phase der späten beruflichen Aktivität und des Überganges in den nachberuflichen Lebensabschnitt

In dieser Phase wird häufig bilanziert. Es ist die Zeit des Karriereendes und häufig auch die Zeit der familiären Veränderungen: Die eigenen Eltern werden gebrechlich oder sterben, die Kinder schließen ihre Ausbildung ab und ziehen bei den Eltern aus, und viele Frauen und Männer werden in dieser Phase Großeltern.

2. die Phase des autonomen, aktiven Rentenalters

Diese Phase ist durch neue Freiheiten gekennzeichnet. Die meist noch gute Gesundheit, hohe soziale und psychische Kompetenz und eine solide wirtschaftliche Absicherung erlauben es immer mehr Frauen und Männern, diese Lebenszeit nach eigenen Bedürfnissen zu gestalten und zu genießen. Es ist auch die Zeit, in der vieles, was zuvor zurückstehen musste, nachgeholt wird.

3. die Phase erhöhter Fragilität

In dieser Zeit treten Behinderungen und Einschränkungen auf, die ein eigenständiges Leben zwar nicht unmöglich machen, aber doch erschweren. Einschränkungen im Gehvermögen, Probleme mit dem Gleichgewicht, ein begrenztes Seh- oder Hörvermögen oder auch andere Gesundheitsprobleme erfordern einen neuen Lebensrhythmus. In der Phase der erhöhten Fragilität verengt sich der Lebensradius häufig auf die eigene Wohnumgebung oder gar auf die eigenen vier Wände. Da das körperliche Altern stark variiert, lässt sich das »fragile Alter« nur schwer einem bestimmten Lebensalter zuordnen. Im Allgemeinen ist jedoch auch bei gesunder Lebensführung und guter gesundheitlicher Betreuung eine verstärkte altersbedingte Fragilität nach dem achtzigsten beziehungsweise dem fünfundachtzigsten Geburtstag zu beobachten, und es kommt zu den unvermeidlichen Alterseinbußen.

4. die Phase der Pflegebedürftigkeit

In dieser letzten Altersphase sind einige Menschen nicht mehr in der Lage, den Haushalt selbst zu führen. Diese Einschränkung kann durch körperliche Gebrechen gegeben sein. Häufig sind es auch hirnorganische Störungen, wie Demenz, die Hilfe und Pflege nötig machen. Doch nicht alle Betagten sind auf Unterstützung oder Pflege angewiesen. Immerhin knapp zwei Drittel der Fünfundachtzigjährigen und Älteren leben selbstständig zu Hause und kommen mit leichten Anpassungen gut allein zurecht.

Eine repräsentative Umfrage in Deutschland hat ergeben, dass die meisten Menschen den Beginn des Altseins im Durchschnitt mit 75,8 Jahren angeben. Hätte man unsere Urgroßeltern gefragt, hätten sie die Marke ganz bestimmt deutlich tiefer gesetzt. Sicher ist: Je länger wir leben, desto länger fühlen wir uns noch nicht alt.

Und sicher ist auch: Beinahe alle Menschen möchten möglichst lange leben. Aber kaum jemand möchte wirklich alt sein. Das wundert nicht. Denn Alter hat in unserer von Jugendwahn und Fortschrittsgläubigkeit geprägten Kultur schlechte Karten. Das zeigt sich schon an Unwörtern wie »Überalterung«, »Rentnerschwemme« oder »Altenlast«. Das alles klingt ganz so, als sei das Alter ein Minenfeld voller Probleme, eine Zeitspanne voller Tristesse, eine einzige Winterreise in unwegsamem Gebiet, eine lange Kette von Verlusten. Robert Lembke, der Quizmaster mit den Schweinderln und dem »Heiteren Beruferaten«, wurde an seinem siebzigsten Geburtstag gefragt, ob es denn nicht schwierig sei, alt zu werden. »Altwerden ist natürlich kein reines Vergnügen. Aber denken wir an die einzige Alternative!«, lautete seine Antwort. Recht hat der Mann.

Unbeeindruckt von der herrschenden Negativverzerrung des Alters mit Pflegebedürftigkeit und Autonomieverlust, zeichnet die Werbung ein Gegenbild: das der Whoopies. Whoopies ist eine Abkürzung und steht für »well-off old people«. Zu Deutsch: gut betuchte Alte. Eine Wortschöpfung cleverer Marketingstrategen, die längst bemerkt haben, wie viel Kaufkraft die Generation der über Sechzigjährigen besitzt. Das Bild, das die Werbung von alten Menschen zeichnet, ist geprägt von Großeltern beim Rockkonzert, weißhaarigen Joggern am wild-romantischen Meeresgestade, ranken und schlanken Großmüttern, die sich sündhaft teure Antifaltencremes leisten können, und eitlen Ex-Managern, die ebenso selbstgefällig wie unermüdlich von ihrem Unruhestand berichten, ganz so, als sei Ruhe ein Makel.

Zurück zum klugen Satz von Carl Ochsenius: »Es kommt nicht darauf an, wie alt man ist. Es kommt darauf an, wie man alt ist.« Sicher stellt uns unsere erhöhte Lebenserwartung vor ganz neue Herausforderungen und Probleme, aber das ist kein Grund, das Alter einerseits einfach nur schlechtzureden oder andererseits, wie die Werbestrategen, verleugnend zu verklären. Die Lebensphase Alter ist weder nur von Verlusten geprägt, noch ist sie die Zeit der reinen Wunscherfüllung und Befreiung.

Um ein realistisches Bild vom Alter zu bekommen, ist es sinnvoll, folgende vier erstaunliche Wahrheiten zur Kenntnis zu nehmen:

Die erste Wahrheit: Unsere Lebenserwartung ist so hoch wie nie zuvor. Mitteleuropäische Frauen, die heute ins Rentenalter kommen, können statistisch gesehen davon ausgehen, dass sie noch ein Vierteljahrhundert Leben vor sich haben. Bei den gleichaltrigen Männern ist es bekanntlich etwas weniger. Ihr Ruhestand dauert durchschnittlich 20,6 Jahre.

Die zweite Wahrheit: Mit mehr als 20 bis 25 Jahren ist der letzte Lebensabschnitt länger als Kindheit und Jugend zusammen! Allein diese Tatsache ist doch ermutigend. Sie ruft dazu auf, den Alltag im Alter selbstbestimmt zu gestalten, statt darauf zu warten, dass sich die ersten Zipperlein bemerkbar machen und es ohne Rollator nicht mehr geht. Gerontologie-Experten und Psychologen raten deshalb: Werden Sie zu Ihrem eigenen Lebensunternehmer!

Die dritte Wahrheit: Nie sind Menschen so unterschiedlich wie in der Phase der Silver Agers. Auch diese Bezeichnung ist ein Versuch, um dem Stigma »Alter« verbal auszuweichen. Es gibt Achtzigjährige, die am New-York-Marathon teilnehmen. Andere in dem Alter leben, von Demenz betroffen, in Pflegeheimen in ihrer eigenen, für Außenstehende nur schwer entschlüsselbaren Welt. Es gibt Siebzigjährige, die mit ihrem ersten Buch auf den Bestsellerlisten landen oder mit Freude die Altersuniversität besuchen. Und andere, die den Tag voller Bitternis und Argwohn verbringen. Hier gibt es eine Rentnerin, die noch durch ihre außergewöhnliche Orchideenzucht bekannt wird, dort eine andere, die nur durch ihr giftiges Klatschmaul von sich reden macht. Man kann sagen: Zwei dreijährige oder auch zwei zehnjährige Kinder sind sich deutlich ähnlicher als zwei gleichaltrige alte Menschen. Weder das Whoopy-Klischee noch eine dezidierte Negativzeichnung des Alters werden dieser Vielfalt gerecht.

Die Altersforschung hat herausgefunden, dass diese gravierenden Unterschiede durch eine Vielzahl von Faktoren erklärt werden können, die den Prozess des Alterns beeinflussen. So spielen unter anderem sowohl Gene und Geschlecht eine Rolle als auch unser Geldbeutel, die Umwelt, in der wir leben, und unsere eigene Psychostruktur.

Die vierte Wahrheit: Mit steigender Lebenserwartung verlängert sich auch die Zeit des Miteinanders verschiedener Generationen. Nie zuvor hatten wir eine so lange Phase der Großelternschaft. Und erst recht: Nie zuvor hatten erwachsene Kinder so lange lebende Eltern! Der berühmte Schweizer Professor für Altersforschung, François Höpflinger, spricht diesbezüglich von Verwandtschaftsverhältnissen, die mit dem Bild der »Bohnenstange« veranschaulicht werden können. Wegen der immer geringeren Kinderzahl pro Familie schwindet zwar die Vielfalt verwandtschaftlicher Beziehungen, da es immer weniger Onkel und Tanten, Cousins und Cousinen, Nichten und Neffen gibt. Dafür verlängern sich die vorhandenen Beziehungen, sie schießen, um mit Höpflinger zu sprechen, quasi bohnenstangenartig in eine nie gekannte Länge bzw. Altershöhe.

Auch die Tatsache, dass Frauen heute deutlich später gebären als früher, ändert wenig daran: Unsere Gesellschaft entwickelt sich mehr und mehr zu einer lang andauernden Drei-Generationen- oder allmählich sogar zu einer Vier-Generationen-Gesellschaft.

Dieses historische Novum ist spektakulär. Dieses Buch betritt somit Neuland, wenn es beispielsweise den Alltag von sechzigjährigen Kindern und bald neunzigjährigen Eltern unter die Lupe nimmt.

Noch ist es ein Alltag ohne Vorbilder. Ein Alltag voller Suchbewegungen. Wer Neuland betritt, braucht Orientierung. Diese kommt für uns eindeutig von einer Frau, der Sozialarbeiterin und Heilpädagogin Margret Blenkner. Sie hat das Konzept der **filialen Krise** und der **filialen Reife** erarbeitet. Dieses Konzept scheint uns sehr hilfreich, wenn es um Wege zu einem besseren Miteinander von erwachsenen Kindern und betagten Eltern geht.

Die **filiale Krise** tritt meistens dann ein, wenn Kinder realisieren, dass ihre Eltern ihnen nicht mehr Halt und Orientierung sein können, sondern stattdessen der Unterstützung ihrer Kinder bedürfen. Dann steht ein Beziehungswandel an, der im Idealfall in die **filiale Reife** mündet. Erst nachdem das längst erwachsene Kind diese letzte Stufe in der Entwicklung der »Kinderrolle« durchlaufen hat, ist es fähig, die Verantwortung für seine Eltern zu übernehmen. Die filiale Reife ist ein bewusst vollzogenes Adieu von der Kindheit. Die meisten von uns ereilt dieser Abschied zwischen vierzig und fünfzig. Manchmal ist er schleichend, fast unmerklich. Zuweilen aber auch plötzlich und schockartig. So oder so. Es dreht sich um etwas Wesentliches: Margret Blenkner spricht von einer anderen Form der Liebe.

Dieses Adieu vom gewohnten Miteinander ist nicht einfach. Die Franzosen sagen es schön: *Partir, c'est toujours mourir un peu.* Jeder Abschied ist ein kleiner Tod. Daher kommt es vor der filial reifen Haltung oft zu einer filialen Krise. Viele Geschichten in diesem Buch zeugen davon.

Wenn es um die betagten Eltern und ihre längst erwachsenen Kinder geht, gibt es ein häufiges Missverständnis: Filiale Reife bedeutet keineswegs, dass die Eltern zu Kindern und die Kinder zu den Eltern der alten Eltern werden. Vielmehr geht es um die Neudefinierung der etablierten Rollen. Eine Verkehrung der Beziehung, wie es leider oft geschieht, ist nicht beziehungsförderlich. Wir kommen am Beispiel vieler Konfliktszenarien in diesem Buch darauf zu sprechen und zeigen, wie filiale Reife sich im alltäglichen Miteinander offenbaren kann. Übrigens: Blenkner spricht auch von der **parentalen Reife**. Davon mehr in Kapitel 7.

Lesen Sie nun zunächst, wie sich das typische Szenarium einer filialen Krise aus der Sicht einer betroffenen Tochter darstellt:

Scheinbarer Rollentausch: *»Sie werden immer mehr zu Kindern!«*

»Wenn ich ehrlich bin, muss ich sagen, dass meine Mutter sich in den letzten Jahren sehr verändert hat. Früher wusste sie stets, wo es langging. Sie war immer eine, die die Ärmel hochkrempelte. Nun wirkt sie manchmal so weltverloren. Sie weiß nicht, wie die neuen Ticketautomaten für die Straßenbahn funktionieren. Sie versteht nicht ganz, was von den Briefen der Bank zu halten ist. Sie wettert über den neuen Supermarkt, in dem man nichts mehr findet. Auch mein Vater hat stark nachgelassen. Genau genommen will er nur noch seine Ruhe. Schnell ist ihm etwas zu viel. Dabei hat er doch früher, ja noch bis vor kurzem, alles mit links gemacht. Er, der tüchtige Schreiner! Er, der aktive Samariter! Sie sind ja noch nicht achtzig! Aber immer öfter rufen sie uns Kinder an, um dies und jenes zu erfragen. Mitten am Tag. Und immer ist da die drängende Frage: ›Wann kommt eines von euch bei uns vorbei, um dieses oder jenes zu tun?‹ Zum Glück sind wir zu viert. So können wir uns in die Aufgaben teilen. Aber ehrlich gesagt, ich habe Angst vor der Zukunft, wenn es immer so weitergeht, Schritt für Schritt bergab, bis wir sie bemuttern müssen und sie zu unseren Kindern werden.«
Carmen, 48

Kein Zweifel, Carmen ist mitten in der filialen Krise. Sie beobachtet Veränderungen an ihren Eltern. Der Vergleich der Eltern von jetzt zu einst fällt zu Ungunsten des Jetzt aus. Carmens Eltern sind heute deutlich weniger kompetent als früher, und das beunruhigt die bald fünfzigjährige Tochter aus zweierlei Gründen. Zum einen äußert sie Angst vor der Zukunft und fragt sich, wie das weitergehen soll. Die zunehmende Hilflosigkeit und Anhänglichkeit der

Eltern setzen Carmen und ihre Geschwister unter Druck und lassen sie das Bild von »werdenden Kindern« zeichnen.

Zum anderen leidet Carmen auf einer tieferen, unbewussten Ebene wahrscheinlich darunter, dass sich die Rolle der Eltern, und auch ihre eigene Rolle, mitten im Leben noch einmal so drastisch verändert. Ihr wird schmerzhaft bewusst, dass sie sich nicht mehr als »Kind« an die Eltern wenden kann, sondern lernen muss, Mutter und Vater aus einer verantwortungsvollen, das heißt erwachsenen, Haltung heraus zu begegnen. Genau dieser Lernprozess macht die filiale Krise aus. Die Asymmetrie zwischen Eltern und Kind weicht einem eher partnerschaftlichen Verhältnis zwischen den zwei Generationen. Aus der mehrheitlich empfangenden Position des Kindes wird nun eine stützende oder gebende. Das heißt jedoch nicht, dass deswegen die Eltern zu Kindern werden. Rollenveränderung und Rollentausch sind zwei Paar Stiefel. Das ist sehr wichtig. Wir haben diese Differenzierung in den Vorbemerkungen zu diesem Kapitel anhand des Blenkner-Modells deutlich gemacht.

Rollenveränderung und Rollentausch für ein und dasselbe zu halten wäre ein verhängnisvolles Missverständnis. Und eine Überforderung dazu. Auch längst erwachsene Kinder sind mit der Dauerfürsorge, einer Art Elternschaft für die eigenen Eltern, überfordert. Sie fühlten sich schnell schuldig, wenn sie nicht immer da sein können für die Menschen, die ihnen das Leben geschenkt haben und am Anfang im Idealfall immer für sie da waren. Bei Carmen ist zwischen den Zeilen so etwas wie ein »eigentlich ist es mir zu viel« hörbar, »aber mein Pflichtgefühl gebietet es mir, und dass ich Geschwister habe, macht die Sache etwas leichter«.

Aber die Verwechslung von Rollenveränderung und Rollentausch ist auch noch aus einem anderen Grund fatal: Kinder, die sich plötzlich aufführen, als wären sie die Eltern ihrer Eltern, werden schnell einmal bevormundend oder überschreiten Grenzen, die sie eigentlich nicht überschreiten dürfen. Sie verletzen die Würde und Autonomie ihrer eigenen Mütter und Väter und übersehen dabei, meist ohne böse Absicht, dass ihre Eltern mündige Personen sind, die sehr wohl wissen und spüren, was für sie gut und recht ist, Schwäche hin oder her. Das klingt radikal. Wie wir das meinen, zeigt sich ganz konkret im 6. Kapitel »Frühe Zeichen und erste Gespräche«. Da geht es um vieles, was mit der so genannten elterlichen Unzurechnungsfähigkeit zu tun hat: Sucht im Alter, Demenz und Depression.

Dazu kommt, dass Carmen **die dritte Wahrheit** übersieht, wenn sie sagt: »… dabei sind sie ja noch nicht achtzig.« Carmen ist geprägt von einem starren Altersbild. Noch fehlt ihr der Blick auf die Tatsache, dass Alter vielfältig ist. Ihre Aussage »Schritt für Schritt bergab« deutet zudem darauf hin, dass ihre Vorstellung vom Altwerden in erster Linie von Verlusten geprägt ist. Da ist kaum Platz für einen positiven Blick auf die trotz allem noch vorhandenen Ressourcen der eigenen Eltern oder auf die der Situation innewohnenden Entwicklungsmöglichkeiten für sie und ihre Geschwister. Schade.

Trotzdem ist es verständlich, dass Carmen sich Sorgen macht um die Zukunft, dass sie sich auch durch die Anrufe gestört und vielleicht sogar belästigt fühlt. Auch wenn Carmen wenig über ihre persönliche Situation spricht, kann man bei ihrem Alter davon ausgehen, dass sie entweder berufstätig ist oder Familie hat oder gar beides unter einen Hut bringen muss. Ein zusätzliches Aufgabenfeld, wie die Betreuung der eigenen Eltern, bringt das Fass möglicherweise zum Überlaufen.

Wechseln wir auf die andere Seite. Wagen wir den Perspektivenwechsel. Das erweitert den Horizont, in unserem Fall: den Blick auf Carmens Konflikt. Aus Sicht der alten Eltern stellt sich die Situation anders dar: Sie merken, dass sie Unterstützung brauchen, und fordern diese bei ihren Kindern ein. Eine reife Leistung, wenn man bedenkt, wie schwierig die Bitte um Hilfe für eine Generation ist, die früh lernen musste, alleine mit allem zurechtzukommen. Frei nach dem Motto: Selbst ist die Frau und selbst ist der Mann! Oder: Hilf dir selbst, dann hilft dir Gott!

Hilfe bei den eigenen Kindern einzufordern und sie nahezu täglich anzurufen hat möglicherweise noch einen anderen Hintergrund: Das soziale Netz alter Menschen wird kleiner und kleiner. Die Freunde und Verwandten erkranken oder sterben weg. Was an nahen Menschen bleibt, sind die Kinder. »Die Jungen«, wie die Alten sagen. Dabei sind die Jungen oft gar nicht mehr so jung. Sie können nicht unbegrenzt zur Verfügung stehen, sondern sind in ihrer Lebensmitte vielfältig verpflichtet und sehr häufig auch bereits mit dem eigenen Altern konfrontiert.

Wichtig ist in einer solchen Situation zunächst, dass sich Carmen über ihre eigenen Gefühle klar wird. Zum einen sollte sie sich fragen, was diese Rollenveränderung in ihr auslöst. Hat sie Angst vor dem Abschied, ist es ihr zu fremd, dass sie nun auch Sorgende ist? Zum anderen ist sie aufgerufen, ihre Vorstellungen vom Altwerden zu überdenken. Falls ihr das Schwierigkeiten bereitet, sollte sie eine psychologische Fachperson aufsuchen, die einige Kenntnisse in Gerontopsychologie aufweist. Schön wäre es, wenn es ihr gelänge, diese Etappe in ihrem Leben als Neuorientierung und Entwicklungschance zu sehen. Außerdem muss sich Carmen darüber klar werden, welche und wie viel Hilfe sie für ihre Eltern leisten kann und will. Dabei spielen ihre zeitlichen Möglichkeiten, aber auch die Qualität ihrer Elternbeziehung eine entscheidende Rolle. Mehr dazu finden Sie im Kommentar zum letzten Fallbeispiel dieses Kapitels bei Klara.

Wenn Carmen für sich klarer sieht, sollte sie das Gespräch mit den Eltern suchen. Unter guten Voraussetzungen könnte das so klingen: »Wisst ihr, es ist auch als erwachsenes Kind nicht ganz einfach, so konkret mitzuerleben, wie ihr für Dinge, die ihr immer selbst gemacht habt, plötzlich Hilfe braucht. Ich spüre, dass mich das unsicher macht, und es ist mir wichtig, dass wir in dieser Veränderung des Alltags und unserer Beziehung einen guten Weg für euch und für mich finden.« Es ist auch möglich, ein solches Gespräch gemeinsam mit den Geschwistern zu führen. Da aber jedes Kind in der Regel die Situation anders erlebt, ist hier die Gefahr der Überfrachtung des Gesprächs gegeben. Um dies zu vermeiden, müssten sich die Geschwister im Vorfeld genauestens über die von den einzelnen thematisierten Probleme absprechen. Gut, wenn jemand die Moderation des Gesprächs übernimmt.

Auch wenn der Draht zu den Eltern nicht optimal ist, lässt es sich so versuchen. Wer weiß, vielleicht gelingt das Gespräch besser als üblich. Sollte dieser Gesprächswunsch bei den Eltern nicht gerade auf offene Ohren stoßen, gilt es, sich nicht beirren zu lassen, sondern es in einem zweiten Anlauf noch einmal zu versuchen. Wenn die Eltern spüren, dass es dem erwachsenen Kind ein echtes Anliegen ist, gehen sie in der Regel auch darauf ein. Was man tun kann, sollte ein solches Gespräch trotz sorgfältiger Vorbereitungen und ernsthafter Bemühungen mehrfach misslingen, darauf wird unter anderem auch in den Fallbeispielen in Kapitel 7 eingegangen.

Möglichkeiten und Grenzen der Unterstützung von Seiten der Kinder sollten konkret und sachlich besprochen werden. Und das nicht weg vom Alltag, sondern mitten hinein: Wie viel Hilfe braucht ihr im Haushalt? Wer besorgt euch den Einkauf? Welche Hilfe benötigt ihr bei der Körperpflege? Was macht euch mit uns besonders Freude? Es sollte jedoch auch das zur Sprache kommen, was das gegenseitige Verhältnis trübt: Zu welchen Zeiten kommen Anrufe ungelegen? Was ist ein Notfall und was kann auch mal warten?

Für dieses Gespräch ist es wichtig, dass es »in Wärme« stattfindet. Die Eltern sollten spüren, dass sie nicht einfach zur Last fallen, sondern dass ihre Kinder grundsätzlich gerne bereit sind, ihnen zu helfen. Oft ist Einfallsreichtum gefragt. Ein Beispiel: Das Einkaufen der schweren Lebensmittel muss nicht zwangsläufig von den Kindern übernommen werden, wenn die Eltern dazu nicht mehr in der Lage sind. Es gibt an vielen Orten Hauslieferdienste oder auch so etwas wie Nachbarschaftshilfe, die das übernehmen. Die Kinder sind entstresst. Und die Eltern haben ein Stück verloren geglaubte Autonomie zurückerobert.

Wichtig ist es, dass man ganz klare Abmachungen miteinander trifft und auch bespricht, für wie lange man das gewählte Vorgehen probieren möchte, bis man wieder zusammensitzt und prüft, ob es zu einer Verbesserung der Situation geführt hat. Eltern und Kinder sind aufgerufen, sich wirklich an die Abmachungen zu halten.

Sollte das nicht der Fall sein, muss man sich gegenseitig daran erinnern. Dann darf man als Kind auch mal sagen: »Mutter, wir haben abgemacht, dass du mich nicht mehr im Geschäft anrufst, ich habe jetzt wirklich keine Zeit.« Eingeschlichene Gewohnheiten, die lange toleriert wurden, sind nicht einfach zu verändern, es braucht Geduld und guten Willen auf beiden Seiten.

Auch Ben, der Sohn in unserem nächsten Fallbeispiel, ist in einer filialen Krise. Sein Vater ist ihm fremd geworden. Was tun?

Veränderung: *»Er ist nicht mehr der Alte, aber immer noch mein Vater.«*

»Die Beziehung zu meinem Vater war immer ausgesprochen gut. Ich habe ihn als Kind sehr bewundert – für seine ruhige und besonnene Art und sein Interesse an allem, was in der Welt geschieht. Und dass er mir vieles einfach so aus dem Effeff erklären konnte, machte mich natürlich auch sehr stolz. Heute ist alles ganz anders. Er ist an nichts mehr interessiert, selbst Sachen, die er besser weiß als manch anderer, will er nicht erklären. Und von ruhig und besonnen kann auch keine Rede mehr sein. Alles regt ihn auf, er wird schnell nervös und manchmal sogar fast aus heiterem Himmel aggressiv. Dann schreit er rum, dass es mir durch Mark und Bein geht. So kenne ich ihn gar nicht. Man könnte meinen, er sei ein anderer geworden. Jedenfalls ist er mir manchmal sehr fremd. Ich weiß, er bleibt mein Vater, aber der Umgang mit ihm macht mir oft feuchte Hände. Ich finde immer mehr Ausflüchte, um nicht mit ihm zusammen sein zu müssen.«
Ben, 55

Ben findet es schwierig, seinen so anders gewordenen Vater anzunehmen. Die Zeit, in der der junge Ben seinen Vater bewundern konnte, ist vorbei. Der alte Mann offenbart Charakterzüge, die bislang verborgen waren und seinen Sohn offensichtlich erschrecken. Leider bleibt Ben bei diesem Erschrecken stehen. Er zieht sich zurück und wendet sich innerlich von seinem Vater ab.

Diese bewusst oder unbewusst gewählte Bewältigungsstrategie führt zu keiner Verbesserung der Problemsituation.

Auch Ben scheint dem Wunsch nachzuhängen, alles möge so bleiben, wie es immer war. Er wagt noch nicht, den »neuen« Vater kennen und verstehen zu lernen. Das ist zwar sehr verständlich, aber es bringt Ben nicht weiter.

Es schmerzt bestimmt, das einst so souveräne Vorbild nun anders erleben zu müssen. Ein Stück Berechenbarkeit, Vertrautheit und Verlässlichkeit geht verloren. Und damit auch ein Stück Halt und Orientierung im eigenen Leben. Möglicherweise hat sich der 55-jährige Mann noch nie gefragt, was Altwerden wirklich bedeuten kann: die Anpassung an schwindende Kräfte beispielsweise oder auch der endgültige Abschied von vertrauten Menschen.

Was ist wohl mit Bens Vater los? Möglicherweise müssen wir in zwei Richtungen denken. Richtung Nummer 1: Es ist möglich, dass Desinteresse und Gereiztheit individuelle Reaktionen auf das eigene Altern sind. Stellen wir uns doch einmal vor, wir hätten ein Leben lang Anerkennung für unsere Weltoffenheit, unsere Neugier und unser Allgemeinwissen bekommen! Stellen wir uns weiter vor, dass wir nun merken, dass uns diese Neugier und Wissensfreude abhandenkommt, weil sich neue, beunruhigende Gedanken aufdrängen. Vielleicht sind es jetzt die großen Fragen, Dinge, die eigentlich keiner weiß: Wann sterbe ich? Wie sterbe ich? Was kommt danach? Wie habe ich gelebt? Was war sinnvoll? Was ist unerledigt? Was ist nun wesentlich?

Vielleicht denkt sich Bens Vater ganz männlich: Wenn ich schon plötzlich nicht mehr klarsehe, dann sage ich lieber gar nichts mehr. Wenn ich nichts mehr weiß, dann mache ich zu. Ich gebe mir keine Blöße! Ich will jetzt meine Ruhe, verdammt noch mal!

Sicher kennt auch Bens Vater die weit verbreitete Gleichung seiner Männergeneration: Liebe gibt es nur gegen Leistung! Und vielleicht fragt sich der alte Mann nun leise und voller Angst: Wenn der Alte nicht mehr der Alte ist, vielleicht wird er dann gar nicht mehr geliebt?

Statt sich also auf das Neue einzulassen und dieses mit dem Sohn von Mann zu Mann zu besprechen, wählt der alte Herr den Weg des »Ganz oder gar nicht«. Sein Motto könnte lauten: »Wenn ich nicht mehr so sein kann wie früher, dann ist es auch egal, wie ich mich verhalte. Ich habe nichts mehr zu verlieren.« Aus der Gewaltforschung wissen wir überdies, dass Aggression, Ruppigkeit und Unflätigkeit für viele Männer ein gängiges Mittel sind, die Gefühle von Hilflosigkeit, Orientierungs- und Machtlosigkeit abzuwehren.

Richtung Nummer 2: Vielleicht weist das veränderte Wesen des alten Mannes auf eine beginnende Krankheit hin. Rückzug und Desinteresse können auch Indikatoren für eine Depression sein. Die von Ben geschilderte Aggressivität könnte unter Umständen ebenso mit einer Form von Kontrollverlust einhergehen, der bei bestimmten Demenzformen auftritt. Es gilt auf alle Fälle, hellhörig zu sein und die Möglichkeit einer Krankheit nicht außer Acht zu lassen. Mehr über Demenz und Altersdepression lesen Sie im 5. Kapitel: »Frühe Zeichen und erste Gespräche«.

Wie lässt sich diese Situation verbessern, und welchen Weg aus der filialen Krise gibt es für Ben? Zunächst ist es wichtig, dass sich Ben auf das Thema »Alter« einlässt. Ein selbst gewähltes Buch dazu, Informationsveranstaltungen zum Thema oder auch das Gespräch mit alten Menschen könnten ihn für das sensibilisieren, was seinen Vater nun bewegt. Möglicherweise findet Ben so die Sprache für das wichtige Gespräch zwischen Sohn und Vater. Ein Gespräch könnte so beginnen:

»Papa, ich sehe, dass du dich verändert hast. Du reagierst manchmal so gereizt. Und mir scheint, die Dinge, die dich früher interessiert haben, sind dir nun nicht mehr wichtig. Vieles ist so anders, als ich es von dir kenne. Damit komme ich noch nicht gut klar. Deswegen habe ich dich in letzter Zeit auch weniger besucht. Aber das ist keine Lösung. Ich möchte dich nämlich verstehen. Und es ist mir wichtig, dass du mir erzählst, wie es dir wirklich geht.«

Entscheidend ist, dass der längst erwachsene Sohn sich genug

Zeit für das Gespräch nimmt und seinen alten Vater ausgiebig zu Wort kommen lässt. Was aber, wenn Bens Vater seinem Sohn entgegnet:»Was, ich soll mich verändert haben? Was ist denn das wieder für ein Hirngespinst von dir? Lass mich doch in Ruhe mit diesem Zeug!« In diesem Fall könnte tatsächlich eine pathologische Veränderung vorliegen. Ben wäre dann gut beraten, sich beim Hausarzt seines Vaters zu erkundigen, ob das Verhalten des alten Mannes krankheitsbedingt sein könnte.

Nehmen wir aber an, der Betagte ist noch immer Herr seiner Gedanken und merkt sehr wohl, was da immer wieder zu seiner Weltabkehr und zu seiner schlechten Laune führt. Dann wird er sich nach einem klärenden Gespräch auch in seinen Sohn versetzen können. Und in andere Menschen, die ihn schätzen und gernhaben. Die Vorstellung, dass sich nach und nach auch die wenigen, die ihm noch geblieben sind, von ihm zurückziehen, wenn er so weitermacht, wird ihm helfen, sich etwas am Riemen zu reißen und nicht einfach jedem Ärgerimpuls freien Lauf zu lassen.

Das ist aber schwierig. Deswegen könnte Bens Vater auch das Gespräch mit einem Seelsorger, einer Psychologin oder dem Hausarzt suchen, auch wenn das für Menschen wie ihn alles andere als einfach ist. Man ist ja keine Memme und musste schließlich schon mit ganz anderem klarkommen! Trotzdem: Vielleicht ist das Gespräch mit dem fremden Fachmann einfacher als mit dem eigenen Sohn. Vielleicht droht beim ehrlichen Gespräch mit dem Sohn die Angst vor Gesichtsverlust. Auf alle Fälle kann das Ben, der modernere Mann, ansprechen:»Ich kann verstehen, wenn du nicht mit mir über deine Probleme sprechen möchtest. Wüsstest du jemanden, dem du vertraust und mit dem ein Gespräch hilfreich sein könnte? Oder wollen wir uns gemeinsam nach einer geeigneten Fachperson umsehen, die dich ein Stück darin begleitet, mit deiner veränderten Lebenssituation umzugehen?«

Bei Ben und Carmen war von der filialen Krise aus der Sicht der erwachsenen Kinder die Rede. Nun schildert Erna, wie sie als Mutter mit den altersbedingten Beziehungsveränderungen hadert.

Liebespflicht: *»Früher war ich immer für sie da. Nun wären sie dran!«*

»Gestern bin ich 75 geworden. Aber fragen Sie mich lieber nicht, wie das Fest war ...! Das Alter bringt schon viele Veränderungen mit sich, die es zu akzeptieren gilt. Nein, ich meine nicht die weißen Haare, die Falten und die steifen Lendenwirbel am Morgen. Damit habe ich recht gut leben gelernt. Mir machen die Veränderungen in den Beziehungen zu schaffen. Als Mutter von drei Kindern und Ehefrau eines Mannes, der immer und viel gearbeitet hat, war ich es mein Leben lang gewohnt, für die anderen da zu sein. Es hat mich erfüllt, wenn ich spüren konnte, dass alle einigermaßen zufrieden waren und ich ihnen zur Seite stehen konnte. Angefangen beim Pflaster auf das blutende Knie, über den Beistand beim ersten Liebeskummer bis hin zu den ersten Problemen in der Ehe oder mit der Kindererziehung. Heute ist alles anders. Mein Rat ist kaum noch gefragt. Bei Goethe heißt es, glaube ich, in einem Stück: ›Der Mohr hat seine Schuldigkeit getan. Der Mohr kann gehen ...‹ So komme ich mir vor. Die Jungen sind immer so beschäftigt, haben keine Zeit für einen, haben Wichtigeres zu tun. Ich habe gelernt, sie nicht um Hilfe zu bitten. Sie können mir glauben: Ich überlege es mir gut, bevor ich anrufe. Alt werden, nicht mehr gebraucht zu werden und von anderen abhängig zu sein, ist alles andere als einfach, das kann ich Ihnen sagen!«
Erna, 75

Die 75-jährige Erna nimmt kein Blatt vor den Mund. Offen und ehrlich sagt sie, wo der Schuh drückt, wenn man sozusagen zum alten Eisen gehört. Mit den körperlichen Veränderungen hat sie gut leben gelernt. So gesehen ist Erna eine Frau, die »erfolgreich altert«, wie die Fachleute der Gerontologie sagen. Das kann heißen: Spazierengehen statt Jogging. Altbekannte Klavierstücke spielen statt neue einzustudieren. Mit den Enkelkindern Bücher anschauen, statt im Park mit ihnen auf Bäume zu klettern. »Erfolgreich altern« steht für eine geglückte Anpassungsleistung. Darüber ist im 5. Kapitel, »Entlastung und Überforderung«, Genaueres zu lesen.

Die lebensförderliche Anpassungsleitung aber scheint Erna auf der sozialen Ebene weniger gut zu gelingen. Offensichtlich hat sie Schwierigkeiten damit, nicht mehr die Person zu sein, um die sich alles dreht, die alle brauchen und die man um ihren Rat bittet. Darüber hinaus fehlt ihr im Moment auch das Einfühlungsvermögen für die Lebenssituation ihrer Kinder. Nicht ohne Sarkasmus bemerkt sie: »… sie haben Wichtigeres zu tun!« Schwingt da nicht auch Selbstmitleid mit, oder gar der Anfang von Verbitterung? Erna sagt, sie habe gelernt, die Kinder nicht mehr um Hilfe zu bitten. Jedenfalls spricht aus diesen Worten kaum die Anpassung an eine veränderte Mutterrolle, sondern eine Art gekränkter Rückzug aus allem.

Das ist auch verständlich, denn Erna war ein Leben lang für andere da. Die Zufriedenheit ihrer Familie war auch ihre Zufriedenheit. Das Gefühl, gebraucht zu werden, war Ernas Erfüllung. Nun ist alles anders, und damit ist ein Stück Lebenssinn verloren gegangen und eine wichtige Quelle von Selbstbestätigung versiegt.

Wir erfahren nur wenig über ihre Kinder und deren Lebenssituation. Das ist vielleicht ein Zeichen dafür, dass für Erna vor allem ihre eigene Problematik im Mittelpunkt steht. Wir können uns aber vorstellen, dass die Kinder mit ihrem Leben, mit Familie, Beruf oder beidem sehr beschäftigt sind. So oder so. Die Kinder sind erwachsen und selbstständig. Und das ist auch ein Verdienst ihrer Mutter. Sie hat sie großgezogen. Warum kann Erna sich nicht darüber freuen?

Ist sie wirklich ausgeschlossen? Unwichtig? Nicht mehr gefragt? Sicher ist Erna weniger wichtig als früher, aber ob sie deshalb wirklich nicht mehr gefragt ist, wie sie es erlebt, darf man bezweifeln. Ihr Erleben und das Erleben ihrer erwachsenen Kinder sind möglicherweise ganz gegenteilig.

Wir können uns gut vorstellen, dass die Kinder nur Rücksicht nehmen auf ihre Mutter. Vielleicht sind sie selbst Eltern und wissen, wie anstrengend das Zusammensein mit halbwüchsigen Kindern zuweilen sein kann. Ernas drei erwachsene Sprösslinge sind sich bewusst, wie viel ihre Mutter im Leben geleistet hat, und versuchen sie vielleicht jetzt, wo sich die ersten Zipperlein einstellen, zu schonen.

Wir wünschen Erna, dass sie ihr Leben aus einem anderen Blickwinkel sehen und stolz auf ihre Kinder sein kann. Oder wie wäre es mit einer Prise Dankbarkeit? Dankbarkeit, dass so vieles zwischen ihren drei Kindern und ihr möglich war. All das Vertrauen! All die Nähe! Längst nicht alle erwachsenen Kinder sehen in ihrer Mutter eine kompetente Gesprächspartnerin für Ehekonflikte oder Erziehungsfragen! Dieser Perspektivwechsel macht es Erna vielleicht möglich, sich aus ihrer Schmollecke herauszubewegen und mit den Kindern über das zu reden, was sie bedrückt. Und das ohne Anschuldigungen, untermalt mit dem passenden Zitat. Vielleicht geht es für Erna darum, zu lernen, sich den großen Kindern nun mit ihren Sorgen anzuvertrauen. Sie darf auch mal nehmen und muss nicht mehr immer nur geben! Möglicherweise macht Erna sogar noch einen weiten Sprung mit 75. Vielleicht erkennt sie aus eigener Kraft, was außer der gebenden Mutter sonst noch in ihr steckt und darauf wartet, entdeckt zu werden.

Wenn es um Konflikte von längst erwachsenen Kindern und ihren betagten Eltern geht, spielen häufig auch Ungleichheiten unter den Geschwistern eine wichtige Rolle. So zum Beispiel in der Geschichte von Klara:

Ungerechtigkeit: *»Mein Bruder tut nichts und wird für alles gelobt!«*

»Im nächsten Leben, wenn es denn eines geben sollte, komme ich als Sohn zur Welt! Es ist zum Verrücktwerden, aber seit meine Mutter Hilfe und Unterstützung benötigt, lastet alles auf mir. Von Arztbesuchen über Haushaltunterstützung, Kontakt zu den häuslichen Pflegediensten bis zu den vielen Kleinigkeiten, die sonst noch anfallen – von ihren zahllosen Anrufen ganz zu schweigen. Ich mache das ja gern, aber manchmal finde ich es ziemlich ungerecht. Mein Bruder kümmert sich sozusagen um gar nichts. Im Gegenteil, wenn ich ihn um Rat bitte oder in Entscheidungen einbeziehen möchte, begegnet er mir mit einem Lächeln und säuselt: ›Du machst das schon richtig, Schwesterchen, mach nur, was du für richtig hältst.‹ Toll, was? Und der Gipfel ist, dass meine Mutter nach einem Pflichtbesuch meines Bruders noch tagelang von seiner liebevollen, fürsorglichen Art schwärmt, sich mit seinen beruflichen Erfolgen bei anderen alten Damen wichtig tut und ihn für alles in den höchsten Tönen lobt. Von mir ist kaum je die Rede. Ist ja alles selbstverständlich, Klärchen macht das schon.«

Klara, 58

Was Klara erlebt, ist leider die Norm. Altenpflege ist – Emanzipation hin oder her – noch immer vornehmlich Angelegenheit der Töchter. Viele Töchter und auch Schwiegertöchter, häufig selbst schon im großmütterlichen Alter, unterstützen und pflegen ihre geschwächten oder gebrechlichen Eltern oder Schwiegereltern. Die Aufgabe, die für Klara nun zur Last geworden ist, beginnt meist klein und überschaubar. Hier eine kleine Hilfe, dort ein Rat oder ein schneller Botengang, das ist doch selbstverständlich! »Nicht der Rede wert!«, sagen die Frauen. Und so bleibt eine so wichtige Arbeit im gesellschaftlichen Schatten. Prestigelos, als stumme Geschichte.

Es liegt in der Natur der Sache, dass die Abhängigkeit der meisten alten Eltern mit den Jahren eher zunimmt, und so wird auch die Belastung für die Töchter immer größer. Wenn dann die ersten Zeichen von Überforderung spürbar werden, merkt das erwachsene Kind: Es hängt ja alles an mir! Was ist eigentlich mit meinen Geschwistern? Die wohnen nicht in der Nähe, sind beruflich im Stress, fühlen sich zu dieser Aufgabe weniger berufen oder halten sich aus anderen Gründen eher raus. Das macht wütend oder auch neidisch, weckt alte Erinnerungen an die Rangordnung unter den Geschwistern und endet nicht selten in Vorwürfen und Zwist.

Klara wächst ihre Rolle eindeutig über den Kopf. Ihre Wut ist spürbar. Es ist zu hoffen, dass sie diese nicht an ihrer betagten Mutter auslässt. Etwas spät fragt sich die bald Sechzigjährige, ob es überhaupt richtig war, die Pflege der Mutter übernommen zu haben. Das ist eine komplexe Frage, bei deren Beantwortung es vor allem auf vier Faktoren ankommt:

Die Qualität der Beziehung: Wie ist und, vor allem, wie war die Beziehung der Eltern zu den Kindern und umgekehrt?

Die aktuellen Lebensumstände: In welcher Situation leben die Kinder jetzt? Eigene Kinder, Berufstätigkeit, Räumlichkeiten, Wohnort?

Die Art und der Umfang der Hilfe: Welche Unterstützungsleistungen sind nötig? Können die erwachsenen Kinder diese Unterstützung körperlich, emotional oder auch finanziell leisten?

Die Freiwilligkeit: Wollen die Kinder diese Unterstützung überhaupt leisten?

Das sind Fragen, die von Klara unbedingt bedacht werden sollten. Wenn möglich, in einem günstigen Moment gemeinsam mit dem Bruder. Denn spätestens jetzt ist es Klara zu viel geworden. Das äußert sie unmissverständlich. Das Unbeteiligtsein ihres Bruders an der Pflege ihrer Mutter und auch die fehlende Anerkennung für ihre Leistung stören sie massiv. Häufig werden in Problemsituationen alte Familienmuster wieder wirksam. Das können Konkurrenz und Rivalitäten sein oder auch innerfamiliäre Allianzen. So ist gut vorstellbar, dass Klara schon früher das Kind war, das im Haus geholfen hat und für Beziehungsbelange zuständig war. So wie es sich für ein Mädchen in den Fünfzigerjahren eben gehörte. Söhne fühlen sich in der Regel eher zuständig, wenn es um finanzielle Fragen oder Administratives geht. Obgleich die erwachsenen Kinder in ihrem Partnerleben meist viele emanzipatorische Prozesse durchlaufen haben, bleiben sie gegenüber ihren betagten Eltern im Genderschema ihrer Kindheit.

Die ausgesprochenen und auch die unausgesprochenen Erwartungen der Eltern an ihre erwachsenen Kinder sind ein weiterer Grund dafür, warum sich die einen mehr und die anderen weniger bei der Pflege der Eltern engagieren. Mütter erwarten, was Unterstützung im Alter anbetrifft, in der Regel deutlich mehr von ihren Töchtern als von ihren Söhnen, und so tun die weiblichen Kinder auch mehr. Meist ist es sogar so: Wenn es keine Töchter in der Familie gibt, sind die

Schwiegertöchter dran. Ein ganz tolles Beispiel, um diese Ungleichheit und Ungerechtigkeit zwischen den Geschlechtern in der Pflege der alten Eltern individuell auszugleichen, zeigt die Geschichte »Geschlechterdifferenz« im 7. Kapitel: »Geben und Nehmen«.

Wie nun kann Klara ihre Situation meistern? Es ist immer das Gleiche: Das Mittel der Wahl ist das Gespräch. Erst muss sich Klara einmal gründlich Luft verschaffen. Das tut sie am besten bei einer Person, die ihr nicht mit Moral kommt, sondern Klaras Gefühle ernst nimmt und akzeptiert. Klara weiß sicher selbst, wer sich für dieses Gespräch eignet. Danach ist der Weg frei für ein klärendes Gespräch mit dem Bruder über Möglichkeiten und Grenzen ihres Engagements für die Pflege der alten Mutter. Es wird nicht einfach sein.

Im Zentrum dieses Gesprächs sollten die bereits benannten vier Aspekte stehen. Auch müssen Entlastungsmöglichkeiten für Klara gesucht werden. Wie wäre es, wenn der Bruder die Organisation des häuslichen Pflegedienstes übernähme? Ist eine Nachbarin im Hause, der die Mutter vertraut, die in die Pflege und Hilfeleistungen einbezogen werden könnte? Könnte der Bruder Klara für das Geleistete finanziell entschädigen und auf diese Weise seinen Beitrag zur Pflege der Mutter leisten? Lesen Sie mehr dazu in der Geschichte von Christa im Kapitel 7.

Es ist manchmal hilfreich, ein solches Gespräch in Anwesenheit einer neutralen Drittperson zu führen. Das kann eine Nachbarin sein oder der Pfarrer, eine Freundin der Mutter oder eine alte Bekannte der Familie. Das dritte Ohrenpaar hilft vor allem dann, wenn die Konflikte sehr gravierend sind oder wenn es bis dahin in einer Familie nicht üblich war, Konflikte offen anzusprechen und nach Lösungen zu suchen.

Ein ganz wichtiger Punkt in solchen »Verteilungskämpfen« und geschwisterlichen Neuordnungen ist es, dass die Möglichkeiten und Grenzen der einzelnen Familienmitglieder klar benannt und respektiert werden. Wenn Klara mehr für ihre Mutter tut oder mehr für die alte Frau tun möchte, darf sie deshalb nicht von ihrem Bruder dasselbe erwarten, sondern muss seine Art der Beziehung zur Mutter respektieren. Jedoch sollte sie sich auch nicht verpflichtet fühlen, das Defizit, das sie am Engagement des Bruders wahrnimmt, durch Mehreinsatz ihrerseits ausgleichen zu müssen. Eltern-Kind-Beziehungen haben eine lange und für jeden anders ausgeprägte Geschichte. Nur die zwei, die diese Beziehung über ein ganzes Leben gelebt haben, können beurteilen, was ihnen wirklich möglich, aber auch was ihnen unmöglich ist. Wahrscheinlich gehört die greise Mutter zu denen, die finden, Unterstützungsleistungen kann man einem Sohn nicht abverlangen. So ist sie mit den ersten Bitten eben an die Tochter gelangt, was aber nicht heißen muss, dass sie ihren Sohn wirklich mehr liebt oder respektiert. Im Gegenteil: Vielleicht ist die Nähe zu ihrer Tochter sogar größer. Vielleicht hatte die nun pflegebedürftige Mutter, als sie noch bei Kräften war, wie das ebenfalls sehr üblich ist, zu den Kindern ihrer Tochter Klara eine viel stärkere emotionale Bindung als zu den Kindern ihres Sohnes und hat ihre Tochter entsprechend stärker bei der Kindererziehung unterstützt.

Klaras Situation steht zwar im Vordergrund, dennoch ist es sehr wichtig, sich auch in die Lage ihrer Mutter zu versetzen. Eine Situation, in welcher der pflegerische Aufwand zwar langsam, aber stetig zunimmt, ist auch für die betagte Mutter nicht einfach. Es ist vorstellbar, dass sich Klaras verständliche Wut in der Beziehung zur Mutter versteckt, aber spürbar äußert. Sicher ist das nicht beabsichtigt, aber oft suchen sich Überforderung und Überlastung ein Ventil. Vielleicht wird Klara manchmal laut, wenn sie mit der gebrechlichen Mutter am Tisch sitzt, vielleicht etwas ungeduldig, wenn sie ihr zu langsam ist, vielleicht ist sie etwas ruppig, wenn sie ihr die Ärmel hochkrempelt. Und vielleicht schweigt sie manchmal vor sich hin, wenn das Maß voll ist. Dann schafft der seltene Besuch des Sohnes einen willkommenen Gegensatz zur emotional aufgeladenen Alltagssituation mit der Tochter. Wie dem auch sei, die Hochbetagte wird spüren, dass sie ihrer Tochter zur Last fällt. Solche Gefühle sind nur schwer zu ertragen. Oft führen sie sogar dazu, dass alte Eltern lieber sterben wollen, als ihren Kindern zur Last zu fallen. Hier ist es für beide Frauen, die erwachsene Tochter und ihre hilfsbedürftige Mutter, wichtig, einen besseren Weg zu finden.

Klara sollte auch das Gespräch mit ihrer Mutter suchen. Sie verdient es, dass Klara ihr erklärt, was mit ihr los ist, warum sie vielleicht manchmal ungeduldig ist. Die alte Frau sollte erfahren, dass gemeinsam nach neuen Lösungen gesucht wird und sie als Betroffene in jedem Fall mitentscheiden kann.

Guter Rat und gar nicht teuer

1. **Filiale Reife ist ein natürlicher und notwendiger Schritt in der langjährigen Beziehung zu den eigenen Eltern. Sie ist nicht zu verwechseln mit Rollentausch. Eltern bleiben Eltern.**
2. **Die Eltern-Kind-Beziehung ist eine subtile, komplexe, oft sehr wundersame Liebe. Unsicherheiten, Konflikte und Schwierigkeiten liegen in der Natur der Sache. Deswegen ist es normal, sich bei Fragen an Fachleute zu wenden. Das ist keine Kapitulation!**
3. **Wenn man alt ist, bleibt längst nicht alles beim Alten. Die Beziehung zwischen erwachsenen Kindern und hochbetagten Eltern verändert sich stark im Lauf der Zeit. Für beide Seiten gilt: Die wandelbare Rolle, für die es an Vorbildern weitestgehend fehlt, sollte immer wieder neu erprobt und auf ihre Praktikabilität und die eigene Zufriedenheit damit überprüft werden.**
4. **Gestehen Sie sich rechtzeitig ein, wenn Ihnen die Unterstützung für die betagten Eltern zu viel wird. Nehmen Sie die frühen Zeichen der Überforderung ernst. Sie sind eine Aufforderung zur leichten Anpassung, zur Veränderung, zum Gespräch, bevor es zur Erschöpfung, zur Vergiftung der Beziehung, zu Übergriffen oder gar einem Beziehungsabbruch kommt.**

2. Autonomie und Pflichtgefühl

**Der Alten Rat,
der Jungen Tat,
macht vieles grad.**
Deutsches Sprichwort

Autonomie, was für ein Zauberwort! Für viele bedeutet Autonomie dasselbe wie Lebensqualität. Selbst ist die Frau! Und erst recht der Mann. Selbstständig soll auch schon das Kind sein, kaum dass es gelernt hat, auf eigenen Beinen zu stehen und ein paar Schritte zu tun. Alle Elternbefragungen in Deutschland und der Schweiz ergeben ein ähnliches Bild: Väter und Mütter wollen autonome Kinder. So früh wie möglich. In den letzten vierzig Jahren ist Autonomie zum wichtigsten aller Erziehungsziele geworden. Unsere Großeltern hätten bestimmt etwas anderes gesagt: Hauptsache gesund und stark! Möglicherweise meinten sie unter dem Strich aber doch dasselbe.

Bei den alten Menschen sieht es ähnlich aus: Autonomie scheint *der* Dreh- und Angelpunkt für ihr Selbstwertgefühl zu sein und ein gnadenloser Gradmesser für ihre »Daseinsberechtigung« in unserer leistungsorientierten Welt. Kein Wunder, dass Alten- und Pflegeheime schlechte Karten haben, hängt diesen schützenden Mauern doch der Schatten der Autonomiekapitulation an. So als gäbe es in diesen Häusern nicht auch die Zonen des Selbst. Aber der Reihe nach. Was bedeutet das Zauberwort genau?

In »Autonomie« steckt der griechische Begriff »autonomia«. Der heißt so viel wie »sich selbst Gesetze gebend«. Kein Zweifel, die Latte ist hoch gelegt. Das Hochleistungsindividuum ist gefragt.

Autonomie ist zwar, psychologisch gesehen, seit jeher das »Muss der Selbstwerdung«. Neuer ist aber, dass Autonomie auf gesellschaftlicher Ebene ein so hohes Ansehen genießt. Sie ist der Kardinalwert der Babyboomer.

Babyboomer nennt man die Generation, die in der Nachkriegs-zeit etwa zwischen 1946 und 1964 geboren wurde. Es ist die Ge-neration, die kriegsverschont im Wirtschaftswunder groß werden konnte. Babyboomer sind die, die vielfach an der Schwelle zum Erwachsensein manches anders sahen als ihre Eltern. Politisch be-wegt, frauenbewegt, friedensbewegt, sexuell befreiter und später auch ökobewegt brachen die Fortschrittlichsten und Unangepass-testen unter ihnen die festen Normen der Alten auf und machten sich auf in die Welt der Wahlfreiheit. Wer Optionen hat und das Tradierte weitgehend in den Wind schießt, muss sich notgedrungen auf sein Selbst besinnen. Wie gebe ICH mir selbst Gesetze? Wie lebe ICH Liebe? Was ist MEINE Welt? Welchen Beruf wähle ICH? Worauf habe ICH Lust? Wann will ICH ein Kind? Will ICH über-haupt Mutter oder Vater werden? Wie kann ICH mich verwirk-lichen? Wer bin ICH? Wo will ICH leben? Und wie? Und: Woran glaube ICH noch, wenn Gott tot ist? Die Babyboomer sind die Ge-neration des großgeschriebenen ICH.

Viele dieser ICH-Generation sind nun arriviert und selbst in die Jahre gekommen. Aber auch darin sind sie Pioniere. Sie sind die »alten Kinder« der ersten Generation »langlebiger Eltern«. Die Babyboomer sind auch »Neveragers«, nicht mehr Junge, die nicht wirklich alt werden. Oder zumindest nicht so, wie die Generationen vor ihnen. Die wohlstandsverwöhnte ICH-Generation hat erfolg-reich gelernt, bis spät jugendlich zu bleiben und lebenslang zu ler-nen. Mit ihnen hat sich die zweite Lebenshälfte drastisch verjüngt.

»So wie die Babyboomer das Erwachsensein neu definierten, so werden sie auch das Leben im Alter neu erfinden«, bemerkt in die-sem Zusammenhang der namhafte Zürcher Professor für Alters-soziologie François Höpflinger. Wenn Höpflinger recht hat, kann dies zum Beispiel heißen: Berufswechsel mit vierzig, Auswanderung mit fünfzig, Neuheirat mit sechzig, Spätstudium mit siebzig, Wohn-gemeinschaft mit achtzig. Der Autonomiewille der Babyboomer scheint ungebrochen: Hauptsache selbstbestimmt! Hauptsache aktiv!

Der Kulturanthropologe Ashley Montagu trifft den Lebensnerv

dieser Neveragers, wenn er sagt: »Unser Ziel sollte es sein, möglichst jung zu sterben – aber das so spät wie möglich!« Diese Selbstgesetzgebung trifft natürlich auch die Eltern der Neveragers. Sie sind komplett anders groß geworden. Ihr ICH war kleingeschrieben. Großgeschrieben aber waren drei andere Buchstaben: MAN.

Der MAN-Generation gehören die Frauen und Männer an, die zwischen 1910 und 1940 geboren sind. Als sie jung waren, herrschte Krieg; Entbehrung und Angst, Schrecken und Tod, Mangel und Verzicht waren an der Tagesordnung. Und es gab den sehnlichen Wunsch nach Ordnung im Chaos, nach Zusammenhalt in der Verlorenheit, nach gemeinsamen Richtwerten in einer aus den Fugen geratenen Welt. »Etwas zu wollen« war weitgehend utopisch oder luxuriös, »viel zu müssen« war die Norm. Pflichtgefühl war angesagt. MAN nahm das ICH nicht so wichtig. MAN war für Mann oder Frau und Kinder da. MAN kümmerte sich um den Gelderwerb. MAN diente dem Vaterland. MAN war ein Mann. MAN war eine Frau. Und MAN wusste, was das heißt. MAN ging zum Gottesdienst. MAN wusste, was sich schickte, und tanzte nicht aus der Reihe. MAN hatte Schuldgefühle, wenn das ICH doch einmal den Durchbruch schaffte. MAN schaute vorwärts. MAN wollte, dass die Kinder gehorchen und es einmal besser haben. Und MAN hat das alles überlebt.

In der Tat, die Kinder der MAN-Generation hatten es besser, hatten mehr Bildungschancen, mehr Wohlstand, mehr Freiheit und eine bessere Gesundheit. Was für ein Erfolg für die MAN-Generation und ihre Zeit! Ironie des Schicksals: Die Eltern der Babyboomer haben mit ihrer Disziplin und ihrem Pflichtbewusstsein den materiellen Aufstieg erst ermöglicht und damit den Luxus der ICH-Orientierung ihrer Kinder möglich gemacht. Der Erfolg der Babyboomer ist auch die Frucht ihres Ungehorsams und der Rebellion gegen die Werte der pflichtorientierten MAN-Generation.

Wenn es um Eltern und Kinder geht, kommen Autonomie und Pflichtgefühl noch auf andere Weise zusammen: Alle Pädagogen und Psychologinnen dieser Welt können sich darauf einigen, dass

Mündigkeit und Selbstständigkeit Ziel jeder Kindererziehung sein muss. Es ist also eine elterliche Pflicht, die Kinder Schritt für Schritt auf dem Weg zur Selbstständigkeit zu begleiten und schließlich in die Autonomie zu entlassen. Die weltberühmte italienische Ärztin und Pädagogin Maria Montessori hat diese kunstvolle Aufgabe mit dem kindlichen Imperativ »Hilf mir, es selbst zu tun!« auf den Punkt gebracht. Alle Eltern dieser Welt unterrichten also das Fach Autonomie. Umso schmerzlicher muss es für die Schüler, die Kinder, sein, wenn sie merken, dass ihre »Lehrpersonen« – die eigenen Eltern – im Alter Schritt für Schritt an Selbstständigkeit einbüßen. Auch das ist ein Aspekt, der bei der »filialen Krise« zu bedenken ist. Wenn alte Eltern nicht mehr in jeder Situation souverän und autonom sind, werden manche erwachsene Kinder unsicher, ängstlich oder aggressiv, manchmal orientierungslos und zuweilen all das zusammen.

Was ihnen helfen kann, ihre filiale Krise zu überstehen und filial reif zu werden, ist, sich immer wieder folgende Tatsache vor Augen zu führen: Wer Autonomie einbüßt, wird deswegen nicht wieder zum Kind. Er bleibt ein erwachsener Mensch mit reicher Lebenserfahrung, der zwar Hilfe, Unterstützung oder auch Pflege braucht, deswegen aber noch lange nicht entmündigt werden darf.

Die Kennzeichen dieser filial reifen Haltung sind:

> Freiwillige, aus einer autonomen Haltung heraus erfolgende Zuwendung zu den Eltern
> Verständnis für die wesentlichen positiven und negativen Prägungen durch die Eltern
> Einfühlungsvermögen in die zunehmende Schwäche des alternden Menschen
> emotionale Selbstständigkeit bei gleichzeitiger Aufrechterhaltung einer guten Beziehung zu den Eltern
> Fähigkeit, unangemessene Schuldgefühle zu kontrollieren, damit es nicht zur Selbstaufopferung kommt

Von Lebensquantität war in diesem Buch schon die Rede. Im Museumskatalog »Ganz schön alt« zur viel beachteten Schweizer Ausstellung »Sechsundsechzig. Eine Ausstellung zum Alt und Grau werden« ist aus der Feder von François Höpflinger nachzulesen, wie stark die durchschnittliche Lebenserwartung im letzten Jahrhundert gestiegen ist: »Bei Männern erhöhte sie sich von 46 auf 77 Jahre. Noch markanter fiel der Anstieg bei den Frauen aus: von 49 auf 83. Zu Beginn des 20. Jahrhunderts erreichten erst 40 Prozent der Männer und 48 Prozent der Frauen überhaupt das 65. Lebensjahr. Am Ende des 20. Jahrhunderts erlebten bereits mehr als 90 Prozent aller Männer und Frauen ihren 65. Geburtstag.« So viel zur Lebensquantität.

Was die Lebensqualität der alten Menschen angeht, vermeldet die Gerontologie ebenfalls nur Gutes: Auch die beschwerdefreie Zeit am Ende des Lebens hat sich verlängert. Die Lebensdauer nach 65 ohne schwere Behinderungen stieg zwischen 1982 und 1999 bei den Männern um 13 Jahre (vorher 11,5) und bei Frauen um 16,3 Jahre (vorher 12,2).

Alt sein ist also kein Synonym für Gebrechlichkeit! Auch wenn die Kräfte schwinden, auch wenn sich die Runzeln vertiefen, auch wenn das Gedächtnis da und dort versagt und sich Zipperlein bemerkbar machen, so gilt doch: Zwei Drittel aller fünfundachtzigjährigen und älteren Menschen leben ohne große Hilfe in ihren eigenen vier Wänden! Autonom, mehr oder weniger. Die MAN-Generation ist nun befreit von vielen Pflichten und Normen. Sie hat ihr Alter nie bewusst geplant. MAN hat nicht damit gerechnet, so alt zu werden. MAN nahm es, wie es kam, und nun, wo es so gekommen ist, macht MAN das Beste daraus. Und das Beste ist für viele: Selbstständigkeit und Selbstbestimmung. Nicht nur, wenn es um die alten Tage geht, sondern auch, wenn der große Abschied naht. Wie bei Margarete:

Verweigerung: *»Ich weiß doch selbst, was für mich gut ist!«*

»84 Jahre sind in meinen Augen absolut genug. Ich hatte eine wohl-behütete Kindheit. Ich bin auf dem Land mit vier Geschwistern groß geworden. Ich hatte eine Heimat trotz Krieg. Erlebte Geborgenheit trotz Armut. Da fiel der Umzug in die Stadt erst ganz schön schwer, aber uns blieb wegen des Berufs meines Mannes keine andere Wahl. Dafür hat er dann auch recht verdient, um uns alle zu ernähren. Meine drei Töchter waren uns eine große Freude. Ich war gern für sie da. Auch später noch, als sie den Kinderschuhen längst entwachsen waren und mich doch noch brauchten. Aber auch sie standen mir zur Seite, als mein Mann so plötzlich und völlig unerwartet starb. Es war furchtbar für mich. Von einem Tag auf den anderen stand ich mit allem allein da. Aber auch das habe ich irgendwie gemeistert. So schnell gibt man ja nicht auf. Und nun hat es mich halt selbst getroffen: Darm-krebs! Man könnte schon noch eine Operation wagen, aber die Prog-nose sei ungünstig, sagen die Ärzte. Ich will das nicht. Auf keinen Fall. Ich habe für mich abgeschlossen. In Ruhe und Frieden gehen zu können war immer mein Wunsch. Aber ich sage Ihnen, meine Töchter stehen kopf – die Jüngste vor allem. Sie ist nahezu unerbittlich. Ständig kommt sie mit den neuesten Artikeln aus dem Computer über irgendwelche Erfolgsberichte. Ich kann es bald nicht mehr hören! Aber die Kraft, mich dagegen zu wehren, geht mir auch langsam aus. Dabei weiß ich doch selbst, was für mich gut ist. Oder etwa nicht?«
Margarete, 84

Ohne Zweifel, Margarete ist in einer schwierigen Lage. Als ob die Diagnose »Darmkrebs« nicht schon genug wäre, muss sie sich noch mit den Wünschen ihrer Töchter auseinandersetzen. Hin- und her-gerissen im Konflikt zwischen Autonomie und dem Pflichtgefühl, für die Kinder da zu sein und als Mutter nicht zur Sorge der Töch-ter zu werden, geht ihr, wie sie sagt, langsam die Kraft aus. Das ist verständlich.

Uns scheint, dass Margarete sich ihren Weg gut überlegt hat. Sie macht den Eindruck einer gefassten alten Dame, die zufrieden mit ihrem erfahrungs- und prüfungsreichen Leben abschließen möchte. Wir spüren nichts von Verbitterung und kein Hadern mit dem Schicksal. Wenn alte und kranke Menschen so schnell wie möglich sterben möchten, sollten wir jedoch immer gut aufhorchen. Alterspsychologen wissen, dass der Wunsch nach einem schnellen Tod in unserer altersfeindlichen Leistungsgesellschaft auch bedeuten kann: Ich möchte niemandem zur Last fallen. Bei Margarete aber müssen wir uns kaum solche Sorgen machen. Margarete ist selbstbewusst, stark und auch bewundernswert. Es gelingt ihr offenbar, ihre schwere Krankheit anzunehmen und in die eigene Lebensgestaltung zu integrieren.

Aber statt Respekt vor dieser reifen Leistung und einer guten, filial reifen Begleitung in dieser belastenden Situation erfährt die alte kranke Mutter Druck durch ihre Töchter. Die drei, besonders die jüngste, möchten sie zum Leben verpflichten. Unter diesem Druck läuft Margarete Gefahr, sich selbst aus den Augen zu verlieren. Ihre Unsicherheit äußert sich in der Frage: »Oder etwa nicht?«

Was treibt die Töchter zu dieser für ihre Mutter so schwierigen »Lebensverpflichtung«? Es ist klar: Die drei hängen an ihrer Mutter, sie hatten schon früh den Verlust des Vaters zu verwinden und fürchten nun, zu Waisen zu werden. Solange die geringste Chance besteht, das Leben ihrer Mutter zu retten oder wenigstens etwas zu verlängern, sind sie bereit, alles dafür zu tun. Noch eine Operation! Noch eine Therapie! Die Hoffnung stirbt bekanntlich zuletzt. Und: Man hat gemeinsam doch schon so vieles durchgestanden: den Umzug, den Verlust des Mannes und Vaters und vieles mehr! Man kann nun doch nicht einfach aufgeben! Das gemeinsame Leben mit all seinen Prüfungen schafft im besten Fall so viel Verbundenheit. Und dieser beste Fall scheint in Margaretes Familie eingetreten zu sein. Was für ein Glück!

Nur, es ist eine ebenso traurige wie banale Tatsache, dass das Glück nicht ewig währt. Das bewährte Muster des Zusammenhaltens und Kämpfens ist offenbar durcheinandergeraten. Das Erfolgsrezept greift nicht mehr. Das ist sehr schwer für die drei erwachsenen Töchter. Von Verlustangst erfüllt, gelingt es ihnen nicht, zu sehen, dass die gut gemeinten Informationen und Hoffnungsberichte aus dem Internet an der Realität ihrer Mutter vorbeigehen und sie in ihrem Recht auf Selbstbestimmung beschneiden.

Was können wir Margarete raten? Zunächst ist es wichtig, sie darin zu unterstützen, ihren eigenen Weg zu suchen, zu finden und auch zu gehen. Die 84-Jährige braucht jemanden, der sie in ihren Gefühlen und Gedanken unterstützt. Dieses könnte sowohl eine Fachkraft wie auch eine enge Vertraute übernehmen. In einem Gespräch mit der kranken, sterbewilligen Frau muss unmissverständlich zum Ausdruck kommen: Du hast deine Mädchen großgezogen. Auch wenn sie dich sehr vermissen werden, sind sie stark genug, ihr Leben zu leben. Sie werden zusammenhalten und sich gegenseitig stärken. Das haben sie vor vielen Jahren mit dir gelernt. Nun brauchst du ihre Unterstützung auf deinem Weg. Du hast keine Pflicht, ewig zu leben. Du kannst nicht immer für deine Kinder da sein.

Um ihrem Wunsch treu bleiben zu können, keine Krebstherapie und keine Operationen mehr über sich ergehen zu lassen, sollte Margarete versuchen, die Sicht ihrer Töchter zu verstehen. So kann sie vielleicht erkennen, dass ihre drei erwachsenen Mädchen aus lauter Angst, ihre Mutter zu verlieren, einen verstellten Blick haben auf deren Lebensrealität und die damit verbundenen Gefühle.

Was Margarete mit ihren Kindern erlebt, ist keineswegs selten. Erfahrene Psycho-Onkologen wissen sehr wohl um dieses Phänomen. Sie könnten für ein Gespräch mit Mutter und Töchtern herangezogen werden. Alle größeren Krebsstationen in Deutschland und der Schweiz verfügen über Fachkräfte, die sehr hilfreich sein können, wenn es um Gespräche rund um Leben und Tod geht.

In einer Situation wie dieser ist es immer von Vorteil, wenn die betroffene Person eine Patientenverfügung ausgefüllt hat, in der sie ihre Wünsche zu lebensverlängernden Maßnahmen schriftlich festgelegt hat. Das gibt dem Patienten selbst, den Angehörigen und auch dem medizinischen Personal eine gewisse Sicherheit und Klarheit. Im Zuge dessen kann auch festgelegt werden, wo die betroffene Person sterben möchte. Dazu sollte man sich über nahe gelegene Hospize – Einrichtungen, die sich auf die Begleitung von Sterbenden und deren Familien spezialisiert haben – erkundigen. Ein Gespräch mit jemandem, der außerhalb der Familie steht, kann Margarete helfen, sicherer und selbstbestimmter zu werden. Das ist selbst mit externer Hilfe eine große Herausforderung für eine Frau, die sich für ihre Lieben häufig aufgeopfert hat. Aber die alte Frau vermittelt uns den Eindruck, es mit Hilfe ihrer Ärztin, einer Psychologin oder auch Sozialarbeiterin schaffen zu können. Im Hinblick auf ein »würdevolles Sterben« ist der Schritt von der Pflicht zur Autonomie wichtig. Todkranke Menschen brauchen Klarheit. Nicht auszudenken, wie Margarete sich fühlen würde, wenn sie nach einer weiteren Operation dann doch sterben müsste. Dann käme zuletzt das Hadern in ihr Leben, zusammen mit der Frage: »Wozu habe ich das noch über mich ergehen lassen?« Eine leise Wut auf ihre geliebten Töchter könnte sich so äußern: »Euretwegen liege ich jetzt noch hier und leide! Wenn es nach mir gegangen wäre, hätte das alles bereits ein Ende.« Was wäre das für ein ungutes Ende einer so liebevollen Beziehung.

Auch die Töchter würden durch diese Situation belastet: Nach dem Tod der Mutter mit Schuldgefühlen wegen einer ihr gegen ihren Willen zugemuteten schweren Operation leben zu müssen wäre für die drei erwachsenen Frauen eine schwere Bürde. Deshalb ist es wichtig für die Töchter, die Gründe für ihr Handeln genau unter die Lupe zu nehmen. Möglicherweise im Gespräch mit einem Profi aus der Psycho-Onkologie. Dabei würde schnell ersichtlich, dass da nicht nur der Wunsch ist, die Mutter zu unterstützen, sondern auch die große Angst, allein zu bleiben. Die Töchter müssten sich dann eingestehen, dass sie in ihrer Not die Mutter eigentlich übersehen hatten und so überhaupt nicht erfahren konnten, was die schwerkranke Mutter eigentlich braucht. Genau das aber sollte in einer Situation wie der von Margarete im Mittelpunkt stehen. »Mama, was können wir für dich tun? Wie können wir dich unterstützen?«, lauten die entscheidenden Fragen des schwierigen Perspektivenwechsels. Darin zeigt sich filiale Reife. Aber die Fragen sollten noch konkreter werden: »Wie möchtest du sterben, Mama?« »Wo möchtest du die letzte Zeit verbringen?« »Wer soll in deiner Nähe sein?« Dass da Tränen fließen, ist nicht nur natürlich, sondern auch schön. Tränen sind Perlen der Verbundenheit.

Nach dem Gespräch über das Sterben ist auch wieder Raum für Fragen an das Leben: »Mama, gibt es noch etwas, was besprochen und bereinigt werden müsste?« »Was möchten wir uns unbedingt noch sagen?« »Was muss nun getan werden?«

Es ist ein Gespräch für die Mutter *und* ihre Töchter. Auch sie müssen spüren, ob Vergangenes noch der Klärung bedarf. Gab es Ereignisse, die ungut waren, aber in den besten Familien vorkommen? Die Zeit ist kostbar, wenn sie knapp wird. Was möchte die Mutter noch unternehmen? Gibt es einen Ort, den sie gerne noch einmal besuchen möchte? Gibt es Menschen, von denen sie sich verabschieden will? Mehr zur Wichtigkeit solcher Worte lesen Sie auch im 9. Kapitel: »Letzte Wünsche und neue Nähe«.

So kommen ganz am Ende Autonomie und Pflichtgefühl wieder zusammen: Die Erfüllung der letzten Wünsche wahrt die Autonomie der Sterbenden und ist vielleicht bis heute so etwas wie eine heilige Pflicht der erwachsenen Kinder, die damit den Eltern die letzte Ehre erweisen können, bevor sie sie zu Grabe tragen.

Um eine andere Art der Selbstbehauptung geht es in der Geschichte von Lina:

Bevormundung oder Fürsorge: *»Nichts lassen sie mich allein entscheiden!«*

»Das hätte ich mir also im Leben nicht träumen lassen! Da wird man achtzig, hat vier Kinder großgezogen, den eigenen Ehemann gepflegt und bis zum Tode begleitet, und plötzlich behandeln einen die eigenen Kinder, als sei man nicht ganz bei Trost. Manchmal bevormunden sie mich regelrecht: ›Mama, du trinkst zu wenig, du bewegst dich zu wenig, du musst mehr unter die Leute!‹ Richtige Gesundheitslitaneien prasseln auf mich runter. Und damit nicht genug: Da kommt doch meine

Tochter neulich mit einer Anmeldung für einen Gedächtnistrainings-kurs. Ich traute meinen Augen kaum. Erstens funktioniert mein Kopf noch einwandfrei – sicher verlege ich auch einmal einen Schlüssel oder mir fällt ein Name nicht sofort ein –, aber mal ganz ehrlich, wem passiert das nicht? Zweitens kann ich mich doch alleine anmelden, wenn ich das möchte. Und drittens will ich einen solchen Kurs gar nicht besuchen. Was soll ich da? Mit lauter alten Leuten die Schulbank drücken? Die Kinder meinen es ja gut, aber muss ich mir diese Art von Güte gefallen lassen?«

Lina, 80

Nein, möchten wir Lina zurufen, das musst du dir nicht gefallen las-sen. Zu Recht geht für Lina die Fürsorge ihrer Kinder entschieden zu weit. Sie fühlt sich verständlicherweise bevormundet und nicht für voll genommen. Sie wird sozusagen zum vermeintlich guten Le-ben gezwungen. Die Achtzigjährige scheint für sich einen Weg ge-wählt zu haben, der nicht dem Bild der »fitten Alten« entspricht. Sie lebt so, wie sie es für richtig hält, und kleine Fehlleistungen, wie ein verlegter Schlüssel, beunruhigen sie nicht weiter. Lina scheint gelassen zu sein. Oder ist sie vielleicht doch etwas halsstarrig?

Sie vermittelt nicht das Gefühl, dass sie über irgendeinen Vor-schlag ihrer vier Kinder ernsthaft nachgedacht hätte. Linas Wunsch nach Eigenständigkeit ist zu respektieren. Nur: Ist es nicht möglich, dass Linas erwachsene Kinder an der einen oder anderen Stelle recht haben? Wäre es nicht gut für ihre Mutter, etwas Kleines für sich und ihre Gesundheit zu tun? Es muss ja nicht gleich ein Ge-dächtniskurs sein. Aber fällt Lina denn ein Stein aus der Krone, wenn sie genügend trinkt?

Entscheidend ist oft der Ton, mit dem die Ideen vorgetragen werden. Wir nehmen an, dass die Vorschläge etwas forsch und for-dernd an die alte Frau herangetragen wurden. Deshalb geht ihr Widerstand durch alle Böden hindurch. Vielleicht ist Lina auch so taub auf dem Ohr, weil sie genau weiß, dass die Jungen eigentlich recht haben. Nur: Wenn die Idee von außen kommt, ist die Autono-mie im Eimer. Also wird alles trotzig abgeschmettert.

Seitenwechsel. Linas erwachsene Kinder haben natürlich auch unausgesprochene und nur halbbewusste Wünsche: Lina soll lange fit und gesund bleiben! Unterm Strich soll sie vor allem eines: lange leben!

Es ist für Kinder nicht leicht, die altersbedingten Veränderungen bei ihren Eltern einfach so hinzunehmen. Wir haben schon mehrfach davon gesprochen, dass die erwachsenen Kinder in eine Krise kommen können, wenn sie merken, dass ihre Eltern gebrechlich werden, wenn sie nicht die gewohnte Souveränität an den Tag legen, wenn sie eine neue Art der Lebenssattheit ausleben und nicht mehr neugierig auf das Leben sind. Das ist, mit großen Worten gesagt, das Sterben mitten im Leben. Linas Tochter scheint mit ihrem Kursvorschlag heftig gegen diese Gefühle des Verlustes anzukämpfen. Wir raten ihr, ihr Herz in beide Hände zu nehmen und mit ihrer Mutter darüber zu sprechen. »Mama, wie geht es dir?« »Ist dir wirklich nicht langweilig?« »Magst du denn nicht etwas für dich tun?« »Für mich ist das schwierig zu begreifen. Ich kenne dich so gar nicht!« »Was zählt denn nun für dich?« »Was ist dir wichtig? Und was davon ist für uns beide gut?«

Die Eltern loslassen können und sie als eigenständige Individuen mit einer eigenen Geschichte und nicht vor allem in ihrer Elternrolle zu sehen führt zu einer filialen Reife. Die Klippe von der Krise zur Reife führt über das Gespräch. Die filiale Reife verhilft zur Augenhöhe mit denjenigen, die einen großgezogen haben.

Was hier bei Lina und ihrer Tochter – und womöglich auch den anderen Kindern – passiert, ist alles andere als filiale Reife. Es ist die reine Rollenverkehrung! In dem Moment, in dem Lina nachlässt und von nichts Neuem mehr etwas wissen will, reißen ihre Kinder die Macht an sich und bestimmen, was für ihre Mutter richtig und gut sein soll. Es gelingt den vier erwachsenen Kindern der alten Frau noch nicht, zu erkennen, dass nun Zeit ist für einen Paradigmenwechsel. Aus dem Nehmen wird nun ein Geben. Der Kreis schließt sich langsam. Und immer bleiben die Eltern Eltern und die Kinder Kinder.

Was können wir Lina raten? Wie gesagt: Erst einmal soll sie wissen, dass sie sich nicht jede Art von guten Ratschlägen gefallen lassen muss. Aber dann würden wir ihr wünschen, dass sie ihre Trotzhaltung oder ihren gekränkten Stolz in die zweitunterste Schublade verstaut und sich in Ruhe und Stille die Vorschläge ihrer Kinder durch den Kopf gehen lässt. Sie könnte sie einmal überschlafen und dann neu beurteilen. Vielleicht ist ja doch etwas daran? Vielleicht etwas Liebes, etwas Gutes, etwas Wahres? »Was ist mir wichtig?« »Was ist mir möglich?« »Was passt zu mir?« »Was könnte mich noch locken?« Das sind nun wichtige Fragen für die verwitwete Frau. Das »selberwollen« ist dabei zentral. Lina soll wissen, dass, was immer sie entscheidet, für sie gut sein soll. Es sollte weder für das Wohl ihrer Kinder noch um des lieben Friedens willen geschehen.

Wenn Lina mit ihren Kindern ins Gespräch kommt, könnte sie ihnen auch sagen: »Es freut mich, dass ihr euch so viel Gedanken um meine Gesundheit macht. Ich danke euch dafür, dass ihr immer wieder auch mit Ideen kommt. Es zeigt mir, dass ihr an mich denkt und es euch nicht egal ist, wie ich lebe. Mir ist aber auch sehr wichtig, dass ihr respektiert, dass ich mein Leben noch immer alleine und selbstständig in die Hand nehmen kann und auch will. Es kränkt und ärgert mich, wenn ihr Dinge einfach über meinen Kopf hinweg entscheidet. Es kann sein, dass ich in Zukunft vermehrt auf eure Hilfe und Unterstützung angewiesen bin. Aber glaubt mir, auch dann weiß ich noch, was für mich gut ist!«

Das sind keine trotzigen, es sind versöhnliche Töne. Verbindende und verbindliche.

Die erwachsenen Kinder, die sehr wohl gelernt haben, ihre eigene Autonomie zu pflegen und zu hegen, werden hoffentlich Ohren haben, zu hören, dass die Mama aus der MAN-Generation nun ihr ICH zur Geltung bringt. Auch das ist Augenhöhe. Und wer auf Augenhöhe miteinander lebt, pflegt die Fragezeichen mehr als die Imperative. »Mama, was meinst du zu diesem Angebot für ein Gedächtnistraining?« Statt: »Du musst etwas für dein Hirn tun!«

Autofahren im Alter: *»Ich fürchte, er fährt jemanden über den Haufen!«*

»Immer öfter hört man von Unfällen, an denen die Alten schuld sind. Gerade letzte Woche hat wieder eine Achtzigjährige Gas und Bremse verwechselt und ist in das Schaufenster eines Lebensmittelladens gerast. Glücklicherweise war es nach Ladenschluss, und so ist niemand zu Schaden gekommen. Aber mich hat diese Zeitungsnotiz erschreckt. Mein Vater fährt nämlich auch noch jeden Tag rum. Mit 83! Sicher, er war zeit seines Lebens beruflich auf Achse. Auch privat waren Autos immer seine Leidenschaft. Ich erinnere mich an unser erstes Auto. Meine Güte! Ich glaube, bei der Geburt meiner Schwester war weniger los als nach dem Kauf des Vauxhall. Lange kam mein Vater einhändig in jede Parklücke. Und jedes Überholmanöver war sicher gelenkt. Aber ich weiß nicht, in letzter Zeit fährt er viel langsamer, so als gehöre die Straße ganz ihm, so ziemlich in der Mitte. Hello, here comes the King of the Road! Oder vorgestern zum Beispiel ist er in eine Einbahnstraße gefahren. Klar hat er immer eine Erklärung. Meist sind natürlich die anderen schuld. Oder die Regelung ist unlogisch. Ehrlich gesagt, ich fühle mich nicht mehr sicher mit ihm. Was, wenn er jemanden über den Haufen fährt vor lauter Selbstüberschätzung? Das kann ich doch nicht zulassen. Ich habe ihn deswegen jetzt einfach für einen Test angemeldet. Dann wird er schon sehen, dass er nicht mehr fahrtauglich ist und den Führerschein abgeben muss – zum eigenen Schutz, versteht sich.«
Frank, 56

Frank befindet sich in einer komplizierten Situation. Er bemerkt die Veränderung seines Vaters, eines Autoliebhabers. Und nun wird ausgerechnet das Autofahren zum Problem. Der »Kapitän«, der kompetent mit einer Hand einparkende Vater, wird nun unsicherer. Das verunsichert auch den Sohn. Er rutscht in eine filiale Krise. Dass aber die Veränderung beim alten Herrn nicht nur dazu führen könnte, dass er sich selbst gefährdet, sondern im schlimmsten Fall andere, unschuldige Menschen in Mitleidenschaft gezogen werden könnten, beunruhigt Frank. Er fühlt sich verantwortlich. Er ist überzeugt, in der Pflicht zu sein. Diese starken Gefühle drängen ihn, und so entscheidet er hinter dem Rücken seines Vaters, ihn für den Test anzumelden. Das kann nie und nimmer gut gehen!

Wir verstehen Franks Sorge. Seine Analyse der väterlichen Fahrkünste nehmen wir ihm ab. Wir können auch nachvollziehen, dass er seinen Vater schützen möchte. Wir nehmen weiter an, dass Frank nie wirklich einen Versuch gemacht hat, mit seinem »auto-mobilen« und autophilen Vater in aller Ruhe über das schwierige Thema zu sprechen. Wir stellen uns eher vor, wie Frank als Beifahrer reagiert hat, wenn dem alten Herrn ein Fahrfehler unterlaufen ist: »Herr Gott noch mal, Papa, hier kannst du doch nicht abbiegen! Hast du das Schild denn nicht gesehen? Du fährst uns ja noch um Kopf und Kragen!«

Wie beschämend für den alten Chauffeur! Kein Wunder, dass er Zuflucht zu allerlei Ausreden über »unlogische Regeln« und dergleichen sucht. Und genau das wiederum erscheint seinem Sohn als Uneinsichtigkeit. Also folgt die Anmeldung zum Test!

Was diese zu »Vaters Schutz« eingeleiteten Maßnahmen für die zukünftige Vater-Sohn-Beziehung bedeuten, ist an dieser Stelle noch gar nicht abzuschätzen. Ein vertrauens- oder respektvoller Umgang mit dem eigenen Vater und seinem »Stolzrevier« ist das bei allen guten Absichten aber nicht. Frank scheint es nicht zu gelingen, sich in die Lage seines Vaters zu versetzen. Ist das so schwierig, von Mann zu Mann?

Unsere Geschichte zeigt es überdeutlich: Das Auto ist wichtig. Es steht für Status, für Können, für Autonomie, für Souveränität, vielleicht auch für Erfolg. Wie schwer muss es für den Vater nun sein, damit nicht mehr so sicher umgehen zu können. Das bedeutet Machtverlust, Potenzverlust und damit Einbuße an Selbstwert. Wie schwierig ist es, das zuzugeben! Erst recht beschämend ist es, die eigene Schwäche dem noch starken Sohn einzugestehen! Hand aufs Herz, wie reagieren Sie, wenn Sie jemand erstens auf frischer Tat ertappt und zweitens noch eines Besseren belehrt?

Es ist anzunehmen, dass Franks Vater selbst auch schon bemerkt hat, dass er nicht mehr der große Könner am Steuer ist. Aber er schiebt diese Tatsache lieber weg. Leider. Denn es wäre sehr autonom, sehr pflicht- und verantwortungsbewusst und sehr stark gewesen, hätte der unsicher gewordene Pilot selbst das Nötige in die Wege geleitet: einen Sehtest, einen Hör- oder Reaktionstest. Das wäre ein erster Schritt zur Selbsterkenntnis gewesen. Es ist ja kaum anzunehmen, dass der leidenschaftliche Autofahrer gleich ganz auf sein Gefährt verzichtet hätte. Aber die mutige, eigenständige Entscheidung hätte Frank vieles abgenommen. So erst kommt der Sohn in die Situation, seinen Vater mit dem Verdacht der totalen Fahruntauglichkeit zu belegen und ihn für einen »Idiotentest« anzumelden. So heißen solche Tests im Volksmund. Eine Barriere mehr! Und eine zusätzliche Kränkung!

Unsere Empfehlung in dieser Situation: Frank sollte unbedingt die Anmeldung zum Test rückgängig machen. Er läuft Gefahr, die Beziehung zum Vater damit aufs Spiel zu setzen. Wichtig ist jetzt, das verpasste Gespräch mit dem Vater zu suchen. Und das bitte fernab vom Auto. Im Vordergrund für das Gespräch stehen nicht die Fahrfehler des Vaters, sondern die Bedenken des Sohnes. »Vater, ich möchte über etwas Wichtiges mit dir reden. Weißt du, ich mache mir manchmal Sorgen, wenn du mit dem Auto unterwegs bist. Du bist immerhin schon 83, und die letzten Male sind ein paar Dinge passiert, die ich nicht von dir kenne. Ist dir das auch schon aufgefallen? Oder wie erlebst du das Fahren heute?«

Franks Vater muss in diesem Gespräch unbedingt die Möglichkeit gegeben werden, seine Lagebeurteilung selbst zu formulieren. Es wäre für ihn viel einfacher, wenn es ihm gelänge, kleinere Fehler selbst einzugestehen. Kann er diese Gelegenheit nicht nutzen, weil seine Beschämung zu groß ist, sollte der Sohn wieder die Hand anbieten, indem er beispielsweise sagt: »Ich verstehe gut, dass es schwierig für dich ist. Ich weiß doch, was dir das Autofahren bedeutet. Und es ist bestimmt nicht leicht, dass ich dich darauf anspreche, weil es mich so besorgt. Was schlägst du vor?«

Sicherheit für beide Seiten könnte ein Reaktionstest bringen. »Was hältst du von der Möglichkeit einer objektiven Abklärung?« Vielleicht kommt es zu einer einvernehmlichen Lösung. Natürlich wäre das zu hoffen.

Es ist aber auch möglich, dass der Vater sich beim ersten Mal komplett verweigert. Damit ist bei diesem heiklen und so hoch besetzten Thema sogar zu rechnen. Dann kann Frank es in einem geeigneteren Moment noch einmal versuchen. Geduld bringt manchmal bekanntlich Rosen. Vielleicht ist es auch sinnvoll, eine andere Person zu involvieren. Wir denken da beispielsweise an einen Freund des Vaters oder an den Hausarzt. Weniger Nähe kann helfen. Dann ist Frank aus der »Schusslinie«, und sein Vater muss sich nicht ganz so viel Blöße geben.

Themenwechsel: Was ist, wenn eine Fähigkeit einfach nicht mehr gefragt ist? Was, wenn das großmütterliche Pflichtgefühl und die schwiegertöchterliche Autonomie zusammenprallen. Davon erzählt die 66-jährige Rosa:

Einmischung in die Erziehung der Enkel: *»Ihre Kinder sind schließlich meine Enkel!«*

»Was man macht, ist doch am Ende verkehrt. Ich war schon nicht so ganz begeistert, als mich mein Sohn vor einem Jahr bat, einmal die Woche seinen Sohn zu hüten, damit seine Frau wieder langsam in ihren Beruf einsteigen kann. Nicht, dass ich das nicht gerne täte. Luca, mein Enkel, ist nämlich ein regelrechtes Sonnenscheinchen. Aber die regelmäßige Verpflichtung Donnerstag für Donnerstag schreckte mich ein wenig ab. Nun ja, er ist mein Sohn, und die Schwiegertochter soll den Wiedereinstieg schaffen, und so habe ich schließlich ›ja‹ gesagt. Ich habe ja Zeit. Und jetzt freue ich mich jede Woche auf den Donnerstag. Luca nennt ihn Omata. Er meint Omatag. Klingt wie Tomate. Es ist schön, den Kleinen wachsen zu sehen und ihm wichtige Werte mitgeben zu können. Ja und genau da beginnt das Problem. Da habe ich ihm letzthin mal erklärt, wie man bei

Tisch zu sitzen hat. Oder ihm gezeigt, dass das rechte Händchen das Grußhändchen sei. Und was war der Dank? Ich solle mich nicht in Erziehungsfragen einmischen, meinte meine Schwiegertochter. Ich sei die Großmutter und zum Hüten da, aber erziehen könne sie ihr Kind allein. Mein Sohn hat sich vornehm zurückgehalten. Von wegen Tomate: Manchmal sehe ich rot. Ist man nur noch als Babysitter gut genug? Zählt die Lebenserfahrung nichts? Schadet es einem Dreijährigen denn etwa, wenn er von seiner Großmutter etwas lernt? Ich habe doch selber zwei Kinder großgezogen, und aus beiden ist etwas Anständiges geworden. Und schließlich ist der Kleine doch mein Enkel!«

Rosa, 66

Ganz richtig, der Kleine ist ihr Enkel! Aber nicht ihr Kind! Rosa ist hier Großmutter und nicht Mutter. Aber beginnen wir von vorn.

Rosa hat sich darauf eingelassen, Luca zu hüten, obwohl damit eine Regelmäßigkeit und Verbindlichkeit entsteht. Auch wenn ein Tag in der Woche für jemanden, der nicht mehr berufstätig ist, nicht viel ist, schränkt dies doch die spontane Wochenplanung ein. Es ist für Frauen in Rosas Alter nicht selbstverständlich, die neu erreichte Freiheit als Mutter mit einer Teilzeit- Unfreiheit als Oma zu beschneiden. Aber Rosa sagt selbst, sie tue es gerne, vor allem auch weil Luca ein echter Sonnenschein sei. Es scheint auch einleuchtend, dass sie durch die gemeinsam verbrachte Zeit Luca dies und das mit auf den Weg geben will. Das Grußhändchen und die Tischmanieren sind ihr wichtig, und die Korrektur ihrer Schwiegertochter kränkt sie.

Sie fühlt sich offensichtlich ein wenig missbraucht, wenn sie fragt, ob sie denn nur als Babysitter gut genug sei. Ihr fehlt offenkundig die Wertschätzung ihrer erzieherischen Kompetenz. Wir verstehen Rosa.

Auf der anderen Seite möchten wir ihr nahelegen, was der Alterssoziologe François Höpflinger als durchschlagendes Erfolgsrezept für Großeltern ausgemacht hat: **Engagement ohne Einmischung!** So könnte die Großeltern-/Großkinderforschung des

Zürcher Wissenschaftlers auf einen Nenner gebracht werden. Überdies zeigt Rosa kein Bemühen, den Einwand ihrer Schwiegertochter zu verstehen.

Aber auch die Schwiegertochter ist möglicherweise gekränkt. Anders ist ihre heftige Reaktion kaum zu erklären. Wir können uns vorstellen, dass sie genau aus demselben Grund eingeschnappt ist wie ihre Schwiegermutter. Nur merken das beide Frauen nicht! Auch Lucas Mama fühlt sich in ihrer erzieherischen Kompetenz in Frage gestellt. Vielleicht schwingt da ganz unbewusst zusätzlich das schlechte Gewissen einer jungen Mutter mit, die versucht, Familie und Beruf unter einen Hut zu bringen, und öfter mal in Stress gerät. Sie weiß, dass sie von der schwiegermütterlichen Hilfe abhängig ist, um ihren Alltag zu meistern. Um zu beweisen, dass sie eigentlich alles alleine könnte, grenzt sie sich stark von der Schwiegermutter ab und weist diese in ihre Schranken.

Und dann auch hier wieder: das Schweigen der Männer! Wie leicht könnte Rosas Sohn vermitteln und den Konflikt durchschauen. Aber Lucas Papa schweigt vornehm und hält sich raus. Hat er Angst? Fühlt er sich zwischen zwei Mühlsteinen?

Sicher wäre es für beide Frauen wichtig, in einem ersten Schritt ihre eigene Situation und ihre Gefühle zu beleuchten. Vielleicht könnte Rosa sich zu solchen Sätzen aufraffen: »Ich bin so stolz, Oma zu sein. Euer Luca ist auch mein Sonnenschein. Bitte versteht es nicht falsch, wenn ich ihm ab und zu etwas erkläre, zeige und ihn belehre. Das ist nie eine Kritik an dem, was ihr ihn lehrt. Im Gegenteil, es ist schön für mich, dass ich nicht die Last der elterlichen Verantwortung trage.«

So kann Rosa möglicherweise aus ihrer Kränkung heraustreten und sich im stillen Kämmerchen fragen, wie sie als junge Mutter reagiert hätte, wenn ihr eine welt- und lebenserfahrene Frau »ins Handwerk gepfuscht« hätte. Ein vertrauliches Gespräch mit einer Freundin, die sich vielleicht in einer ähnlichen Situation befindet, kann schon mal helfen, das Tamtam um den Omata mit etwas Abstand zu sehen.

Wir sind sicher, dass der Ball aber auch bei Lucas Mama liegt. »Warum reagiere ich so heftig?«, wäre eine wichtige Frage, um sich selbst näher zu kommen. »Wo liegt der Grund für meine Verletzung?« »Fühle ich mich durch meine Schwiegermutter in Frage gestellt?« »Hab ich vor Lucas Geburt schon einmal das Gefühl gehabt, Rosa nicht zu genügen?« »Gibt es Altlasten, die mit meinem Mann zu tun haben?« Diese und ähnliche Fragen muss die junge Frau sich stellen, wenn sie die Situation verbessern möchte. Vielleicht wagt sie sogar das Gedankenspiel, »in die Schuhe ihrer Schwiegermutter« zu steigen und alles mit deren Augen zu sehen. Wenn Feuer am Dach ist, lohnt sich der Perspektivenwechsel immer. Und: Eigentlich sind hier ja drei erwachsene Personen im Spiel. Auch die Rolle des jungen Vaters, der sich raushält, ist für das Miteinander auf keinen Fall hilfreich. Seine Rolle muss ebenfalls geklärt werden. »Was ist seine Position?« »Wie sieht er den Konflikt?« »Was ist sein Vorschlag für ein besseres Einvernehmen?« Luca wird froh sein, wenn die Großen mit ihm klarkommen.

Guter Rat und gar nicht teuer

1. Üben Sie sich im Perspektivenwechsel! Schließen Sie Ihre Augen und versuchen Sie »in den Schuhen des anderen zu gehen« und die Geschichte von der anderen Seite zu sehen!
2. Vergessen Sie nie, dass Ihre Eltern Ihre Eltern sind und bleiben müssen, auch wenn sie hilfs- und pflegebedürftig sind.
3. Auch wenn es gut gemeint ist: Entscheiden Sie nie etwas hinter dem Rücken Ihrer Eltern. Ihre Mutter und Ihr Vater müssen in alles, was sie betrifft, immer so weit wie möglich einbezogen sein.

3. Chaos und Ordnung

Alter schützt vor Torheit nicht.

Deutsches Sprichwort

Marlene Dietrich, die unnahbare Schönheit, hat in den letzten zwölf Jahren ihres Lebens das Bett kaum mehr verlassen. Außer den Hausangestellten, ein paar auserwählten Vertrauten und ihren Familienmitgliedern war es allen strikt untersagt, ihre Pariser Wohnung an der Avenue Montaigne zu betreten. Die alternde Diva las, schrieb, schaute fern und telefonierte in ihrer luxuriösen Kissenburg. Ihre Tochter in Amerika soll sie an manchen Tagen beinahe halbstündlich angerufen haben, bis sie mit 91 Jahren starb.

Auch die weltgewandte Greta Garbo wollte am Ende ihres Lebens vor allem eines: ihre Ruhe. Sie verließ ihr großräumiges Appartement an der New Yorker Upper Eastside nicht mehr. Ebenso lebte die zeit ihres Lebens so gesellige Maria Schell in ihren letzten Jahren in selbstgewählter Einsamkeit mutterseelenallein auf einer Alp in Kärnten.

Ganz anders der 104-jährige niederländische Schauspieler und Sänger Johannes Heesters. Nach dem Motto »Alter schützt vor Arbeit nicht« denkt er überhaupt nicht daran, dem Rampenlicht den Rücken zu kehren und sich zur Ruhe zu setzen. Zweimal die Woche trainiert der einstige Frauenschwarm im Fitnesscenter, und weder die unvermeidlichen Zipperlein noch Rippenbrüche halten Heesters davon ab, aufzutreten. Er ist die Verkörperung einer Durchhalteparole.

Jackie Kennedy Onassis Bouvier war in der »Villa Grey Gardens« ihrer reichen Verwandten mit einem Szenario der besonderen Art konfrontiert: Edith Bouvier Beale hauste dort zusammen mit ihrer Tochter, ziemlich vielen Katzen und nicht weniger Waschbären in großer Verwahrlosung. Jackie ließ das Luxusanwesen kurzerhand reinigen und 1000 Säcke voller Müll abtransportieren.

Die Krimiautorin Patricia Highsmith pflegte gegen Ende ihres Lebens mit Schnecken in der Tasche auszugehen.

Ganz anders die Jazz- und Bluessängerin Nina Simone. Sie erschreckte ihre Umgebung durch ihre Wutausbrüche. So schoss sie einmal am helllichten Tag auf zwei Nachbarsjungen, die auf dem anliegenden Grundstück für Lady Simones Geschmack wohl etwas zu ausgelassen spielten.

Alter schützt vor Torheit nicht. Aber die Kissenburg der Dietrich, die Waschbären der Bouvier, die Schnecken in der Tasche der Highsmith oder der Bühnendrang des Heesters haben auf dem Hintergrund ihres Lebens voller Glanz, Glamour und Gloria immer noch etwas Faszinierendes. Nur: Wo hört der Spaß auf? Wann werden solche Veränderungen pathologisch und wie geht man im Alltag damit um? Was, wenn ganz normalsterbliche Alte schrullig werden? Was, wenn erwachsene Kinder bei ihren betagten Müttern und Vätern von Wunderlichkeiten überrascht und verunsichert werden? Wir raten: Versuchen Sie, auch bei Ihnen nahestehenden Personen so viel Distanz zu wahren, dass Faszination möglich ist. Denn es könnte ja sein, dass ihre Absonderlichkeiten den sinnvollen Versuch markieren, mit dem eigenen Lebensende klarzukommen. Eine faszinierende Sicht der Dinge, die für beide Seiten bereichernd sein kann. Denn so bleiben auch die Ressourcen der alten Menschen in Sicht und nicht ausschließlich das Defizitäre.

Viele Wunderlichkeiten der alten Eltern zeigen sich beim Thema »Chaos und Ordnung«. Ein Beispiel:

Ein alter Mann schreit Zeter und Mordio, weil seine Tochter das Brotmesser zwar in der richtigen Schublade, dort aber nicht im richtigen Fach eingeordnet hat. Etwas später ist er in großer Aufregung, weil es schon fünf vor zwölf, das Essen aber noch nicht fertig ist. Möglicherweise war dieser Vater immer schon etwas tyrannisch und zwanghaft. Vielleicht aber auch nicht. Vielleicht steckt hinter seinem Zwang, alles klitzeklein und fein säuberlich im

Griff zu behalten, nur die ebenso große wie auch nachvollziehbare Angst, die Kontrolle über sein Leben zu verlieren. Wenn die Tage gezählter werden, häufen sich die Verluste. Ein Freund stirbt weg, plötzlich und aus heiterem Himmel. Die Kräfte beim Aufstieg in den vierten Stock lassen deutlich nach. Ohne den Zwischenhalt in der zweiten Etage sind die vielen Treppen nicht mehr zu schaffen. Die eigene Frau hat im letzten Monat vom Arzt gehört, dass mit ihrem Herzrhythmus etwas nicht so ist, wie es sein sollte. Der Mann selbst, vor acht Jahren noch ein gefragter und sehr geachteter Abteilungsleiter, hat keine wirkliche Aufgabe mehr. So gerät die eigene Welt aus den Fugen. Einige Dinge, die eigentlich im Leben immer schon da waren, aber leichter übersehen werden konnten, drängen zunehmend in den Vordergrund: Ohnmacht, Verletzlichkeit, Schicksalsausgesetztheit, Machtverlust und Schwächung. Es droht das Chaos. Das macht Angst. Das kränkt. Besonders anfällig für diese Kränkung ist die Männergeneration, die nie gelernt hat, Schwächen und Schmerz zuzugeben. Männer, denen es nie vergönnt war, auch einmal klein beizugeben und sich trotzdem immer noch souverän und männlich zu fühlen. Solchen Vätern hilft es natürlich, wenn die Töchter das Messer nach dem Abwasch in das richtige Schubladenfach einordnen. Aber mehr noch hilft ihnen, wenn die erwachsenen Kinder hinter ihrer zwanghaften Ordentlichkeit und Pünktlichkeit die Not erkennen und Verständnis dafür entwickeln können. Das heißt nicht, dass man sich als Kind jedes Gezeter gefallen lassen muss, aber es heißt, dass man es im übertragenen Sinne »in die richtige Schublade einordnen kann«.

Ein anderes, ganz gegensätzliches Beispiel: Verrotzte Taschentücher auf dem Sofa, weiße Haare auf dem Fliesenboden im Badezimmer, gestandene Muffigkeit in den Räumen, ungeöffnete Post und verdreckte Kleider – das kann zu viel sein für den geschäftstüchtigen Sohn, der nach einem arbeitsreichen Tag auf der Fahrt nach Hause noch schnell bei seiner alten Mutter vorbeischaut. Die Mutter, einst so souverän im Haushalt, lässt sich gehen! Das Chaos droht. Der Sohn ist alarmiert. Vielleicht zu Recht, denn das Chaos in den eigenen vier Wänden kann auch auf krankhafte Veränderungen hinweisen. Es kann unter Umständen symptomatisch sein für Depression oder Demenz. Davon mehr im Kapitel »Frühe Zeichen und erste Gespräche«.

Vielleicht aber lässt die Mutter einfach nach. Die Augen sehen die Haare auf den Fliesen nicht mehr, und die Nase riecht die eigene Muffigkeit nicht. Die Körperkraft reicht nur noch für das Nötigste. Alles braucht mehr Zeit als früher. Und manchmal ist der Kopf woanders. »Ach ja, die Taschentücher auf dem Sofa wollte ich gerade wegräumen.« Aber jetzt, wo der Sohn kommt, so unverhofft, gibt es Wichtigeres: das Zusammensein mit ihm. Ordnung ist eben nur das halbe Leben, und es könnte ja sein, dass die Mutter keine halben Sachen mehr mag, wenn die Tage gezählt sind.

»Ist der Ruf erst ruiniert, lebt es sich ganz ungeniert«, hat Wilhelm Busch einmal gereimt. Das gilt auch für alte Menschen. Sie leben im Schatten der Prestigebereiche unserer auf Jugend, Leistung und Gesundheit ausgerichteten Gesellschaft und können es sich leisten, es zuweilen gelassen zu nehmen und dies und das einfach loszulassen. Das muss kein Zeichen von Krankheit sein, sondern ist im besten Fall ein Zeichen von Freiheit.

Für die erwachsenen Söhne und Töchter ist diese Handvoll Grundgedanken wichtig, wenn Chaos droht oder übermäßiger Ordnungszwang herrscht:

1. Die vier Wände meiner Eltern sind ihr Intimbereich. Auch wenn sich da für mich Wunderliches abspielt, es bleiben ihre eigenen vier Wände.
2. Ich respektiere die Alterserscheinungen und die damit verbundenen Grenzen meiner Eltern im Sinne der filialen Reife und schwinge mich nicht zur »Erziehungsinstanz« für diejenigen auf, die mich einst erzogen haben.
3. Ich vergegenwärtige mir: Hilfe und Unterstützung sind nur mit dem Einverständnis der betagten Eltern sinnvoll. Alles andere ist übergriffig.

4. Wenn ich nicht weiß, ob das Chaos beziehungsweise die übertriebene Ordnung mit Schrulligkeit oder Krankheit in Verbindung zu bringen sind, suche ich das Gespräch mit Fachleuten.
5. Das Konfliktgespräch mit den Eltern ist geleitet durch »Ich-Botschaften«: »Mir fällt auf …«, »Ich frage mich …«, »Ich bin besorgt …«» »Ich helfe dir gerne, was wäre für dich hilfreich?«, »Was kann ich für dich tun?«

Natürlich fallen längst nicht alle betagten Eltern aus dem Rahmen, wenn es um Chaos und Ordnung geht. Viele Seniorinnen und Senioren halten Ordnung durch lieb gewordene Gewohnheiten. Sie ritualisieren ihr Leben und halten so die eigene Welt in den Fugen.

Das moderne Zeitverständnis ist ja linear: Es gibt die Vergangenheit, die Gegenwart und die Zukunft – ein Strom nach vorne von Geburt bis Tod. Rituale stören diese Linearität auf wohltuende Art, indem sie die zyklische Wahrheit des Zeitgeschehens sinnlich erfahrbar machen. Wenn vieles so schnell immer wieder anders wird oder auch verloren geht, ist es gut, wenn manches ähnlich oder gar gleich bleiben kann. Rituale schaffen weiche Strukturen und lebensfreundliche Ordnung. Sie sind auch die Schwelle zur Spiritualität. Es sind Momente des Innehaltens und damit verbunden des Innewerdens und der Orientierung, der Sicherheit, der Ruhe und eben der Geborgenheit. Ein probates Mittel gegen Angst.

Das Sonntagsfrühstück mit Ei und der wöchentliche Spielabend mit Freunden, der tägliche Spaziergang im Park und das Nickerchen nach dem Mittagessen, der Samstagsstrauß beim Wochenendeinkauf und der Monatsbesuch bei den Enkeln, der Friseurtermin und der Kirchgang, »Wer wird Millionär?« am Montag und »Tatort« am Dienstag, die tägliche Zeitungslektüre und der regelmäßige Anruf der Tochter, was für wunderbar versichernde Kleinigkeiten! Sie haben die entlastende Fähigkeit, Ordnung zu schaffen, ohne dass irgendjemand zur Ordnung rufen muss. Sie verhindern das Chaos durch lustvolle Disziplinierung. Rituale schaffen nicht nur leicht Verbindlichkeit, sondern können auch, wie in der Geschichte von Hedwig, verbinden:

Rituale: *»Unsere gemeinsame Zeit ist uns heilig!«*

»Nun muss ich einfach mal sagen, wie schön die Besuche bei meinem Vater für mich geworden sind. Ich habe mich ja lange ein bisschen schwergetan mit seinen immer wiederkehrenden Erzählungen über Dinge, die für ihn wichtig, für mich aber doch ziemlich belanglos sind: Nachbarschaftsstreitigkeiten, Menüschilderungen, Nacherzählungen von Fernsehsendungen und so weiter. Wenn ich ehrlich bin, langweilte mich das alles, und dass er so gar nie nach mir gefragt hat, kränkte mich auch immer wieder. Tempi passati! Jetzt ist alles besser. Ich habe ihm nämlich ein Spiel mit Buchstaben geschenkt. Er hatte ja als Schriftsetzer ein Leben lang mit Buchstaben zu tun. Und nun spielen wir immer eine Stunde lang. Und er spielt gut! Manchmal gewinnt er sogar. Dann strahlt er wie ein kleines Kind und sagt: ›Gell, mein Oberstübchen funktioniert noch zuverlässig!‹ Das Spiel ist zu einem richtigen Ritual geworden. Eines, das gut ist für uns beide. Und vor dem Spiel gibt es immer einen leckeren Tee mit etwas Süßem. Dazu reden wir ein Ründchen. Seit wir meine Besuche so gestalten, verfliegen die zwei Stunden im Nu. Und wenn ich mich von ihm verabschiede, sind wir beide bestens gelaunt und freuen uns auf das Wiedersehen.«
Hedwig, 55

Hedwig zeigt uns nahezu beispielhaft, wie es gelingen kann, eine für sie eher ungute Situation positiv zu verändern. Sie erlebt das, was viele von uns kennen. Das Zusammensein mit den alten Eltern rutscht manchmal ganz unbeabsichtigt ab in eine Monotonie. Interessant und sehr erfreulich an Hedwigs Geschichte ist, dass sie nicht missmutig an der gegebenen Situation festhält. Keine Pflichterfüllung wider Willen. Das ist meistens gefährlich. Der angestaute Unmut sucht sich dann ein Ventil und sorgt meistens für eine Verschlechterung der Beziehung. Hedwig akzeptiert die Veränderungen des Vaters mit einer gewissen Gelassenheit. Sie ist filial reif und versucht nicht, ihren Vater zu verändern oder ihn auf sein Fehlverhalten aufmerksam zu machen. Stattdessen verändert sie die Rahmenbedingungen. Sie kreiert eine Situation, in der die Monotonie überwunden werden kann und die offenbar für beide stimmig und beglückend ist.

Wichtig ist hier, dass sich Hedwig auf der Suche nach einer Alternative an den Ressourcen des Vaters orientiert. Es scheint der Mittfünfzigerin wichtig zu sein, etwas zu finden, was ihm Spaß macht, was er auch gut kann und was beide zusammenführt. Das bedingt, dass sie aus ihrer Sicht der Dinge heraustritt und die »Brille des Vaters« aufsetzt. Und siehe da, sie ist fündig geworden. Das Buchstabenspiel verbindet Vater und Tochter auf eine neue und vielleicht auch eine alte Art miteinander. Jetzt tun die beiden etwas gemeinsam. Sie begegnen sich auf der gleichen Ebene, und Geben und Nehmen ist ausgewogener, weil das Spiel beiden Freude zu machen scheint.

Hedwig hat auf eine Beschäftigung zurückgegriffen, bei der der alte Herr seine beruflichen Fähigkeiten, den Umgang mit Buchstaben, einsetzen kann. So kann sich der Vater als effizient und kompetent erleben. Was für ein Triumph, gegen die Tochter zu gewinnen! Wie beruhigend, dass alles, wie er sagt, »im Oberstübchen« noch klappt! Solche Momente sind für ein gutes Altern sehr wichtig und hilfreich. Sie nähren das Selbstwertgefühl entscheidend. Das hilft, schwierige Dinge zuversichtlich anzugehen, denn diese positive Erfahrung wirkt in anderen Lebensbereichen weiter. Eine Art »Empowerment« auf kleiner Ebene.

Aber auch die Stimmung, die zwischen Vater und Tochter und Tochter und Vater entsteht, wirkt sich positiv auf ihre Beziehung aus. Beide freuen sich auf das Wiedersehen, wenn der Besuch zu Ende geht. Die Zeit der freudlosen Pflichterfüllung hat ein Ende, auch wenn wir uns trotzdem sehr gut vorstellen können, dass auch Hedwig an einem Samstag möglicherweise lieber mal etwas anderes tun möchte, als sich mit ihrem Vater zu Tee, Süßem und dem Buchstabenspiel zu treffen. Das ist vollkommen normal und berechtigt.

Beispielhaft an Hedwigs Geschichte ist auch die klare zeitliche Begrenzung. In den zwei Stunden haben Teetrinken, Plaudern, Naschen und Spielen Platz. Wie genüsslich! So hat Hedwig neben dem

Spiel beim Plaudern immer auch die Möglichkeit, die Befindlichkeit des Vaters zwischen den Zeilen herauszuhören. Sie kann so bei Veränderungen frühzeitig reagieren. Die zeitliche Begrenzung hilft ihr aber zudem, den Besuch ohne peinliche Ausreden beenden zu können.

Hedwig braucht nicht wirklich unseren Rat. Sie ist eine Frau, die sich selbst helfen kann und in der Not auch weiß, wo guter Rat zu holen wäre. Wir hoffen, dass Hedwigs Geschichte all diejenigen inspiriert, die insgeheim schon lange unter der Beziehungsmonotonie mit ihren Eltern leiden, aber noch keinen für beide Parteien gewinnbringenden Ausweg daraus gefunden haben.

Manchmal verstärken sich Gewohnheiten und Rituale im Alter und machen der Umwelt mehr zu schaffen als dem Betroffenen selbst.

Sammelwut: *»Sie bewahrt alles für schlechte Zeiten auf!«*

»Also, sparsam war meine Mama schon immer. Undenkbar, dass altes Brot bei uns fortgeworfen worden wäre. Oder ausgetragene Kleider nicht noch einem anderen Zweck zugeführt wurden. Und seien es nur Flicken, aus denen es dann später eine Bastelarbeit gab. Und natürlich wurde jedes Papier zweiseitig beschrieben. Ich hatte damit nie Mühe. Früh habe ich begriffen, dass ihre Sparsamkeit ein Überbleibsel aus dem Krieg war. Etwas, was ich verstehen musste, obwohl wir gar nie arm waren. Nun aber ist ihre Sparsamkeit in eine regelrechte Sammelwut übergegangen. Mama wirft gar nichts mehr weg: keine alte Zeitung, keine Tüte, keine gebrauchten Lappen, kein Schnürchen. Gar nichts. ›Wer weiß, wofür das einmal noch gut sein kann?‹, sagt Mama immer. Wenn ich versuche, Klarschiff zu machen und dieses oder jenes zu entsorgen, wehrt sie sich, als ginge es um Leben und Tod. Dabei stapelt sich überall Unrat. Tausend Unnötigkeiten, so weit das Auge reicht! Wenn Mama so weitermacht, und es sieht ganz so aus, wird sie sich demnächst zumüllen.«
Ines, 49

Eine Mama, die sich zusehends »zumüllt«, ist ganz sicher nicht einfach auszuhalten! Ines steht vor der schwierigen Aufgabe, Verständnis für die Sammelwut ihrer Mutter zu haben. Aber eigentlich hält die Tochter das Chaos nicht aus. Deshalb versucht sie auch »Klarschiff« zu machen. Allerdings tut sie das ohne den Auftrag oder die Einwilligung ihrer Mutter. Sie sieht zwar das mütterliche Aufbegehren, »als ginge es um Leben und Tod«. Aber das ändert nicht wirklich etwas am Maßstab ihres Handelns. Ordnung muss sein! Ines' ausgeprägter Ordnungssinn macht sie blind für die wichtigen Bedürfnisse ihrer Mutter.

Auffällig ist, dass Ines als junge Frau sehr wohl Verständnis für die Sparsamkeit ihrer Mutter hatte. Sie erkannte, dass ihr Verhalten wohl eine Folge der Kriegserlebnisse war, und sah ihre eigene Aufgabe darin, sie so zu akzeptieren. Nun ist Ines längst erwachsen und die Mutter ist alt. Deren Sparsamkeit hat sich verstärkt bis hin zur Sammelwut, das Verständnis der Tochter aber ist geschwunden. Sie scheint sich gar nicht vorstellen zu können, was sie mit ihren Ordnungsattacken bei der kriegsgeprägten Mutter auslöst. Im Gegenteil: Sie bestimmt in den vier Wänden ihrer Mutter offenbar sogar, was in einem Haushalt nötig und was unnötig ist. »Tausend Unnötigkeiten, so weit das Auge reicht!«, ruft sie aus. Die Veränderung von einer verständnisvollen Tochter hin zu einer Tochter, die übergriffig wird und nur die eigene Vorstellung von Ordnung als Maßstab gelten lässt, lässt uns vermuten: Ines ist maßlos überfordert. Ihre Überforderung scheint sie blind dafür zu machen, was mit ihrem Gegenüber durch ihr Handeln passiert und welche Bedürfnisse da missachtet werden.

Was zu dem übersteigerten Sammeln der Mutter führt, lässt sich nur vage vermuten.

Es ist ganz sicher so, dass die Kriegserlebnisse in der Persönlichkeit der alten Dame Spuren hinterlassen haben. Kindheitserlebnisse graben sich tief in die Seele eines Menschen ein. Auf die alten Tage wird für viele Menschen die Kindheit dann wieder wichtiger und präsenter, oft erinnern sie sich besser an lange zurückliegende

Ereignisse als an den gestrigen Tag. Das könnte auch bei Ines' Mutter so sein. Das würde erklären, warum ihre Sparsamkeit zugenommen hat und zu einer regelrechten Sammelwut geworden ist.

Ein anderer Grund für die Veränderung könnte die Angst sein, es könnte für das Alter nicht reichen und sie müsste möglicherweise noch den Kindern auf der Tasche liegen! Und drittens: Die vielen Verluste, die alte Menschen verwinden müssen, führen nicht selten dazu, dass sie an dem, was sie noch haben, krampfhaft festhalten. Die kleinen Abschiede werden vermieden, wenn schon große, unvermeidbare Trennungen drohen!

Doch auch eine pathologische Veränderung ist nicht auszuschließen: Wir müssen bei einem solchen Verhalten immer auch an das Messie-Syndrom denken. Darunter sind sehr schwerwiegende Defizite zu zählen, die es den Betroffenen unmöglich machen, die eigene Wohnung ordentlich zu halten und ihre Alltagsaufgaben zu organisieren. Die Fachleute gehen davon aus, dass sich hinter dem Messie-Syndrom, einer regelrechten Chaos-Krankheit, immer eine Art großer Verlustangst verbirgt.

Wir wissen nicht, was bei dieser alten Dame zutrifft. Sicher ist aber, dass Ines und ihre Mutter in einer Beziehungssackgasse gelandet sind.

Wie kommen die zwei Frauen aus dieser misslichen Lage wieder heraus? Für Ines wäre es erst einmal wichtig, die mütterliche »Sammelwut« zu objektivieren. Wie schlimm ist das Ganze denn nun wirklich? Erstickt die Mutter in der Tat bald im Müll oder ist Ines' eigener Ordnungssinn so groß, dass sie die Unordnung ihrer Mutter dramatisiert? Dann kann sich Ines die Fragen stellen: »Fühle ich mich eigentlich verantwortlich für meine Mutter? Schäme ich mich für sie? Fühle ich mich ihr gegenüber verpflichtet? Wozu genau? Macht mich die Veränderung meiner Mutter unsicher? Macht mir das alles Angst? Möchte ich Dinge unter Kontrolle halten, die nicht in meiner Macht liegen?

Wenn es Ines gelingt, sich selbst mit einem liebevollen Blick zu hinterfragen und sich und ihre Motive besser zu verstehen, ist viel gewonnen. Wir stellen uns vor, die Tochter käme selbst zu dem Schluss, dass sie sich für das Leben ihrer Mutter übermäßig verantwortlich fühlt. Wir wissen, dass das Verantwortungsgefühl sich nicht einfach so wie ein Handschuh abstreifen lässt. Aber es ließe sich vielleicht »umpolen«, mit anderen Inhalten belegen. Für Ines könnte das heißen: Ich trage dazu bei, dass meine Mutter ihr Leben so gestalten kann, wie es ihr stimmig erscheint. Auch wenn das von meinen eigenen Normen abweicht. Ich bin verantwortlich für meine filiale Reife. Ich achte den Privatraum meiner Mutter. Ich respektiere ihre Art, die Dinge zu horten. Sie wird wohl ihre Gründe dafür haben. Ich vergegenwärtige mir, dass meine Hilfe nur dann sinnvoll ist, wenn sie auch erwünscht ist. »Mama, was kann ich für dich tun?« »Was hilft dir?« »Ist es dir recht, wenn ich …?« So bewahrt die alte Frau ihre Autonomie, auch wenn sie die Unterstützung der Tochter dringend braucht.

Wir wissen, das ist leicht gesagt, aber für Ines bestimmt nicht leicht getan. Möglicherweise macht sie sich nämlich auch berechtigt Sorgen um die psychische Gesundheit ihrer Mutter. Dann raten wir ihr zu einem offenen Gespräch: »Mama, mir fällt auf, dass …« »Wenn ich ganz ehrlich bin, mache ich mir Sorgen, dass …« »Am liebsten würde ich mit einem Kraftakt Klarschiff machen, aber ich weiß, dass du an all dem hängst. Was bedeutet es dir denn genau?« »Erzähl mir, wie du dich fühlst, wenn du von dem einen oder anderen Ding Abschied nehmen musst.« So könnte die Umkehr aus der Sackgasse eingeleitet werden, und Mutter und Tochter könnten zu einer neuen, »übergeordneten Ordnung« finden.

Wenn Ines auch nach so sorgsam geführten Gesprächen immer noch beunruhigt ist, raten wir ihr, sich von einer Psychologin oder einem Psychiater beraten zu lassen. Auch das ist verantwortliches Handeln – der Mutter, aber auch sich selbst gegenüber.

Das Chaos und die Veränderungen im Leben der Mutter machen auch der sechzigjährigen Susanne echte Sorgen.

Verwahrlosung: *»Sie hat schmutzige Kleider, isst verdorbene Lebensmittel und zahlt die Rechnungen nicht mehr!«*

»Wissen Sie, ich kann das nicht mehr länger mit ansehen. Meine Mutter bekommt ihr Leben nicht mehr auf die Reihe. Früher – so bis vor drei Jahren – hatte sie immer noch alles im Griff, sie hat viel unternommen, war immer wie aus dem Ei gepellt und in allem zuverlässig. Aber jetzt, seit mein Vater gestorben ist, verliert sie sich selber. Und sie kommt mir irgendwie abhanden. So könnte man das nennen. Ich kann das doch nicht einfach zulassen.

Wenn ich sie besuche zum Beispiel – und das tue ich zweimal die Woche –, dann fallen mir immer gewisse Kleinigkeiten auf. Zum Beispiel hat sie Fettflecken auf der Bluse und merkt es nicht. Das ist ja nicht schlimm. Aber früher wäre das nicht passiert. Auch bei den Finanzen hat sie keinen Überblick mehr. Letzte Woche habe ich gesehen, dass sie ganze Berge von Mahnungen hat. Ich will doch nicht, dass sie am Ende noch gepfändet wird. Oder: In ihrem Kühlschrank gibt es Lebensmittel, die schon längst verdorben sind. Eine vergammelte Leberwurst, schimmlige Tomaten, sauer gewordene Milch… Ich mache mir echt Sorgen, dass sie sich einmal eine Lebensmittelvergiftung holen könnte. Ich habe versucht, mit ihr zusammen den Kühlschrank zu misten, und ihr ganz lieb erklärt, wie bitternötig das ist. Aber sie war eingeschnappt – ja so richtig mürrisch ist sie geworden und hat gesagt, sie könne schon selber für sich sorgen, sie habe 85 Jahre Lebenserfahrung und sei kein kleines Kind! Und mich ginge das eigentlich alles gar nichts an!«
Susanne, 60

Wir meinen, Susanne ist zu Recht besorgt. Die verfleckte Bluse, halb so schlimm. Aber die Finanzen und die verdorbenen Lebensmittel beunruhigen sie sehr. Es ist die Summe der Auffälligkeiten, die aufhorchen lässt. Vielleicht sagt sich die Sechzigjährige: »Du kannst doch nicht einfach tatenlos zuschauen, wie deine Mutter so langsam verwahrlost!« Also packt sie es an. So versucht sie ihrer Mutter liebevoll zu erklären, dass der Kühlschrank eine Grundreinigung dringend nötig hätte. Die Mutter reagiert mürrisch und zurückweisend, was Susanne wohl nicht erwartet hat und sie auch ein bisschen kränkt. Sie hat es doch nur gut gemeint.

Wichtig ist hier zu sehen: Auch wenn Susanne ihrer Mutter ganz liebevoll unter die »Arme greifen wollte«, so ist sie doch ungefragt eingedrungen in deren Revier. Dafür kann sie keine Dankbarkeit erwarten.

Wir müssen annehmen, dass Susanne dabei ist, in eine filiale Krise zu rutschen. Es fällt ihr schwer, die Veränderungen ihrer Mutter anzunehmen. Fast stolz berichtet sie von der Mutter in früheren Zeiten: Sie war »immer wie aus dem Ei gepellt«! Doch jetzt lässt die Mutter nach, und Susanne beginnt, die Rollen zu vertauschen. So erklärt sie ihrer Mutter liebevoll, »wie das Leben funktioniert«. Da stößt kindliche Fürsorge auf elterliche Autonomie. Zwei wichtige Werte, die gegeneinander abgewogen werden müssen. Ein unguter Zusammenstoß. Susanne sieht sich unbewusst mit der Frage konfrontiert, ob sie die Autonomie der Mutter zulassen kann oder ob sie zu ihrem Schutz eingreifen muss. Sie wählt das Zweite und hilft ungefragt. Aus Sorge um die Mutter, deren Wohnung gepfändet werden oder die sich durch verdorbene Esswaren vergiften könnte. Vielleicht befürchtet sie auch Demenz oder Depression. Und diese Sorge ist nicht ganz unbegründet.

Nur: Durch die unerwünschte Hilfe fühlt sich die alte Frau bevormundet und wohl auch etwas beschämt. Sie wehrt sich dagegen: »85 Jahre Lebenserfahrung!« Sie weist die Tochter sogar noch weiter in die Schranken, indem sie ihr klar die Grenze aufzeigt und sagt: »Es geht dich alles gar nichts an!« Auch wenn es sich vielleicht hart anhören mag – wir finden, die Mutter hat recht! Auch wenn sie sich sonst auffällig verhält, ihre Reaktion ist gesund und berechtigt. Sie setzt sich für sich selbst und ihre Rechte ein – eine wichtige Ressource für einen alten Menschen. In der alten Frau steckt viel Lebensenergie!

Trotzdem: Wir dürfen die unbezahlten Rechnungen, die verdorbenen Lebensmittel und auch die verschmutzte Bluse nicht verharmlosen. Wo liegt möglicherweise der Ursprung dieser Veränderungen?

Susanne bringt den Beginn des Wandels mit dem Tod ihres Vaters vor ungefähr drei Jahren in Verbindung. Vielleicht ist also der Rückzug der Mutter, die Gleichgültigkeit gegenüber den Finanzen und ihrem Äußeren eine Trauerreaktion auf den Verlust ihres Ehemannes? »Wozu denn noch all das? Das Wichtigste habe ich verloren, was spielen meine Kleider da noch für eine Rolle? Für wen soll ich denn noch groß kochen? Mit ihm ist ein so großes Stück von mir gegangen. Wer bin ich denn noch, so ohne ihn?«, mag sich die alte Dame vielleicht in ihrem inneren Zwiegespräch sagen. Dann wäre ihr schnelles Nachlassen für uns tendenziell als Zeichen der Depression zu verstehen.

Es ist aber auch durchaus denkbar, dass ein krankhafter Abbauprozess im Gehirn für die mütterliche Veränderung verantwortlich ist. Ein wichtiges Zeichen für eine beginnende Demenz ist neben anderen Auffälligkeiten bekanntermaßen die Vergesslichkeit. Es wäre auch dadurch erklärbar, dass die Rechnungen nicht termingerecht gezahlt und verdorbene Lebensmittel nicht ersetzt werden. Dann allerdings ließe sich der Satz »Das geht dich alles gar nichts an!« anders deuten. Er wäre dann so etwas wie ein Schutzmanöver, um die eigenen Defizite zu vertuschen. Im Kapitel »Frühe Zeichen und erste Gespräche« ist mehr über Depression und Demenz zu lesen.

Wir raten Susanne, das Gespräch mit ihrer Mutter zu suchen, um ganz vorsichtig Anhaltspunkte für die eine oder andere Deutung der Veränderungen zu bekommen. »Mama, erzähle mir, was dir das Leben ohne Papa bedeutet!« »Was macht dir denn noch so richtig Freude?« Oder: »Weißt du, Mama, ich habe den Eindruck, dass du dich in der letzten Zeit verändert hast. Das mit den Mahnungen und den alten Esswaren im Kühlschrank – das kann ja mal passieren. Und das ist ja nicht so schlimm, aber mein Gefühl ist, dass sich diese Dinge häufen, und das macht mir Sorgen. Ich kenne dich als Person, die immer wie aus dem Ei gepellt daherkam, und jetzt entdecke ich fast bei jedem Besuch einen Flecken auf der Bluse oder dem Pullover. Wie siehst du denn die Situation, liege ich mit dem, was ich sehe, so falsch? Woran könnte denn das liegen?«

Wenn die Mutter eher depressiv verstimmt ist, könnte ihre Antwort ungefähr so lauten: »Weißt du, Susanne, du hast ja recht, aber ich mag einfach nicht mehr. Ich fühle mich so kraftlos, seit Vater nicht mehr bei uns ist. Und überhaupt, was hat das alles denn noch für einen Sinn? Manchmal wünschte ich, ich wäre vor ihm gegangen …«

Hier kann Susanne mit der Mutter nach Möglichkeiten suchen, sie in ihrem Trauerprozess zu stützen und Hilfe zu leisten, die die alte Dame wirklich annehmen kann und will. Statt den Kühlschrank auszumisten, könnte sie vielleicht lieber mit ihr rausgehen, Dinge tun, die ihr Freude machen. Dinge, die sie vielleicht früher mit ihrem Mann geteilt hat. Gemeinsam mit der Mutter fällt ihr sicher etwas ein.

Eine alte Frau hingegen, die an einer beginnenden Demenz leidet, gibt wohl eher keine wirklich plausible Erklärung für ihr Verhalten ab. Wahrscheinlich wird sie alles negieren oder bagatellisieren: »Susanne, du übertreibst! Ich? Mahnungen, bei mir? Da täuschst du dich! Ich hab alles im Griff, und der kleine Fleck auf der Bluse ist ja wohl kein Weltuntergang.« So oder ähnlich könnte dann die Antwort lauten.

Sollte das der Fall sein, dann ist von Susanne sehr viel Fingerspitzengefühl verlangt. Eine Gedächtnisschwäche anzusprechen ist nämlich immer heikel und kann kränkend wirken. Susanne muss damit rechnen, dass ihre Beobachtung nicht auf Begeisterung stoßen wird. Sie könnte auf die alte Mutter wie ein Schock wirken. Deshalb raten wir auch, dass nicht die Tochter die alleinige Person sein sollte, die das Schwierige zur Sprache bringt. Ganz oft ist es hilfreich, wenn eine weitere Vertrauensperson hilft. Die Schwester oder der Bruder, die Freundin der Mutter, eine Nachbarin? Machen sie ähnliche Beobachtungen? Hilfreich ist immer auch der Hausarzt, der eine genauere Abklärung der Symptome veranlassen kann.

Die Gefahr ist sonst groß, dass die Mutter das Vertrauen in Susanne verliert und sie schließlich für alles, was folgt, verantwortlich macht. »Du hast mich hierhergebracht, weil du ja meinst, ich sei nicht mehr ganz richtig im Kopf!« So vorwurfsvoll klingen häufig die Sätze, mit denen erwachsene Kinder nach der Demenzdiagnose attackiert werden. Die Situation ist für alle Beteiligten schmerzhaft. Aber wegschauen, verleugnen oder bevormunden scheint vielleicht zunächst als die bequemere Lösung, ist aber niemals hilfreich.

Wegschauen ist nicht hilfreich, und sich ungefragt mit wohlgemeinten Lösungen einmischen ist genauso wenig unterstützend. Das zeigt die nächste Geschichte.

Selbstbehauptung: *»Es sind noch immer meine eigenen vier Wände!«*

»Nicht wahr, das Alter bringt doch einfach Beschwerden mit sich. Das ist doch ganz normal. Alter ist doch keine Krankheit. Aber mein Sohn, der stempelt mich zum Krankheitsfall. Er will mir beispielsweise unbedingt ein Hörgerät andrehen und behauptet, ich bekomme kaum mehr die Hälfte mit. Na und? Ist ja alles auch nicht so wichtig. Mit 85 muss man auch nicht mehr alles so genau wissen. Es wird ja viel geschwafelt, wenn der Tag lang ist.

Meiner Frau geht es ähnlich. Klar ist sie manchmal sehr müde. Klar ist ihr das Haus zu groß mit all dem, was getan sein muss. Aber ist das ein Grund, umzuziehen? Es sind immer noch unsere eigenen vier Wände. Da können immer noch wir sagen, wo es langgeht. Mein Sohn und seine Frau finden das furchtbar stur. Sie beteuern, es gut zu meinen mit uns. Sie wollen uns nur helfen, damit der Alltag leichter wird, sagen sie. Aber wir brauchen diese Hilfe nicht. Auch wenn der Alltag im Alter kein Zuckerschlecken ist.«
Gustav, 85

Gustav bringt es auf den Punkt: Manchmal ist das Altern an sich weniger schwierig als die Reaktionen des persönlichen Umfelds auf den Alterungsprozess. Gustav jedenfalls scheint es gut zu akzeptieren, dass das Älterwerden auch Beschwerden mit sich bringt. Für ihn ist das normal und kein Zeichen von Krankheit. Gustavs Einstellung ist eine gute Voraussetzung, um – wie wir es nennen – erfolgreich zu altern.

Andersherum kann seine Reaktion auf die zunehmende Schwerhörigkeit auch darauf hindeuten, dass der Umgang mit dem eigenen Altern doch nicht so positiv und konstruktiv ist, wie er uns glauben machen möchte. Bei Licht besehen würde ein alter Herr, der die Zipperlein des Alters wirklich konstruktiv angeht, sich wohl eher ein Hörgerät anschaffen, als darauf zu verzichten. Fällt ihm denn ein Stein aus der Krone, wenn er einen Knopf im Ohr trägt? Es klingt ein bisschen fadenscheinig, dass man nicht mehr alles hören muss, wenn man 85 ist.

Klar ist, dass Gustav mit der Fürsorge des Sohnes und der Schwiegertochter nicht umgehen kann. Er fühlt sich in seiner Selbstbestimmung gestört. Die Einmischung geht ihm eindeutig zu weit. Und er besteht darauf, diese Hilfe nicht zu benötigen. Noch ist er sein eigener Herr und Meister!

Wir hören seinen Tonfall nicht, aber seine Aussage lässt auch so ein bisschen Trotz vermuten. Gustav hat einerseits recht, wenn er sagt, in den eigenen vier Wänden bestimmten er und seine Frau. Er fühlt sich nicht mehr ernst genommen und scheint nicht einmal mehr dazu bereit, über die Vorschläge des Sohnes in Ruhe nachzudenken. Auch wenn der Alltag kein Zuckerschlecken ist – lieber verzichten der alte Mann und seine Frau gleich ganz auf Hilfe. Die bringt nur Unruhe! Und Umziehen kommt für ihn erst recht nicht in Frage.

Aus der Sicht des Sohnes und seiner Frau sieht es aber ganz anders aus. Die beiden nehmen möglicherweise wahr, wie es den beiden alten Menschen immer schwerer fällt, das Haus zu bewirtschaften. Deutliche Zeichen des Alterungsprozesses wie die Schwerhörigkeit des Vaters nehmen sie zum Anlass, die Eltern auf mögliche Erleichterungen hinzuweisen. Offenbar aber ist das Gutgemeinte nicht gut angekommen. Zumindest bei Gustav nicht.

Wir vermuten, dass die Kinder gleich mit der Tür ins Haus gefallen sind. Wahrscheinlich haben sie sofort eine Lösung präsentiert, anstatt das Gespräch zu suchen. Die Hörhilfe. Der Umzug in überschaubarere Verhältnisse! Wir raten in solchen Fällen, lieber symbolisch anzuklopfen. Wir raten, zu fragen. Nur weil jemand 85 Jahre alt und langsam etwas schwerhörig ist oder ihm das Putzen schwerer fällt, heißt das noch lange nicht, dass er nicht selbst weiß, was für ihn gut und richtig ist. Eine ungefragte Einmischung ist übergriffig. Das ist nicht in Ordnung. Das schafft Beziehungschaos. Gut gemeint heißt eben noch lange nicht gut.

Gustav sollte die Gelegenheit beim Schopf packen und seinem Ärger erst einmal Luft machen. Vielleicht zunächst bei einem Freund, später dann etwas gefasster direkt beim eigenen Sohn. Es ist wichtig, dass die Kinder erfahren, wie die gut gemeinten Ratschläge bei ihm und seiner Frau ankommen: »Weißt du, es ist ja schön, wie ihr euch um uns und unser Wohlergehen sorgt, aber bitte behandelt uns nicht wie kleine Kinder. Wir fühlen uns so gar nicht mehr ernst genommen. Ihr könnt euch darauf verlassen, dass wir euch um Hilfe bitten, wenn wir sie nötig haben.« So könnte der Einstieg in das Konfliktgespräch lauten.

Wenn es gut geht, ermöglicht das dem Sohn und seiner Frau den Perspektivenwechsel. Vielleicht ist es dann sinnvoll, die Beobachtungen der erwachsenen Kinder einzubringen: »Entschuldigung. Das wollten wir so nicht. Wir sehen nur, dass vieles etwas beschwerlich für euch geworden ist, und haben uns überlegt, was euren Alltag erleichtern könnte. Wie seht ihr das denn selber?« Solche Sätze sind Türöffner für Gespräche, die immer wieder aufgenommen werden können. Sorgsam, achtsam und kontinuierlich.

Guter Rat und gar nicht teuer

1. Es ist leichter, die Rahmenbedingungen zu verändern als einen Menschen! Gegen Beziehungsmonotonie hilft oft ein für beide Seiten positiver Anreiz von außen.

2. Ritualisierte und zeitlich klar vereinbarte und begrenzte Besuche verhindern Überforderung und schaffen für alle Beteiligten Ordnung im Beziehungsalltag.

3. Fragen Sie Ihre Eltern immer nach ihren eigenen Ideen, ihrer Einschätzung einer Situation. Sie erfahren so meist mehr als durch eigenmächtige Interpretationen.

4. Fühlen Sie sich bei Ihren alten Eltern nicht zu sehr zu Hause. Fühlen Sie sich eher wie zu Besuch bei alten Bekannten. Das verhindert Übergriffe.

4. Denkverbote und Gefühlstabus

Die Seele hat kein Alter.

Hugo von Hofmannsthal

Wie unscheinbar und harmlos wirken doch die fünf Wörter des Wiener Schriftstellers. Dass die Seele unsterblich ist, darauf hat man sich zwar in der christlich-jüdischen Tradition und auch in anderen Religionen einigen können. Aber alterslos? Das ist anders und neu. Die alterslose Seele im faltigen Körper. Die immer jugendliche Seele, die bewegliche Seele, die aufmüpfige und die tiefe Seele, den vielen Lebensjahren zum Trotz.

Wenn es zum Beispiel um Sexualität im Alter geht, erregt die »alterslose Seele« ziemlich viele Gemüter. Hinfällige Körper in Ekstase? Rentner im Honeymoon? Siebzigjährige in nackter Umschlingung? Verliebte Großeltern? Da rümpfen viele die Nase. Nein danke! Ekelhaft! Abstoßend! Peinlich!

Muss das sein?

Nein, das muss es nicht. Überhaupt nicht. Gefühle lassen sich nicht verordnen, und Lust und Leidenschaft in späten Jahren können nicht zur modernen Liebespflicht erklärt werden. Aber es darf sein. Günter Grass hat es mit 77 Jahren in seinem Text »Letzte Tänze« so formuliert:

> *»Komm tanz mit mir, solang ich noch bei Puste bin und von den Sohlen aufwärts existiere.*
> *Komm lieg bei mir, solang mein Ein-und-Alles steht und wichtig tut, als stünd' er zum Beweis.*
> *Komm sieh mir zu, ob ich den Kopfstand schaffe und aus verkehrter Sicht die Dinge rings erkenne.*
> *Komm tanz, lieg bei, sieh zu und staune, was mir noch möglich ist bei Gunst und Laune.«*

Auch Ines Saager und Marlise Santiago durchbrechen das Denkverbot und Gefühlstabu, mit dem das Thema Sexualität im Alter belegt ist. Ines Saager ist Mitinitiantin der in Berlin tätigen Arbeitsgruppe »Pro Sexualität im Alter«. Dort leistet sie Aufklärungsarbeit in Heimen, kümmert sich um die Beratung von gealterten Paaren und führt Gespräche mit erwachsenen Kindern, die über späte sexuelle Eskapaden ihrer alten Mütter oder Väter entsetzt sind und nicht nur um den guten Ruf der Familie, sondern auch ums eigene Erbe fürchten. Marlise Santiago, die im Schweizer Radio oft gehörte Fachfrau und Beraterin für Fragen der Liebe im Alter, berichtet: »Ich habe früher auch in der Pflege gearbeitet, und oft wurde meine Hand ungewöhnlich lange gedrückt und gehalten. Oft haben alte Menschen meinen Arm gestreichelt, und immer wieder hat sich ein Unterleib in eindeutiger Weise gegen den Waschlappen gedrückt.«

Sexualität ist Ausdruck von Lebensfreude und Lust, von Vitalität und Sehnsucht. Sie erlischt im Alter nicht. Aber sie verändert sich, wenn die Körper nicht mehr taufrisch und knackig sind. Sex ist mehr als Koitus. Erst recht in dieser Lebensphase.

Was das genau heißt, wird mit dem Kreismodell des holländischen Medizinethikers Paul Sporken deutlich. Stellen Sie sich drei ineinanderliegende Kreise vor: Der äußere, größte Kreis stellt den äußeren Bereich der Sexualität dar. Er schließt Verhaltensweisen in alltäglichen menschlichen Beziehungen wie Blicke, intensive Gespräche und Anteilnahme ein. Der mittlere Kreis, der mittlere Bereich der Sexualität, beinhaltet Zärtlichkeit, Sinnlichkeit, Gefühle der Nähe und Erotik. Und erst der innerste, der kleinste Kreis, der genitale Bereich, steht für den Geschlechtsverkehr.

Die Ergebnisse der gerontologischen Forschung auf diesem Gebiet sind eindeutig: Wenn Frauen und Männer älter werden, verliert der innerste Kreis in der Regel etwas an Bedeutung, der mittlere Kreis wird noch wichtiger, und der äußerste Kreis bleibt wesentlich. In ihrem Buch »Mythos Alter« schreibt die amerikanische Feministin Betty Friedan: »Wenn das sexuelle Erleben – wie immer der Akt der Berührung aussehen mag – das ganze Selbst einschließt, dann entsteht eine Nähe, die alle jugendlichen Phantasien in den Schatten stellt und das Gefühl der Selbstidentität, Lebendigkeit und Kontrolle über das eigene Leben entscheidend stärkt.«

Obwohl jedoch Hugo von Hofmannsthal, Günter Grass und Betty Friedan das Tabu durchbrochen und den gesellschaftlichen Umgang mit dem Thema »Sexualität im Alter« entscheidend verändert haben, bleibt doch die Tatsache bestehen: Wenn es um die Sexualität der eigenen Eltern geht, haben Kinder von Anfang an Mühe, sich »so etwas« bei Mutter und Vater vorzustellen. Oder erinnern Sie sich nicht daran, wie Sie als Kind auf die Erkenntnis reagierten, dass Sie nicht durch den Storch gebracht wurden?

Offenbar stoßen wir an dieser Stelle auf ein Denkverbot, ein Gefühlstabu. Wir vermuten, beides ist Ausdruck der ganz natürlichen Inzest-Schranke und nicht die Folge von Verklemmtheit. Doch Sex hin oder her – die Nähe zum nackten Mutter- oder Vaterleib ist für die meisten erwachsenen Kinder ohnehin eine große Herausforderung. Genau diese Nähe aber entsteht notgedrungen, wenn Eltern sich nicht mehr selbst pflegen können und keine fremde Hilfe im Haus ist. Dann kann der gemeinsame Gang aufs Klo und die anschließende Säuberung zum Psychostress werden, wie auch die morgendliche Waschung des hinfälligen Elternkörpers – für beide Seiten. Das alles ist für sehr viele alte Eltern und ihre Kinder ein »Schrecken der Nähe«, verbunden mit starken Emotionen: Scham bei den Eltern, Ekel bei den Kindern. Oft sind es stumme Geschichten. Bilder ohne Worte. Man bringt alles schnell hinter sich. Nur ja kein Aufsehen! Man kann sich ja auch mal zusammenreißen. Oder etwa nicht? Lieber nicht genau hinschauen, nichts fühlen, lieber an etwas anderes denken!

Wir sagen: Lieber nichts übergehen! Ekel und Scham sind äußerst mächtige Gefühle. Sie gehören neben Interesse, Freude, Trauer, Überraschung, Angst und Zorn zu den menschlichen Grundemotionen und sind deshalb ein wesentlicher Teil der »Condition humaine«. Keinesfalls lassen sie sich durch Schweigen einfach aus der Welt schaffen. Eher machen sie aus der Seele eine Mördergrube. Es kann also gefährlich werden. Und wer will das schon?

Außer Scham und Ekel herrscht in der Nähe zu den eigenen betagten Eltern nicht selten noch ein anderes Gefühlsverbot. Ein verbotener Wunsch aus der »Mördergrube«: Todesphantasien. Der Todeswunsch kommt nicht selten vor in der Eltern-Kind-Beziehung – und das schon von allem Anfang an. Hand aufs Herz: Haben Sie Ihr Kind nicht auch schon einmal im Geist auf den Mond geschossen oder heimlich ins Pfefferland gewünscht, wenn Ihnen alles über die Hutschnur ging? Das ist nicht schlimm, wenn es gesehen und verstanden wird als Grenzstein, als verkappter Hilferuf, als Warnsignal der Überforderung, als großes Ausrufezeichen, als Aufforderung zu etwas mehr Abstand. Ähnlich erschreckende Gefühle gibt es zuweilen auch zwischen längst erwachsenen Kindern und betagten und hilfsbedürftigen Eltern. »Bitte stirb endlich!« kann ein innerer Imperativ einer Tochter am Anschlag sein. »Ich wünschte, es wäre zu Ende!« der Fluchtwunsch eines überforderten Sohnes.

All das ist wichtig. Es muss zur Sprache kommen. Es muss gefühlt und durchdacht sein, damit diesen verbotenen Gefühlen der Stachel genommen werden kann. Damit die Stummheit verschwindet. Damit Zuneigung und Liebe wieder fließen können. Nur: Wie soll das möglich sein? Wie kann die Wahrheit geäußert werden, ohne verletzend zu sein? Wir versuchen, das anhand der Geschichten von Joséphine, Karin, Evelyne und Ute zu zeigen:

Scham: *»Ich mag nicht, wenn mein Sohn mich so sieht.«*

»Unser Norbert war immer mein Ein und Alles. Zuerst hatte es ausgesehen, als könne ich gar keine Kinder bekommen. Und dann hat es zu unserer Freude doch geklappt, und ich war voller Stolz, als ich das kleine Kerlchen zum ersten Mal im Arm hielt. Solange ich denken kann, hatten wir ein gutes, man kann sogar sagen inniges Verhältnis. Er hat mir vieles anvertraut, aber er war auch für mich immer eine wichtige Stütze, als ich dann später ohne meinen Mann dastand, weil er sich mit einer jüngeren Frau aus dem Staub machte. Aber das ist eine andere Geschichte.

Heute bin ich in vielen Dingen von anderen abhängig. Eine Putzfrau macht den ganzen Haushalt. Und Pflegerinnen helfen mir bei all dem, was früher so husch-husch im Badezimmer erledigt wurde. Nun, nach einem Beckenbruch kann ich kaum mehr gehen. Oft schaffe ich es fast nicht mehr aufzustehen, und der Weg zur Toilette ist dann unendlich lang. Tja, und dann passiert es manchmal, dass es nicht reicht. Und wenn dann niemand da ist, versuche ich mit letzter Kraft, alles wieder einigermaßen in Ordnung zu bringen. Das bringt mich an den Rand meiner Kräfte. Sicher, Norbert wohnt nur ein paar Häuser entfernt, aber ich möchte auf keinen Fall, dass er mich je so sieht. Abhängig und hinfällig zu sein ist schon schlimm genug, aber den eigenen Kindern ein solches Bild zumuten, das möchte ich niemals – ich schäme mich so dafür.«

Joséphine, 91

Joséphine fällt es sehr schwer, ihre Abhängigkeit von anderen Menschen zu akzeptieren. Zwar hat sie sich mit dem Gedanken angefreundet, dass die Putzfrau den Haushalt macht und ihr die Pflegerinnen bei der Körperpflege helfen. Wir können Joséphine gut nachfühlen, wie sehr sie die Folgen ihres Beckenbruches einschränken. Ganz besonders schwierig scheint für die alte Frau ihre begrenzte Mobilität zu sein. Es ist schon kränkend, fast schon demütigend, wenn der Weg bis zum WC einfach zu lang ist und dann etwas in die Hose geht. Nicht mehr Herr seines eigenen Körpers zu sein, keine Kontrolle zu haben – das verunsichert und beschämt zutiefst. So reagiert Joséphine auch verständlich, wenn sie versucht, den »Schaden« allein zu beheben. Wer zeigt sich schon freiwillig in einer solchen Lebenslage?

Uns wird aber zugleich klar: Joséphine gefährdet sich in solchen Momenten der Beschämung zusätzlich. Wahrscheinlich ist sie dann nervös, vielleicht etwas fahrig, aber auf alle Fälle bemüht, alles so schnell wie möglich wieder »wegzumachen«. Wie groß ist da das Risiko eines Sturzes! Dieses Risiko nimmt die alte Dame aber in Kauf, um anderen Menschen ihren Anblick in einer solchen Situation zu ersparen. Speziell Norbert, ihrem Sohn, möchte sie in einer so misslichen und peinlichen Lage nie und nimmer begegnen.

Sie beschreibt zwar ihre Beziehung als innig und vertrauensvoll, aber das ginge dann doch zu weit! Besonders für die Generation der alten Dame wäre das ein Tabubruch. Eltern sehen ihre Kinder nackt und hilflos, aber bitte nicht umgekehrt! Es reicht, wenn Norbert sieht, wie abhängig seine Mutter geworden ist. Details soll er aber nicht mitbekommen müssen. Die 91-jährige Joséphine spürt deutlich, was sie dieser guten Mutter-Sohn-Beziehung zumuten möchte und was nicht. Dass sie sich dabei an den Rand ihrer eigenen Kräfte begibt und dass die Situation damit auch nicht ganz ungefährlich ist, will sie nicht wahrhaben.

Wir vermuten, dass Norbert nicht wirklich weiß, mit welchen Schwierigkeiten seine alte Mutter im Alltag zu kämpfen hat. Vielleicht ahnt er es. Möglicherweise folgt er dann aber dem unausgesprochenen mütterlichen Gebot. Er respektiert so ihre Grenze, hinter der er nichts zu suchen hat. Aus Scham vermeidet er ein Gespräch über das, was ihm sein Gefühl sagt. Möglicherweise hat er ebenfalls Angst vor einem Tabubruch und schweigt deshalb lieber. Nach dem Motto: »Was ich nicht weiß, macht mich nicht heiß« – also muss ich mich auch nicht kümmern. Und sollte dann doch weitere Hilfe nötig werden, frage ich meine Frau. Die ist besser in so was. Wenn es um intime Fragen der Pflege geht, delegieren die Söhne generell sehr häufig die Arbeit an ihre Frauen, also an die Schwiegertöchter.

Grundsätzlich scheint diese Situation keinen Konflikt zwischen Mutter und Sohn heraufzubeschwören, zumindest erfahren wir nichts Genaues darüber. Joséphine raten wir aber trotzdem: Wenn das Malheur passiert, sollte sich die alte Frau unbedingt jemandem anvertrauen. Mit welcher Person gelingt es am ehesten, das Schamgefühl zu überwinden? Es muss ja nicht Norbert sein. Es ist wichtig, dass Joséphine erkennt, dass sie sich sonst selbst gefährdet. Sicher wäre der Einsatz eines Notrufsystems über das Telefon oder über speziell dafür eingerichtete SOS-Uhren sinnvoll. Der Ruf wird dann weitergeleitet an Pflegefachleute.

Es ist für Joséphine bestimmt einfacher, wenn ihr eine mehr oder weniger vertraute Pflegerin zur Seite steht als der eigene Sohn. Die Hilfe eines fremden, aber nicht ganz unbekannten Menschen anzunehmen ist oftmals einfacher, als die Handreichungen der eigenen Kinder zu akzeptieren. Nähe kann manchmal auch erschwerend wirken. Wenn die Beziehung zwischen Joséphine und Norbert ansonsten nach wie vor stimmig ist, scheint uns hier kein weiteres Gespräch nötig. Es reicht, wenn die alte Mutter ihren Sohn über den Einsatz eines Alarmsystems informiert. Das wirkt auch auf ihn beruhigend und entlastend und gibt ihm zudem die Gewissheit, eine Mutter zu haben, die sich immer noch zu helfen weiß.

In der nächsten Geschichte kann die Mutter sich leider nicht mehr alleine helfen. Das stellt erwachsene Kinder manchmal auch emotional vor ganz neue Herausforderungen.

Ekel: *»Auch wenn es meine Mutter ist, es fällt mir schwer!«*

»Es fällt mir ziemlich schwer, darüber zu sprechen, aber alles immer runterschlucken kann ich auch nicht mehr. Ich helfe viel, aber nun brauche ich einmal Hilfe. Meine Mutter ist in den letzten Jahren immer schwächer geworden. Sie kann kaum mehr gehen. Sie hat immer wieder wunde Stellen am Körper. Und: Ja, ich muss es sagen: Bei ihr geht ab und zu auch einmal was in die Hose. Für die Sauberkeit im Haushalt haben wir jemanden gefunden, und die anderen Aufgaben teilen wir unter uns Geschwistern auf. Auch die Enkel übernehmen mal dies oder das. Jetzt wird die Situation aber immer schwieriger, da sie auch mehr und mehr Unterstützung bei der Körperpflege benötigt. Beim Baden oder Duschen muss ihr jemand von uns helfen – das schafft sie alleine jetzt wirklich nicht mehr. Und obwohl sie meine eigene Mutter ist, kann ich diese Art von Hilfe fast nicht leisten. Ich weiß, eigentlich bin ich es ihr schuldig. Aber diese Nähe zu ihrem alten Körper, diese Sicht auf ihre alte fleckige, faltige und auch schrundige Haut lassen Gefühle von Ekel in mir wach werden. Ich schaffe es auch nicht, sie an ihren intimsten Stellen zu waschen. Oder: Wenn sie ihr schmieriges

Gebiss rausnimmt, dreht sich mir der Magen um. Ich kann das Teil nicht sauber machen und bin heilfroh, wenn sie das noch halbwegs selber schafft. Ich schäme mich dafür. Ich möchte das nämlich gerne können. Ich habe sie ja auch lieb. Aber ich kann mich nicht gegen diesen Ekel wehren. Ich traue mich gar nicht, das anzusprechen. Meine Geschwister hätten niemals Verständnis dafür, glaube ich. Und wenn meine Mutter das wüsste, um Gottes willen, sie wäre todunglücklich! Deshalb komme ich zu Ihnen. Was raten Sie mir?«

Karin, 57

Als Erstes möchten wir Karin ein dreifaches Kompliment machen. Erstens dafür, dass sie sich Luft macht. Zweitens dafür, dass sie ausspricht, was so viele fühlen und dann doch schnell wieder wegschieben. Und drittens dafür, dass sie den Schritt wagt und sich Hilfe holt. Karins Situation ist kein Einzelfall, doch das weiß kaum jemand, weil es eine stumme Geschichte ist. Sie beginnt mit leichten Unterstützungsmaßnahmen für die in die Jahre gekommenen Eltern. Die leistet die Familie in aller Regel gut und auch gerne. Ja und dann wird es später doch mehr, als man geglaubt hatte. Und das »Mehr« heißt oft auch mehr körperliche Nähe, das macht es nicht leicht. Karin redet nicht um den heißen Brei herum: Sie sagt nicht, es sei ihr unangenehm oder sie fühle sich dem Ganzen emotional nicht gewachsen. Nein, die Tochter spricht ganz ungeschminkt von Ekel! Die alte Haut, das Gebiss – ihr wird es fast übel. Gleichzeitig plagt sie das schlechte Gewissen, denn sie meint, ihrer Mutter diese Form von Unterstützung schuldig zu sein. Sie schämt sich dafür, wie schwer es ihr fällt, diese Hilfe zu leisten. Karin ist in einem Dilemma.

Die bald sechzigjährige Tochter zeigt ihre Stärke darin, dass sie sich nicht vom »Sollte und Müsste« an die Wand drücken lässt, sondern sich selbst Hilfe holt. In der Familie sieht sie dafür keine Möglichkeit. Sie geht einfach davon aus, dass ihre Geschwister dafür kein Verständnis hätten. Vielleicht hat sie ja recht. Entscheidend für uns ist, dass Karin den Schritt nach außen schafft und sich Fachberatung sucht. Sie möchte die Beziehung nicht weiter belasten und sie geht davon aus, dass auch ihre Mutter todunglücklich wäre, wenn sie wüsste, wie ihre Tochter unter dem ›Schrecken der Nähe‹ leidet.

Es ist jedoch sehr wahrscheinlich, dass sich auch Karins Mutter in dieser Situation nicht wohl fühlt. Wir gehen davon aus, dass Karin sich nicht so gut verstellen kann, dass die alte Frau nichts vom töchterlichen Ekel spürt. Im Gegenteil, wir denken, dass die alte Frau sich dafür schämt, sich in ihrer Hinfälligkeit der Tochter zu zeigen. Wir wissen: Die Angst der alten Menschen, den eigenen Kindern zur Last zu fallen, ist sehr verbreitet. Betagte Eltern sind in der Regel äußerst sensibel auf diesem Gebiet, und Zwischentöne entgehen ihnen selten. Vielleicht hat Karins Mutter also bereits daran gedacht, »es« anzusprechen. Aber was dann? Was ist, wenn die Tochter sagt: »Ja, Mama, es ist mir zu viel! Ich kann das leider nicht mehr.« Wie soll es dann weitergehen?

Was also können die beiden Frauen tun? Wir haben es bereits betont: Karin hat schon vieles richtig gemacht. Sie spürt sich selbst und ihre Grenzen, sie findet eine Sprache für meist Verschwiegenes und holt sich Hilfe. Das ist eine reife Leistung. Was nun zu tun ist: Karin sollte sich erst ganz detaillierte Gedanken darüber machen, wo ihre Grenze eigentlich erreicht ist. Beim Waschen der Mutter? Beim Ankleiden? Bei der Begleitung aufs WC? Die Frage lautet also: Was ist zumutbar? Und: Wo beginnt die Überwindung? Wenn das geklärt ist, stellt sich die Frage: Wer kann all das, was außerhalb von Karins Möglichkeiten liegt, in Zukunft übernehmen?

An dieser Stelle ist es ganz entscheidend, auch darüber nachzudenken, was Karin vielleicht besser kann, oder genauer: was ihr möglicherweise leichter fällt als ihren Geschwistern. Kurz: Es geht um eine neue Aufgabenverteilung. Wer weiß denn, ob nicht für eine andere Tochter etwas anderes so belastend ist wie die Gebissreinigung für Karin? Es wäre schön, wenn alle Geschwister in eine Art Tauschgeschäft einsteigen könnten. Nicht alle machen alles, sondern jeder macht das, was er am besten kann. Vielleicht sind alle froh, wenn da die unerschrockene Karin den ersten Schritt macht. Manchmal löst sich auf diese Art ein Knoten! Mutige vor!

In einem weiteren Schritt geht es danach ganz sicher um den Einbezug externer Hilfe für alles, was die Geschwister nicht leisten können oder wollen. Wieder ist es ganz wichtig, dass die alte Mutter in diese Neugestaltung des Unterstützungsplanes mit einbezogen wird. Es geht ja schließlich um sie. Nie darf sie zum Objekt werden, nie und nimmer darf sie vor vollendete Tatsachen gestellt werden. Das braucht auch Mut zur Offenheit – und damit ist nicht gemeint, schonungslos mit der Wahrheit herauszuplatzen. Die Wahrheit kann manchmal gnadenlos sein. Karin muss also keineswegs klar und deutlich von Ekel sprechen. Das wäre sicher taktlos und verletzend für ihre alte Mutter. Karin darf ihr aber sagen: »Mama, du kennst mich ja, du weißt, dass diese Art von Nähe in der Unterstützung nicht gerade meine Stärke ist. Ich würde die Zeit mit dir lieber so verbringen, dass wir gemeinsam etwas tun, was uns beiden Freude macht. Was meinst du dazu?« So könnte ein Anfang gemacht werden. Sicher ist es nicht einfach mit *einem* Gespräch getan. Die alte Frau darf nicht überfordert werden. Sie kann sich nicht von einem Tag auf den anderen auf eine neue Person einstellen. Es ist wichtig, sie nach ihren Vorstellungen zu fragen und dann gemeinsam nach Lösungen zu suchen, die für alle möglichst stimmig sind. Das ist anspruchsvoll. Deswegen ist diesem Umgestaltungsprozess ausreichend Zeit einzuräumen.

Ganz anders ist die Situation bei Evelyne und ihrer Mutter. Sich auch im Alter noch etwas gönnen gilt für manchen als Tabu. Evelyne hingegen nimmt das bei ihrer Mutter mit Freude zur Kenntnis.

Sündenlust: *»Endlich gönnt sie sich mal was!«*

»Wenn man das Leben meiner Mutter mit etwas Abstand betrachtet, kann man schlicht und einfach zusammenfassen: Sie hat eigentlich immer nur geschuftet. Sie war eigentlich immer für andere da. Schon als

junges Mädchen musste sie zu Hause fest mit anpacken. Ich kann mir vorstellen, dass sie gehofft hatte, dass sie nach ihrer Hochzeit ein besseres Leben führen könnte. Aber dem war nicht so. Schnell war mein Bruder unterwegs und danach die Zwillinge, und schließlich kam noch ich. Da blieb keine Zeit für Hobbys, Freundschaften oder sonstige eigene Bedürfnisse. Und ehrlich gesagt, mit unserem Vater war das Paarleben sicher nicht immer berauschend. Er war ein fordernder Pascha und konnte manchmal recht böse und auch ungerecht werden. Ich habe meine Mutter für ihre Größe und ihren Stolz immer wieder bewundert. Wie sie alles einfach so trug oder ertrug! Und dann wieder tat sie mir auch leid, weil ich spürte, dass sie sich oft danach sehnte, ein anderes Leben zu führen. Umso mehr freue ich mich jetzt, wenn ich ihr über die Schulter schaue. Nun ist mein Vater schon sieben Jahre tot. Es ist genügend Geld da. Endlich kann sie sich etwas leisten, und das tut sie auch! Gestern beispielsweise hat sie sich einfach so, weil ein so schöner Frühlingstag war, neue, sündhaft teure Schuhe und die passende Tasche dazu gekauft. Und danach ist sie, um das alles zu feiern, mit ihrer Freundin essen gegangen. Die 77-jährigen Damen! Und noch etwas: Das Schicksal – oder wie man es nennen will – wollte es, dass sie noch einmal einen Mann kennen lernte. Mit ihm unternimmt sie viel: Theater, reisen, gut essen gehen und Freundschaften pflegen. Ich habe das Gefühl, sie lebt noch einmal richtig auf. So nach dem Motto: ›Hoppla, jetzt komme ich an die Reihe!‹ Das freut mich richtig für sie und es entlastet mich auch sehr.«
Evelyne, 52

Was für eine Erfolgsstory! Und zwar für beide Seiten. Eine Tochter berichtet voller Freude und Anerkennung von den positiven Veränderungen ihrer Mutter.

Evelyne zeigt Respekt vor den Lebensleistungen ihrer Mutter und sie bewundert die 77-Jährige, wie sie alle Klippen gemeistert hat. Sie berichtet von den eigenen ambivalenten Gefühlen in der Rückschau auf die Zeit ihrer Jugend. Sie empfindet Bewunderung für die Tapferkeit auf der einen Seite und Mitgefühl für das Schwere im Leben ihrer Mutter auf der anderen Seite. Und jetzt gelingt es der Tochter, sich richtig von Herzen mit der Mutter zu freuen. Das ist nicht selbstverständlich. Nicht selten haben die Kinder nämlich erhebliche Mühe, wenn ihre Eltern nach Hugo von Hofmannsthals Motto »Die Seele hat kein Alter« leben und im Alter noch einmal einen Neuanfang wagen. Evelyne gelingt es ausgesprochen gut, sich in ihre Mutter hineinzuversetzen, sie nicht mehr mit kindlichen Augen zu sehen, sondern sie mit einer gewissermaßen **filial reifen Haltung** als Menschen mit einer eigenen Geschichte und mit eigenen Bedürfnissen anzuerkennen. Nicht selten machen erwachsene Kinder ihren Eltern in einer solchen Situation Vorwürfe wie: »Hast du einen Jugendwahn?« »Denkst du manchmal eigentlich auch noch an Vater?« »Ist dir eigentlich klar, wessen Geld du da mit vollen Händen ausgibst?«

Wie bereits erwähnt, ist aber auch der Wandel der Mutter durchaus bemerkenswert. Sich selbst etwas zu gönnen, das eigene Sein in die Hände zu nehmen und aktiv zu gestalten ist ein großartiger Entwicklungsschritt der 77-Jährigen. Den meisten älteren Menschen fällt eine solche Veränderung ausgesprochen schwer. Sie werden von Schuldgefühlen und schlechtem Gewissen geplagt. »Um Gottes willen, was werden meine Kinder sagen, wenn ich mich in meinem Alter noch mit neuen Schuhen und Taschen eindecke? Die halten ihre Mutter noch für verrückt!« Das sind typische Sätze von alten Frauen, die ihr Leben damit verbracht haben, für die Familie da zu sein und die Bedürfnisse aller zu berücksichtigen, nur die eigenen nicht. Deshalb ist Evelynes Mutter für uns ein lebendiges Beispiel dafür, dass Alter nicht nur Abbau, Verlust und Abhängigkeit bedeuten muss, sondern auch viel Befreiendes haben kann. Zum Beispiel auch die Lust, sich noch einmal auf einen Mann einzulassen, sich hinzugeben und somit auch verwundbar zu machen.

Sich heimlich den Tod der Mutter zu wünschen scheint unvorstellbar. Aber manchmal gibt es Situationen, in denen Kinder von solchen Gedanken regelrecht überrumpelt werden, so wie Ute in der nächsten Geschichte.

Heimlicher Todeswunsch: *»Manchmal wünschte ich mir, sie sei schon tot!«*

»Meine Mutter hat immer alles für uns getan. Wirklich. Auch in schwierigen Zeiten war ihr nichts zu viel. Zum Beispiel: Als meine eigenen vier Kinder noch klein waren, kam sie jeden Donnerstag zum Bügeln und Hüten. Ich war damals wirklich total überfordert. Ohne sie hätte ich das nie geschafft. Jetzt sind meine Kinder alle schon ein paar Jahre aus dem Haus und brauchen mich nicht mehr. Zum Glück. Aber jetzt braucht mich meine Mutter. Und wie! Seit ihrem Schlaganfall vor drei Jahren ist sie nicht mehr die Gleiche. Sie braucht viel Pflege. Und für mich ist klar, dass sie die auch bekommt. Das bin ich ihr einfach schuldig. Sie hat mir gegeben – jetzt gebe ich zurück. Oder?

Deshalb wohnt sie jetzt bei uns. Ist doch klar, wir haben ein großes Haus, genügend Platz. Und alleine kann sie nicht mehr sein. Mein Mann ist damit einverstanden. ›Das musst du wissen‹, hat er gesagt. ›Das ist deine Sache!‹ Ja, das stimmt auch. Er ist ja tagsüber immer außer Haus. Aber leicht ist das nicht immer. Besonders körperlich. Das Waschen und so. Überhaupt – die Nähe zu ihrem Körper, zu ihrer Haut. Das ist nicht ohne. Das ist schon sehr intim. Sie kann eben nicht mehr alles selber tun, seit ihrem Streifschlag. Auch aufs WC gehe ich mit ihr. Ja, und ein ›Danke‹ für das alles wäre schön. Aber das höre ich selten – oder nie. Dafür höre ich immer viel Missmut: ›Was hat das alles noch für einen Sinn, das Leben und so?‹, fragt sie mich oft. Oder: ›Nicht wahr, das wird dir langsam alles zu viel?‹ Und vor kurzem hat sie gesagt, dass es besser gewesen wäre, wenn sie am Schlag gestorben wäre. Ja, … vielleicht hat sie ja recht.«
Ute, 47

Utes Gefühlslage ist weder ungewöhnlich noch selten. Wir haben es hier mit einer zunächst hoch motivierten Tochter zu tun, die ihrer Mutter etwas von dem, was sie selbst von ihr bekommen hat, zurückgeben möchte. Die Mutter war für ihre Tochter da, als sie Hilfe mit den kleinen Kindern brauchte. Nun will Ute für die Mutter da sein. Ein gerechter Ausgleich, denkt Ute bestimmt, Geben und

Nehmen im Einklang. Utes Haus ist groß, also ist auch Platz da für Mutter. Genauere Gedanken über die möglichen Konsequenzen dieses Schrittes scheint sich Ute nicht gemacht zu haben. Ihr Mann hat nichts dagegen, er findet, es sei ihre Entscheidung. Also entscheidet sie.

Nun, im Alltag mit ihrer pflegebedürftigen Mutter, erlebt die Tochter, was es wirklich heißt, »für sie da zu sein«: die Nähe zu ihrem hinfälligen Körper, das Begleiten aufs WC, die hohe zeitliche Präsenz, der eigene Gefühlshaushalt. Jetzt erst merkt sie, dass ihr das alles etwas zu viel wird. Es ist anstrengender als erwartet, näher als vermutet und auch psychisch belastender als vorausgesehen. Vor allem auch deshalb, weil Ute eine gewisse Dankbarkeit erwartet und die Mutter diese nicht zeigt. Die Tochter erlebt die alte Mutter als missmutig und hat wenig Verständnis für ihre Gefühlslage.

Wir sagen: Weder der Wunsch nach Ausgewogenheit von Geben und Nehmen noch ein großes Haus sollten ausschlaggebende Motive sein für ein Ja zur Pflege der eigenen Eltern. Diese Gründe tragen in der Regel nämlich nicht lange. Sie sind viel zu wenig differenziert.

Ute hätte sich vor Augen halten müssen, dass die Pflegebedürftigkeit ihrer Mutter Jahre dauern kann. Das ist alles andere als ein »Spaziergang eines Gutmenschen«. Auch wenn man gerne ganz spontan »Ja« zu dieser menschlichen Herausforderung sagen möchte, ist es doch wichtig, sich in aller Ruhe zu vergegenwärtigen, welche weitreichenden Konsequenzen ein solch großzügiges Ja hat. Kann ich das wirklich? Will ich es wirklich? Was, wenn das ein Vertrag über zehn Jahre wird? Was bedeutet das für das Leben mit meinem Mann? Wie kann ich das, was mir persönlich wichtig ist, trotzdem weiterführen? Wie machen wir in Zukunft Ferien? Wie bewahren wir unsere Intimsphäre? Was, wenn die Pflege immer anspruchsvoller wird? All das sind Fragen, die helfen, den liebenswerten Impuls zum spontanen Ja zu überprüfen. Auch hier gilt: Gut gemeint ist oft nicht gut genug.

Ein ganz wichtiger Punkt, den es zu beachten gilt, ist auch Utes

Eheleben. Zunächst klingt es ja freundlich, wenn der Ehemann sagt: »Das musst du wissen.« Wir wissen aber, diese Art von Delegation kann fatal werden. Denn es hat immer weitreichende Konsequenzen für das Paarleben, wenn die pflegebedürftige (Schwieger-) Mutter mit in den eigenen vier Wänden lebt. Es kommt so eine Person hinzu, die sich nicht an die Gegebenheiten anpassen kann, sondern das Familienleben durch ihre Pflegebedürftigkeit neu strukturiert. Das bringt mit sich, dass die Familie weniger Zeit für sich hat oder dass der Ehemann eine erschöpfte Frau zu Hause vorfindet, die von ihm mehr Unterstützung einfordert. Umso mehr, als Ute für all das, was sie tut, von der Mutter zu wenig Anerkennung und Dankbarkeit bekommt.

Das heißt im Klartext: Eine so weit reichende Entscheidung muss immer als Paar und als ganze Familie getroffen werden, denn jeder muss seinen Teil zu einem guten Gelingen beitragen – sonst ist Überforderung vorprogrammiert.

Ute ist am Ende ihrer Kräfte angelangt. Man spürt in ihren Äußerungen bereits so etwas wie eine latente Aggression gegen die Mutter. Wir hören förmlich »das Gefühlsverbot«: »Manchmal wünschte ich mir, sie wäre schon tot!« Wir verstehen diesen heimlichen Wunsch der eigentlich so großzügigen und wohlmeinenden Tochter als Zeichen ihrer Überforderung, als Fluchtversuch aus dem anforderungsreichen Alltag. Utes Ausgleichsrechnung geht nicht auf. Kinderbetreuung und die Pflege von alten Eltern sind eben zwei Paar Stiefel. Kinder begleitet man nämlich in eine zunehmende Autonomie, man kann sich an ihren Fortschritten freuen. Alte, pflegebedürftige Menschen machen in der Regel die umgekehrte Entwicklung durch, hinein in die Abhängigkeit. Genau das aber hatte Ute sich nicht genügend vor Augen geführt. Nun läuft sie Gefahr, auszubrennen, also erschöpfungsdepressiv zu werden.

Aber auch für die alte Frau ist die Situation sehr schwierig. Ganz sicher spürt sie, wie groß der Aufwand durch sie für alle geworden ist. Wir müssen davon ausgehen, dass sie sich selbst als Belastung für ihre Tochter erlebt. Mit diesem Gefühl zu leben ist demütigend. Die Frage nach dem Sinn ihres Lebens verstehen wir in dieser Situation nicht wie Ute als Missmut, sondern als Ausdruck ihrer inneren Not. Sie merkt sehr wohl, dass es Ute zu viel wird, und spricht das auch mutig an. Ihre Äußerung, dass es wohl besser gewesen wäre, wenn sie am Schlaganfall gestorben wäre, ist möglicherweise kein wirklicher Todeswunsch. Wir hören darin eher ihren »fürsorglichen« Wunsch, der belasteten unguten Situation ein Ende zu setzen.

Sicher kann man so eine Aussage auch noch auf andere Art interpretieren. Manchmal werden sie auch eingesetzt, um genau das Gegenteil zu hören oder aber um dem erwachsenen Kind ein schlechtes Gewissen zu machen. Dieses passiert aber vor allem in Beziehungen, die von Beginn an eher schwierig sind, und das scheint uns bei Utes Geschichte nicht der Fall zu sein.

Was kann man tun, um diese belastende Situation zu verändern?

Als Erstes braucht Ute nun Entlastung. Wir denken da beispielsweise an eine Tagesklinik, in der die Mutter zunächst einen Tag, später vielleicht auch zwei Tage die Woche betreut werden kann. Tageskliniken gibt es in der Zwischenzeit vielerorts, und wir hoffen für Ute, dass es eine solche Einrichtung in ihrer Nähe gibt.

Als zweiten Schritt der Entlastung könnten Profis der spitalexternen Pflege täglich morgens und abends bei der alten Patientin vorbeischauen und ihre Körperpflege übernehmen. Das verkleinert den »Schrecken der Nähe« und bringt wieder »Luft in die Beziehung«.

Drittens: Es gibt vielerorts auch freiwillige Helfer. Sie machen Besuche und begleiten die alten Menschen auf einen Spaziergang, gehen mit zum Friseur oder nehmen sich Zeit für ein Spiel. Freiwillige Helfer sorgen für Abwechslung im Alltag.

Diese drei Schritte sind keine Kapitulation. Es sind Möglichkeiten, aus einer Sackgasse herauszukommen und eine belastete, sogar gefährdete Beziehung wieder tragfähig und schöner zu machen. Ute bekommt so Raum für all das, was ihr außer der Mutter noch wichtig ist. Zudem haben die beiden Frauen nun Zeit für die Dinge, die ihnen gemeinsam Freude machen. Wiederum ist aber unabdingbar, dass alle Schritte offen und ehrlich mit der Mutter besprochen und, wenn nötig, ihren Wünschen auch angepasst werden. Vielleicht wird die alte Frau nicht alles auf einmal ändern wollen. Dann wäre auch ein schrittweises Vorgehen denkbar.

Ute kann die Äußerungen ihrer Mutter zum Anlass nehmen, auf das Thema tiefer einzugehen. Die alte Dame sagt das ja nicht einfach so dahin, sondern bietet die Hand für ein offenes Gespräch. Das könnte beispielsweise folgendermaßen klingen: »Weißt du, Mama, wir haben alle gedacht, dass es klappt, und haben es uns wohl etwas einfacher vorgestellt, als es jetzt ist. Sicher spürst du, dass ich an meine Grenzen komme, und du fühlst dich offensichtlich auch nicht so wohl, wie ich es mir erhofft hatte. Was, meinst du, können wir nun tun? Könntest du dir vorstellen, dass wir die Pflege an Profis abgeben, damit wir beide die Zeit miteinander wieder mehr genießen können?«

So könnten die Entlastungsmöglichkeiten miteinander diskutiert werden, ohne dass sich die Mutter übergangen oder abgeschoben fühlt.

Zusätzlich raten wir der Tochter, sich psychologisch begleiten zu lassen. So ließen sich Utes Aggression und ihre Schuldgefühle angehen und bearbeiten. Auch der Umgang mit Dankbarkeit könnte ein wichtiges therapeutisches Thema sein.

Guter Rat und gar nicht teuer

1. **Es gibt keine verbotenen Gefühle. Es gibt nur das Verbot, alle Gefühle direkt auszuleben. Wenn Sie selbst über Ihre seelischen Regungen erschrecken, schieben Sie diese nicht einfach weg. Nehmen Sie Ihre schwierigen Gefühle zum Anlass, nachzudenken. Sie sind ein Appell zur Veränderung. So nehmen Sie ihnen den Stachel und verhindern eine destruktive Impulshandlung.**

2. Teilen Sie mit Ihren Eltern die Freude über neu eroberte Lebensqualität. Das verdoppelt die Freude!
3. Schuldgefühle sind schlechte Berater. Lassen Sie sich nicht von ihnen leiten bei der wichtigen Entscheidung, ob Sie Ihre alten Eltern bei sich zu Hause zur Pflege aufnehmen wollen oder ob Sie nach einer anderen Lösung suchen müssen.

5. Entlastung und Überforderung

**Keine Grenze verlockt mehr zum Schmuggeln
als die Altersgrenze.**

Karl Kraus

Im Sinne von Karl Kraus war Arthur Rubinstein ein begnadeter Schmuggler. Der virtuose Musiker hatte nämlich am Anfang und gegen Ende seines Lebens ein gehöriges Maß Schmuggelware über die besagte Grenze gebracht. Und das nicht nur ungestraft, sondern auch mit hohem Gewinn und Beispielcharakter.

Überhaupt war der amerikanische Starpianist aus dem polnischen Städtchen Lodz in der Kunst und im Leben ein Glückspilz, also ein veritabler Lebenskünstler. Thomas Mann bezeichnete ihn als »glückhaften Virtuosen«, er selbst sprach von sich als dem glücklichsten Menschen, »dem ich je begegnet bin«. Was genau Arthur Rubinstein mit diesem Glück meinte, ist nur zu vermuten. Die frühe Entdeckung seiner immensen Begabung? Die gezielte Förderung durch hervorragende Lehrer? Der schnelle Ruhm, der große Reichtum, die vielen Reisen, der Erfolg bei den Frauen? Die Erfüllung durch Musik? Oder am Ende doch die Schmuggelei über die Altersgrenze hinweg?

Während sich seine kleinen Spielgefährten mit dem ABC abmühten, trat Wunderkind Arthur mit sechs Jahren bereits zum ersten Mal auf. Vier Jahre später kam der Junge dann nach Berlin zu Joseph Joachim, keinem Geringeren als dem berühmten Geiger und Freund von Johannes Brahms. Der große Virtuose war vom kleinen Virtuosen so beeindruckt, dass er ihn musikalisch sofort unter seine Fittiche nahm. Noch bevor er in die Pubertät kam, war Arthur Rubinstein ein gemachter Musiker. Und mit 13 Jahren, dann, wenn normalere »Nichtschmuggler« den Stimmbruch hinter sich bringen, avancierte der Jüngling aus Polen zum Solisten bei den Berliner Philharmonikern und spielte, frenetisch umjubelt, Mozarts A-Dur-Konzert und das Klavierkonzert in g-Moll von Camille Saint Saëns. Das war die erste Altersgrenzen-Schmuggelei des Arthur Rubinstein.

Der zweite bekannt gewordene große Schmuggel gelang ihm als Greis. Mit 87 Jahren – inzwischen waren mit statistischer Wahrscheinlichkeit mehr als drei Viertel seiner Altersgenossen schon tot – saß der Solist immer noch am Flügel. Mehrmals war er tränenüberströmt vor Glück, noch immer so schöne Musik machen zu können. Und so kam es, dass Arthur Rubinstein nicht nur als genialer Musiker in die Annalen einging, sondern sich auch in der Altersforschung einen großen Namen machte. Dort gilt er als Vorzeigemodell, wenn es um das »erfolgreiche Altern« geht. Der Schmuggler als Idol.

Zum Idol gekürt wurde Rubinstein durch einen anderen berühmten Mann. Dieser hieß Paul B. Baltes. Baltes war ein deutscher Psychologe und einer der führenden Gerontologen weltweit. Leider vermochte er selbst nicht sehr weit in sein eigenes Forschungsgebiet einzudringen, denn Paul B. Baltes starb schon in der ersten Altersphase, nämlich mit 67 Jahren. Aber sein Konzept vom »erfolgreichen Altern« wird weiterhin von großer Bedeutung sein und ihn und seine Frau und Mitforscherin Margret M. Baltes wohl lange überdauern.

Wenn es beispielsweise um die Vermeidung von Überforderung im Alter geht, wenn es um erfolgreiches Altern durch Entlastung geht, kann das **SOK-Modell** des Forscherpaares Baltes weiterhelfen. Das große **S** von SOK steht für **Selektion** oder Auswahl, das **O** für **Optimierung** oder Verbesserung und das **K** für **Kompensation** oder Ausgleich. Selektion, Optimierung und Kompensation sind drei Möglichkeiten der Anpassung, wenn bei einem alternden Menschen nicht mehr alles beim Alten bleibt, sondern sich altersbedingte Verluste einstellen. Dank einer bewussten Auswahl der Dinge, dank deren Vervollkommnung und dank einem geschickten Ausgleich gelingt es erfolgreich alternden Menschen, ihr Selbstbild aufrechtzuerhalten und so nicht allzu sehr unter den natürlichen

Verlusten zu leiden. Paul B. Baltes schreibt dazu: »Die zentrale Lebensproblematik des Alterns besteht in der Bewältigung der zunehmend negativen Bilanzierung des Verhältnisses zwischen Entwicklungsgewinnen und -verlusten.«

Was das genau bedeutet, zeigt uns Meister Rubinstein. Auch er konnte, als er alt wurde, längst nicht seine gewohnte Virtuosität aufrechterhalten. Aber als man den Pianisten fragte, wie er trotz fortschreitendem Alter das Niveau seiner Darbietungen halten könne, antwortete der Schmuggelkönig:

»Erstens schränke ich mein Repertoire ein.« Das heißt: Rubinstein bediente sich der **Selektion**, er wählte ganz bewusst aus, welche und wie viele Kompositionen er noch interpretieren konnte und welche er hingegen nicht mehr bewältigte.

»Zweitens übe ich das, was ich noch spiele, intensiver und häufiger.« Das heißt: Rubinstein **optimierte**, er verbesserte.

»Und drittens habe ich ein paar Tricks, wie ich zum Beispiel ganz bewusst das Langsamerspielen vor schnellen Passagen einsetze.« Das heißt: Rubinstein **kompensierte**, glich beginnende Schwächen mit erworbener Erfahrung aus. Er spielte vor schnellen Passagen einfach langsamer, um die schnelleren weiterhin sehr schnell erscheinen zu lassen.

Mit all diesem Schmuggel über die Altersgrenze hinweg war der Musiker sehr erfolgreich. Die Feuilletons überschlugen sich in tiefgründigen Spekulationen über die gereifte Interpretation des Meisters. Von »atmender Lebendigkeit« war da die Rede und von der »neuen und hinreißenden Tiefe des Tones«. Arthur Rubinstein ist das Paradebeispiel für gelungene Anpassungsleistung an die Verluste, die das Altern früher oder später naturgemäß mit sich bringt. Wir können annehmen, dass der glücksbegabte und »erfolgreich alternde« Rubinstein auch dann noch seiner selbst sicher war, als er am Ende seines Lebens allmählich erblindete.

Paul B. Baltes zählt diese Stabilität des Selbstbildes – allen Verlusten im Alter zum Trotz – zu einem wesentlichen Aspekt des »erfolgreichen Alterns«. Dazu schreibt der Berliner Wissenschaftler: »Das Selbstbild bleibt auch im Alter stabil. Der Mensch passt in der

Regel sein Selbst den objektiven Bedingungen an. Sein durchschnittliches Selbstbild verändert sich im Alter gegenüber früheren Lebensphasen nicht, obwohl um ihn herum sehr vieles sehr anders wird.«

Natürlich spricht Baltes hier von der Regel, nicht von der Ausnahme. Er spricht von Normalsterblichen und nicht von Wunderkindern vom Format eines Rubinstein. Was bedeutet nun also sein **SOK-Modell** auf ganz normale Menschen angewandt?

Nehmen wir zum Beispiel Hanne. Sie ist 55 Jahre alt und, seit sie denken kann, passionierte Wanderin. Noch mit fünfzig war ihr kein Weg zu steil, kein Tal zu lang, kein Berg zu hoch, keine Route zu abenteuerlich. Seit zwei Jahren nun merkt sie deutlich, dass ihre Kondition nachgelassen hat. Die Gelenke schmerzen nach der Anstrengung, die Höhenunterschiede fordern das Herz mehr als früher und der Muskelkater war noch nie so nachhaltig.

Hanne könnte nun jammern, ihr Hobby an den Nagel hängen und Trübsal blasen. Aber das wäre nicht im Sinne von **SOK**. Im Gegenteil. Der Verlust der Naturerlebnisse würde Hannes Lebensqualität vermutlich sehr einschränken. »Erfolgreiches Altern« sieht aber so nicht aus.

SOK für Hanne könnte so aussehen: Hanne kann auf ihren Körper »hören« und damit anfangen, sich Routen auszusuchen (**Selektion**), die ihr gut bekannt sind, die ihr gefallen und ihrem aktuellen Leistungsniveau entsprechen. Die Mittfünfzigerin kann sich nun mit einem geeigneten Trainingsprogramm auf die gewählten Touren vorbereiten und diese dann mit viel Genuss erleben, weil dieses Naturerlebnis sie nicht überfordert. Das wäre das große O, die **Optimierung**. Fehlt noch das K. **Kompensieren** könnte Hanne ihre altersbedingte Leistungseinbuße, indem sie nicht mehr wie früher auch den steilsten Teil der Wanderung zu Fuß bewältigt, sondern die Seilbahn benutzt. Und wenn sie sich schließlich nach der körperlichen Anstrengung eine Leistungspause gönnt, anstatt sich wie früher sofort der nächsten Herausforderung zu stellen.

SOK ist also keine Hexerei. Die meisten Menschen zwischen 40 und 100 wenden **SOK** intuitiv an, ohne das berühmte Modell von

Baltes und Baltes zu kennen. Es ist ein lebensfreundliches Modell, das man getrost dem »gesunden Menschenverstand« zuordnen kann. »Weniger ist mehr« ist ein gutes Synonym für **SOK.**

Für die pflichtbewussten alten Eltern der »MAN-Generation« ist das »Nicht mehr Müssen«, aber das »Noch Dürfen« möglicherweise entlastend und befreiend. Für ihre autonomen erwachsenen Kinder mit dem großen ICH ist das **SOK**-Modell sicherlich schon fast selbstverständlich. Die ICH-Generation, die Babyboomer, kennen die Frage »Was ist für mich stimmig?« nämlich aus dem Effeff. Sie selektionieren, optimieren und kompensieren, um sich selbst gerecht zu werden. Und doch: Es könnte schon sein, dass sie und ihre alten Eltern mit dem großen K, dem Kompensieren, da und dort Mühe haben. Kompensieren kann nämlich auch heißen, Hilfe anzunehmen. Und das ist sowohl für die Pflichtbewussten als auch für diejenigen mit dem großen ICH eine Herausforderung. Das zeigt auch die Geschichte von Luise:

Hilfe durch Dritte: *»Mir kommt kein Fremder ins Haus!«*

»Man muss sich so etwas einmal vorstellen: Da verlangen die doch von mir, dass ich regelmäßig eine wildfremde Person in meine eigenen vier Wände lasse, die mich in diesem und jenem unterstützt. Also das kommt überhaupt nicht in Frage. Ich will keine Fremden in meiner Wohnung haben – unter keinen Umständen! Sicher fällt mir vieles schwerer als in jungen Jahren, das Baden zum Beispiel. Das Einsteigen in die Badewanne ist schon sehr mühsam und kostet mich viel Kraft. Natürlich auch das Wäscheaufhängen, aber wem erzähl ich das? Jede Frau weiß, dass der Haushalt kein Spaziergang ist. Ich brauche einfach die doppelte Zeit und Kraft. Da bleibt nur wenig für schöne Dinge übrig. Aber das ist doch kein Grund, einer fremden Person Tür und Tor zu öffnen und den privaten Bereich zugänglich zu machen. Nicht mit mir! Da können meine Kinder und der Hausarzt empfehlen, was sie wollen. Sie müssen ja auch nicht ihre Türe öffnen.«
Luise, 83

Ist das ein Beispiel für erfolgreiches Altern? Offenbar ist für Luise Autonomie und der Schutz ihrer eigenen vier Wände äußerst wichtig. Offenbar stellt sie Unabhängigkeit vor Wohlbefinden. Die Dreiundachtzigjährige erkennt genau, wo ihre Schwierigkeiten heute liegen: Das Baden, die Wäsche aufhängen und wohl noch die eine oder andere Arbeit im Haushalt fallen ihr immer schwerer. Ihren nachlassenden Kräften begegnet die alte Frau mit dem Einsatz von mehr Zeit und mehr Kraft. Sie stellt aber selbst dabei fest, dass die Dinge, die Freude bereiten und sie stärken, auf der Strecke bleiben. Schöne Stunden mit Bekannten oder Freunden, Erlebnisse mit den Kindern und Enkelkindern, ein gutes Buch – dafür fehlen am Schluss Zeit und Kraft.

Luise zeigt uns hier, was die Alterspsychologen **dysfunktionale Selektion** nennen. Sie wählt nicht wie Rubinstein bewusst aus, sondern es bleibt irgendetwas einfach auf der Strecke. In ihrem Fall sind es leider ausgerechnet die schönen Dinge. Sicher hat Luise dadurch auch einen für sie wichtigen Gewinn zu verzeichnen. Noch kann sie sagen, sie mache alles alleine und sei nicht auf fremde Hilfe angewiesen.

Aber lohnt sich diese Form von Selbstbehauptung wirklich? Wir wagen das zu bezweifeln. Die Antwort auf diese Frage kennt nur Luise. Nur sie kann sagen, was für ihr Leben gut und passend ist. Es ist nämlich psychologisch durchaus vorstellbar, dass ihr die Werte Autonomie und Intimität im Leben alles bedeuten. Wir wissen nicht, weshalb die Unterstützung durch Fremde für Luise so belastend wäre, dass sie deswegen sogar auf manches Schöne zu verzichten bereit ist. Sie hat sicher lebensgeschichtliche Gründe dafür. Ist ihre Grenze von anderen früher nicht respektiert worden? Hat sie schmerzliche Erfahrungen gemacht mit dem Verlust von Kontrolle? Ist ihr Vertrauen einst von Fremden schändlich missbraucht worden? Wir wissen es nicht. Aber sicher gilt es, Luises Selbstbehauptung zunächst einmal zu verstehen, zu respektieren und ernst zu nehmen.

Wechseln wir die Perspektive: Da stehen die Kinder. Mit der Unterstützung des Hausarztes wünschen sie sich, ihre Mutter durch Hilfe von außen endlich entlasten zu können. Es ist anzunehmen, dass sie selbst beobachten, wie ihrer Mutter manches zu viel wird. Vielleicht erleben sie sie oft erschöpft, vielleicht hat sie vor lauter Arbeit kaum mehr Zeit für einen Besuch. Wir verstehen die Sorge der Kinder. Ihr Vorschlag, Hilfe ins Haus der Mutter zu holen, ist gut nachvollziehbar.

Wir fragen uns aber: Wie sind Luises Kinder vorgegangen? Haben sie die Mutter einfach mit ihrer Idee überrumpelt? Haben sie den Hausarzt als Autorität missbraucht, um Druck auf die alte Frau auszuüben? Im Stil von: »Der Herr Doktor ist ganz unserer Meinung und findet auch, du solltest jetzt endlich einmal Hilfe annehmen.« Das wäre kein gutes Vorgehen. Die Mutter könnte sich dadurch zu Recht bevormundet und hintergangen fühlen. Das ist für Menschen, die sich besonders stark vor Kontrollverlust fürchten, und auch für Menschen mit Missbrauchserfahrungen sehr gravierend. So ließe sich Luises Vehemenz erklären, mit der sie kategorisch jegliche Hilfe ablehnt.

Eine weitere Frage ist: Wird Luises Situation richtig eingeschätzt? Könnte es vielleicht sein, dass die Kinder die Lage dramatisieren? Luise spürt ja selbst, wie ihre Kräfte nachlassen, aber anscheinend beurteilt sie das weniger dramatisch.

Wichtig ist also, mit Luise darüber ins Gespräch zu kommen, was genau für sie so schlimm daran wäre, wenn ihr jemand Fremdes einige mühsame Verrichtungen in Körperpflege und Haushalt abnähme. Wäre es die Fremdheit der helfenden Person? Oder fürchtet sich Luise davor, ihre Unabhängigkeit aufzugeben? Lässt es ihr Stolz nicht zu, sich einzugestehen, dass sie nun für gewisse Dinge Hilfe braucht? Oder liegt am Ende ihre Ablehnung gar darin begründet, dass sie insgeheim erhofft hatte, ihre Kinder würden ihr persönliche Hilfe anbieten?

Diese Detailfragen machen deutlich: Es kann für Luise sehr hilfreich sein, wenn ihre Kinder nicht einfach pauschal anbieten, eine fremde Hilfe zu engagieren, sondern mit ihr gemeinsam überlegen, wie die Unterstützung aussehen könnte und sollte. Bei diesen Überlegungen muss die Selbstbehaupterin Luise mitreden können. Sie wird dann möglicherweise anmerken, dass die Hilfe beim Baden für sie undenkbar sei, aber Mithilfe im Haushalt unter Umständen sinnvoll sein könnte.

So sieht erfolgreiche **Selektion** aus. So wie Rubinstein nicht mehr alle Komponisten spielt, muss Luise nicht alles, was an Aufgaben anfällt, allein erledigen. Sie darf auswählen und bleibt dadurch »Herr im eigenen Haus«. Ihre Autonomie wird nicht tangiert. Was zählt, ist, was ihr wichtig ist und was ihr besonders Freude macht. Diese Aufgaben soll Luise ruhig selbst erledigen. Im Sinne der **Optimierung** könnte sie da ausreichend Zeit investieren, so dass die Arbeit nicht nur zur Last wird. Das Abgeben und Auslagern unliebsamer und anstrengender Tätigkeiten wäre dann die Form von **Kompensation**, die Luise wieder frei machen kann für die schönen Dinge des Lebens.

Den Kindern raten wir, ihr eigenes Vorgehen noch einmal genau zu überdenken. Könnte es sein, dass sie ihre Mutter mit der gut gemeinten Entlastung »überfahren« haben? Haben sie eine Grenze überschritten, die die Kooperation der Mutter verunmöglicht? Haben sie die Bedürfnisse ihrer Mutter aus dem Blick verloren? Vielleicht gelingt es ihnen ja nach dem ersten verunglückten Versuch, ein paar Schritte »in Luises Schuhen« zu tun und zu erkennen, was sie außer Acht gelassen haben. Aber wie auch immer: Letztlich entscheidet allein die Mutter, was für ihr Leben gut und recht ist.

Erst wenn klar würde, dass sich Luise mit ihrer Selbstbehauptung ernsthaft gefährdete, sähe die Sache anders aus. Das scheint bei Luise aber nicht der Fall zu sein.

Manchmal machen sich die erwachsenen Kinder aber auch berechtigt große Sorgen, zum Beispiel um einen Elternteil, der sich in der Pflege übernimmt. Bei Rolf ist das so:

Liebespflicht: *»Meine Mutter übernimmt sich mit der Pflege des Vaters!«*

»Manchmal kann ich nicht mehr zusehen, was bei uns zu Hause abläuft. Die Demenzdiagnose meines Vaters war für uns alle ein großer Schock. Seine Gedächtnisschwierigkeiten hatten wir immer mit seinem Stress entschuldigt – er sei eben unkonzentriert. Aber irgendwann konnten wir alle nicht mehr wegschauen, denn es fiel dann auch bei der Arbeit auf. Nach der Diagnose war klar, dass er zu Hause in der Obhut seiner Frau, meiner Mutter, leben würde. Sie hat ihre Teilzeitanstellung auch aufgegeben, um ganz für ihn da zu sein. Das haben wir alle gemeinsam so besprochen und entschieden. Aber die Situation hat sich drastisch verändert. Zu Beginn war es in erster Linie das Gedächtnis, aber jetzt hat er solche Orientierungsschwierigkeiten, erkennt Gegenstände nicht mehr richtig und fängt zum Beispiel an, sich mit einer Gabel die Haare zu kämmen. Das Zuschauen ist für uns alle erschütternd. Zwischendurch kann er den Urin nicht mehr halten und benötigt dann auch beim Waschen Unterstützung. Meine Mutter hat absolut keine Zeit mehr für sich, sie ist eigentlich Tag und Nacht mit ihm beschäftigt und am Rande der Erschöpfung. Trotzdem schlägt sie jedes Unterstützungsangebot in den Wind. Von einem Eintritt in ein Pflegeheim ganz zu schweigen. Zusammenhalten in guten und in schlechten Zeiten – das ist ihr gemeinsamer Slogan. Dabei sieht man ihren Zusammenbruch bereits kommen – aber wir Kinder sind machtlos.«
Rolf, 38

Rolf befindet sich tatsächlich in einer komplexen Situation. Nicht genug, dass er seinen Vater in so jungen Jahren an die Krankheit verliert, er muss auch noch zusehen, wie seine Mutter sich in der Pflege aufopfert und weit über ihre Grenzen geht. Der junge Mann fühlt sich machtlos. Er fühlt sich machtlos gegenüber dem zunehmenden Zerfall seines Vaters. Und ebenso machtlos gegenüber der selbstlosen und selbstzerstörerischen Aufopferung seiner Mutter.

Erwachsene Kinder, deren Eltern an einer Demenz erkranken, stehen ausnahmslos vor einer ganz besonderen Herausforderung: schrittweise den Verlust eines Elternteils zu erleben, mit anzusehen, wie ein Mensch, den man gern hat, zwar körperlich noch da ist, aber zunehmend in einer anderen Welt lebt und sich seine Persönlichkeit mehr und mehr aufzulösen beginnt. Das ist mit viel Trauer, Gefühlen der Ohnmacht und oft auch mit Verzweiflung verbunden. Oft scheint ein kranker Angehöriger nicht mehr erreichbar zu sein. Unter diesen Umständen möchte Rolf um alles in der Welt nicht auch noch die Mutter verlieren.

Die Eltern hatten sich gemeinsam entschieden, zusammenzuhalten, als die Krankheit noch nicht so weit fortgeschritten war. Doch nun ist der Pflegeaufwand immer größer geworden und offenbar zu viel für einen allein. Zur aufwändigen Pflege kommt auch die psychische Belastung hinzu, rund um die Uhr mit einer Person zusammen zu sein, deren geistige Fähigkeiten unwiederbringlich nachlassen, die immer wieder dasselbe fragt, das Gleiche erzählt, die nicht mehr weiß, wie sie essen muss, oder die sich die Haare mit der Gabel kämmt. Bei Demenzkranken werden die einfachsten Dinge des Alltags zum Problem.

Rolf erwähnt es nicht explizit, aber möglicherweise hat er auch ein schlechtes Gewissen, weil all das auf seiner Mutter lastet und er sie nicht genug entlastet. Doch die Kapazitäten des noch nicht einmal Vierzigjährigen sind vermutlich begrenzt, er wird beruflich gefordert und nicht in der Lage sein, seine Mutter zu unterstützen. Deshalb setzt er folgerichtig auf externe Unterstützungsangebote. Aber seine Mutter möchte das nicht.

Was geht wohl in ihr vor? Wir wissen nicht, wie alt das Ehepaar ist. Aber wir erfahren, dass beide noch berufstätig waren, als die schockierende Demenzdiagnose gestellt wurde. Die Zeit vor der Rente ist die erste Altersphase. Es ist eine Zeit, in der man noch einmal aufbricht, sich gemeinsam fragt, wie die Zeit nach der Pensionierung aussehen könnte, in der man Pläne schmiedet und versucht, Versäumtes nachzuholen.

Damit ist es bei Rolfs Eltern nun vorbei. Seine Mutter sieht sich in der Situation, ihren Mann, den sie pflegt, allmählich zu verlieren. Sie muss sich von eigenen Wünschen und Träumen verabschieden und ihre Vorstellung vom gemeinsamen und dem eigenen Älterwerden drastisch revidieren. Sie hat sich dafür entschieden, ganz für ihren Mann da zu sein, und ihre Berufstätigkeit an den Nagel gehängt. Sicher hat dieser Entscheid am Anfang der Krankheit noch für viel gute Gemeinsamkeit gesorgt. Auf lange Sicht aber scheint die Frau sich selbst ein Stück weit aufgegeben zu haben. Sie sorgt nicht für sich. Das kann zur Folge haben, dass sie irgendwann auch nicht mehr für ihren Mann sorgen kann. Ihr Sohn Rolf sieht diesen Zusammenbruch schon kommen.

In guten und in schlechten Zeiten füreinander da zu sein bedeutet für Rolfs Mama anscheinend etwas Absolutes: Dauerpräsenz rund um die Uhr – und das bis zum traurigen Ende. Aber das ist sicher des Guten zu viel und endet in der Regel schlecht.

Oftmals sind Menschen in ihrer Situation so gefangen, dass sie die eigene Belastung erst spüren, wenn es fast schon zu spät ist. Kunststück, denn wann sollte Rolfs Mutter auch spüren, wie es ihr eigentlich geht? Die Krankheit ihres Mannes und seine Befindlichkeit stehen für sie fraglos im Vordergrund. Er braucht wegen der Unberechenbarkeit seines Verhaltens ihre volle Aufmerksamkeit. So stürzt sie sich in die neue Aufgabe und schafft es damit, in dieser Situation des Kontrollverlusts ein Stück weit die Kontrolle zu behalten.

Für die Aufopferung der Mutter gibt es wohl unterschiedliche Motive: die Liebe zum Ehemann, Pflichtgefühl, Verantwortungsbewusstsein und Treue zu ihrem Versprechen, immer füreinander da zu sein. In guten und in schlechten Zeiten.

Vielleicht spielt aber auch eine Form der Selbstüberschätzung eine Rolle: Man kann den Lebenspartner doch nicht einfach anderen Menschen in die Hände geben. Die anderen kennen ihn doch gar nicht. Also können sie ihn auch nicht so gut betreuen. In dieser Situation ist es wirklich leichter gesagt als getan, den Vorschlag des besorgten Sohnes anzunehmen und externe Hilfe zuzulassen.

Was kann Rolf tun? Zunächst muss er erfahren, dass seine Sorge berechtigt und deswegen mehr als verständlich ist. Das allein kann schon etwas Bestärkendes haben. Dann aber muss der Sohn akzeptieren, dass bei aller Tragik der Situation die Eltern nach wie vor die Verantwortung für ihr Zusammenleben haben. Er kann versuchen, die Mutter zu stützen. Aber er ist nicht für sie verantwortlich. Das wiederum ist sehr schwierig zu akzeptieren. Ganz besonders Männer kostet es oft mehr Kraft, etwas zu lassen, als etwas in die Wege zu leiten. Rolf gibt ja zu, unter dieser Machtlosigkeit zu leiden. Es könnte für den Sohn hilfreich sein, sich einmal detailliert und ohne »Wenn und Aber« in die Lage seiner Mutter zu versetzen und so nachzuempfinden, was ihr die Aufopferung für den Ehemann genau bedeutet. Das ist eine ganz wesentliche Voraussetzung für ein Gespräch mit ihr: »Mama, erzähle mir von dir! Wie geht es dir eigentlich? Wie schaffst du das alles? Was brauchst du? Was hilft *dir*? Ich bewundere dich für das, was du für Papa tust. Es ist großartig. Nur: Was meinst du, können wir tun, damit du nicht selbst krank wirst? Es wird ja immer schwieriger und anstrengender mit Papa. Ich mache mir deshalb auch große Sorgen um dich. Für mich wäre es ganz furchtbar, euch beide zu verlieren!«

Auch wenn von einer Demenzdiagnose immer die ganze Familie betroffen ist, so erlebt doch jeder die Situation auf seine eigene Weise. Rolf verliert seinen Vater – die Mutter verliert den Menschen, mit dem sie ihr Leben geteilt hat. Das hat unterschiedliche Konsequenzen für beide und führt deshalb auch zu einem unterschiedlichen Verhalten. Zu verstehen, was die Mutter bewegt und was es für sie heißt, Hilfe anderer anzunehmen, löst das Problem nicht in letzter Konsequenz, aber es erhöht das Verständnis füreinander und macht geduldiger.

Rolfs Mutter wünschen wir, dass sie das Gespräch mit ihrem erwachsenen Sohn dafür nutzen kann, selbst ihr Herz einmal »auszuschütten« und zu spüren, wie belastet sie ist. Es ist für sie ganz sicher unabdingbar, sich von einer Fachperson begleiten zu lassen. Meist können die Fachleute weiterhelfen, die die Diagnose gestellt haben.

Die Krankheit des Mannes bringt so viele Unsicherheiten mit sich, dass eine sichere Stütze von außen nottut. Vielleicht ist es ja leichter für Rolfs Mutter, Hilfe für sich selbst in Anspruch zu nehmen, als den eigenen Mann in andere Hände zu geben. Das wäre ein erster wesentlicher Schritt in die richtige Richtung. Sowohl für die Mutter selbst als auch für Rolf, der sich dann nicht mehr ganz so machtlos vorkommen müsste.

Um Demenz, genauer um Alzheimer bei der eigenen Mutter, geht es auch in der Geschichte von Brigitte. Die häufige Alterskrankheit ist dann auch noch einmal Thema im folgenden Kapitel: »Frühe Zeichen und erste Gespräche«.

Es scheint ein ehernes Gesetz zu geben, das lautet: Wer A sagt, muss auch B sagen. Dieses Gesetz, das wir in diesem Buch entkräften wollen, scheint in der Geschichte von Brigitte eine wichtige Rolle zu spielen. Kein Wunder, dass die Frau überlastet ist!

Überforderung versus Pflichtgefühl: *»Ich kann nicht mehr!«*

»Natürlich habe ich nie damit gerechnet, dass es mit mir mal so weit kommt. Ich war immer stark und belastbar, hatte in unserer Familie eigentlich schon immer so ein bisschen die Rolle der Familienmanagerin. Und irgendwie hat das vielleicht auch mitbestimmt, dass ich meine Mutter zu uns genommen habe. Aber jetzt eins nach dem andern: Ich lebe mit meinem Mann und unseren zwei Kindern im eigenen Haus. Die Kinder gehen mehr oder weniger ihre eigenen Wege, aber sie wohnen wegen des Studiums immer noch bei uns. Und das finde ich auch gut so. Ja, und dann kam das mit Mutter. Uns allen war schon länger aufgefallen, dass ihr Gedächtnis schlechter wurde. Aber wie das so ist, man findet Entschuldigungen dafür und schiebt es einfach aufs Alter. Aber irgendwann konnte ich es nicht mehr ignorieren. Sie fand plötzlich den Heimweg nicht mehr und irrte hilflos durch die Stadt, bis zufällig eine Bekannte sie entdeckte und nach Hause brachte. Das haben wir dann zum Anlass genommen, sie genauer untersuchen zu lassen. Die Diagnose: Alzheimer. Ich habe ja schon gesagt, wir hatten es selber schon

bemerkt, aber damit hatten wir doch nicht gerechnet. Da standen wir nun mit der Frage: Wie soll es weitergehen? Ins Heim? Das konnte ich mir nicht vorstellen. Sie wirkt so hilflos, das konnte ich ihr nicht antun. Meine Geschwister nahmen nicht wirklich Stellung dazu. ›Es scheint keine andere Lösung zu geben‹, war deren Kommentar. Ich habe dann alles mit meinem Mann und den Kindern besprochen, und wir kamen gemeinsam zum Entscheid, Mutter zu uns ins Gästezimmer zu nehmen. Das ging auch zu Beginn ganz gut – aber jetzt – ich kann einfach nicht mehr. Sie irrt nächtelang durchs Haus, will zu meinem Mann ins Bett, weil sie meint, er sei ihr Vater. Ich kann Ihnen sagen, es ist zum Verzweifeln! Sie lässt sich nichts sagen und reagiert manchmal sogar ziemlich aggressiv. Aber was soll ich denn machen – ich habe A gesagt, jetzt muss ich auch B sagen. Mein Mann hat auch langsam genug und verzieht sich immer mehr ins Büro.«
Brigitte, 59

Erst einmal grundsätzlich: Man muss überhaupt nicht immer auch B sagen, wenn man A gesagt hat. Oft kann man nämlich noch gar nicht von Anfang an alle Konsequenzen einer Entscheidung überschauen. Eines aber ist klar: Alzheimer heißt immer, die Krankheit schreitet voran. Es wird für die Angehörigen zusehends schwieriger! Brigittes Qualitäten im Familienmanagement hin oder her: Jetzt ist sie der Erschöpfung nahe. Es ist wichtig und an der Zeit, dass die Familie eine Zäsur macht und die Lage neu beurteilt.

Aber beginnen wir von vorn: Es macht den Anschein, als habe sich Brigitte sehr gut mit ihrer eigenen Familie abgesprochen, bevor sie die Mutter zu sich genommen hat. Dafür verdient sie ein Kompliment. Oftmals werden nämlich solche Entscheidungen recht einsam gefällt, und keiner traut sich zu widersprechen. Dann tragen alle auf irgendeine Weise etwas mit, von dem sie nicht bis ins Letzte überzeugt sind – das ist hier nicht der Fall. Außerdem scheint Brigittes Familie auch in großzügigen räumlichen Verhältnissen zu leben, und zu Beginn fühlte sich niemand gestört durch die alte Dame. Ein zweites Kompliment verdient Brigitte dafür, dass sie ihren Geschwistern keinerlei Vorwürfe macht.

Sie lässt durchblicken, dass diese den Heimeintritt der Mutter als einzige Möglichkeit gesehen haben. Brigitte hat sich dagegen entschieden, ohne jedoch von den Geschwistern deshalb zu erwarten, dass sie sich ebenfalls bei der Betreuung der Mutter engagieren. Auch jetzt, wo alles zu viel geworden ist, gibt es keine Vorwürfe an die Adresse der Geschwister. Hut ab!

Aber nun ist alles anders als gedacht. Die Mutter leidet vor allem in der Nacht unter Orientierungsstörungen, und sie lässt sich auch nicht mehr so schnell beruhigen oder ablenken wie früher. Im Gegenteil: Sie reagiert aggressiv auf Brigittes wohlmeinende Versuche, die verwirrte Frau wieder ins Lot zu bringen. Noch einmal: Wir haben es bei einer Demenz mit einer progressiven Krankheit zu tun. Das heißt, dass das, was heute noch möglich ist, morgen bereits unmöglich sein kann. So erkennt Brigittes Mutter ihren Schwiegersohn plötzlich nicht mehr als den, der er ist, sondern meint, es sei ihr verstorbener Vater. Das sind Entwicklungen, mit denen Brigitte vorher nicht gerechnet hat. An dieser Stelle wird es ihr zu viel. Sie kann nicht mehr, und auch der Ehemann zieht sich langsam zurück.

Die Sicht der kranken Mutter einzunehmen ist wegen der fortschreitenden Alzheimerkrankheit nur begrenzt möglich. Aber die Entscheidung der Tochter, sie bei sich aufzunehmen, war sicher erst einmal gut für sie. Aufgehobenheit und Sicherheit ist in der Betreuung von dementen Menschen ein wichtiger Wert. Sie sind ein Stück Stabilität, wenn das eigene Leben aus den Fugen gerät. Zunächst also ist Ruhe und Eins-zu-eins-Betreuung ohne jeden Zweifel von Vorteil. Ob Brigittes Mutter aber nun im fortgeschrittenen Stadium ihrer Krankheit davon wirklich noch profitiert, ist fraglich.

Die pflegende Tochter ist erschöpft. Wir gehen davon aus, dass sich das auch auf die Begegnung mit der Mutter auswirkt. Vielleicht in Form von Ungeduld, durch einen schärferen Ton oder ruppigere Berührungen. Es ist auf jeden Fall unklar, was die Mutter von der familiären Situation überhaupt noch wahrnimmt. Eine gute professionelle Betreuung in einer Umgebung, die speziell auf die Bedürfnisse Demenzkranker ausgerichtet ist, kann für Brigittes schwerkranke Mutter nun sogar besser sein als der Alltag mit ihrer Tochter. Wir können sie nicht danach fragen und auch nicht in eine Standortbestimmung einbeziehen. Es ist traurig, aber wahr: Brigittes Mutter ist nicht mehr urteilsfähig. Es muss für sie entschieden werden. In ihrem Interesse. Und auch im Interesse ihrer Tochter und deren Familie.

Wir legen Brigitte und ihrer Familie dringend ans Herz: A sagen war gut, B sagen wäre in diesem Fall fatal. Wenn es um Alzheimer oder andere Demenzerkrankungen geht, darf ganz grundsätzlich eine einmal getroffene Entscheidung niemals die endgültige sein. Im Gegenteil: Es muss immer wieder neu darüber nachgedacht werden, ob die Situation noch tragbar ist oder ob man zum Wohle aller Beteiligten etwas verändern muss. Dabei geht es nicht nur um den erkrankten Menschen, sondern immer auch um sein Umfeld.

Gemeinsam, am besten zusammen mit einer Fachstelle wie beispielsweise die Alzheimervereinigungen, sollte nach passenden Entlastungsmöglichkeiten gesucht werden. Häufig ist eine spezialisierte Tagesklinik für Menschen mit Demenz zunächst entlastend. Später dann ist wohl wichtig, sich mit der Idee einer Heimunterbringung vertraut zu machen. Wer in aller Ruhe und frühzeitig verschiedene Institutionen anschaut, ihre Lage und das Angebot überprüft, kann diesem Schritt etwas den Schrecken nehmen.

Zum Trost: Brigitte könnte sich vergegenwärtigen, dass es für die Mutter unter Umständen von Vorteil ist, von Professionellen gepflegt zu werden. Das schafft Raum für erfreulichere Zeiten des Zusammenseins. Auch dann, wenn Brigitte erkennen muss, dass ihre Mutter sie nicht mehr als die eigene Tochter erkennt. Nur so kann Brigitte wieder zu Kräften kommen, die sie für ihre großen Kinder, den Mann und sich selbst braucht.

Doch nicht nur die Eltern, zuweilen haben auch die Kinder mit ernsthaften Krankheiten zu kämpfen – wie im folgenden Beispiel von Karin.

Tabus und Rücksichtnahme: *»Ich will sie nicht mit mir belasten!«*

»Ich gehörte auch zu denen, die glauben, es träfe immer nur die anderen. Umso mehr hat mich der Knoten in meiner linken Brust aus der Bahn geworfen. Nächste Woche habe ich den Termin zur Operation, und dann kommt das Warten auf den Befund. Noch hoffe ich natürlich, er sei gutartig – aber oft ist die Angst größer als die Hoffnung. Sicher wünschte ich mir in dieser Situation familiäre Unterstützung und Beistand. Aber den muss ich mir außerhalb der Familie holen. Ich vergaß zu sagen, dass ich allein lebe – ich bin geschieden, meine zwei Töchter sind bereits selbstständig, und meine lieben Eltern leben im Altersheim. Und die will ich natürlich auf keinen Fall mit meiner Geschichte belasten. Ich möchte nicht, dass sie sich zu große Sorgen machen. Allerdings wird es nicht ganz einfach, da ich für die OP ja ins Krankenhaus muss und während der Zeit für sie unerreichbar sein werde. Das kennen sie eigentlich gar nicht von mir. Aber mir bleibt wohl nichts anderes übrig, als zu einer Notlüge zu greifen. Ich werde ihnen sagen, dass ich auf einem beruflichen Seminar bin und ich sie anrufe, sobald das wieder möglich ist. Meine Sorge teile ich mit einer Freundin, denn meine alten Eltern will ich unter keinen Umständen belasten.«
Karin, 57

Eigentlich sind es in der Regel die Alten, die die Jungen nicht belasten wollen. Bei Karin ist es nun umgekehrt – sie nimmt Rücksicht auf ihre im Altersheim lebenden Eltern. Über ihre eigene Krankheit, die sie ohne Zweifel sehr belastet, spricht sie mit einer Freundin, um Vater und Mutter zu schonen. Auch ihre beiden Töchter lässt sie außen vor, vielleicht aus demselben Motiv, nur niemandem zur Last zu fallen?

Karin ist mit all ihrer Rücksichtnahme auf andere in Gefahr, sich selbst nicht ausreichend wichtig zu nehmen und ihren Eltern und ihrer Beziehung zu ihnen möglicherweise zu wenig zuzutrauen. Sie vermittelt den Eindruck, als wäre es für sie ganz selbstverständlich, für ihre Eltern da zu sein. Die umgekehrte Fürsorge hingegen kann sie sich nicht vorstellen. Der Hauptgrund: Die Eltern sind zu alt dafür. Wir meinen: Karin irrt. Alt sein heißt ja nicht, keinen Trost mehr spenden zu können. Eltern bleiben Eltern bis zum letzten Tag, und was den Kindern zustößt, ist Müttern und Vätern immer wichtig. Zumindest dann, wenn die Eltern-Kind-Beziehung einigermaßen intakt ist. Davon gehen wir bei Karin aus.

Über die Eltern wissen wir nur, dass sie in einem Altersheim leben. Diese Tatsache lässt aber noch keine Rückschlüsse darauf zu, wie ihr Gesundheitszustand und ihre Belastbarkeit sind. Vielleicht sind sie wirklich sehr krank und in ihren Möglichkeiten begrenzt. Es kann aber auch sein, dass sie diese Wohnsituation wegen körperlichen Einschränkungen gewählt haben und die eine oder andere Handreichung von professionell Pflegenden in Anspruch nehmen, aber sonst noch aktiv im Leben stehen. In dem Fall werden sie sicher gerne am Leben ihrer Tochter teilnehmen. Auch dann, wenn etwas Belastendes ansteht.

Karin muss nun unbedingt sich selbst die Nächste sein. Sie darf sich getrost erlauben, die Probleme anderer auch einmal außen vor zu lassen. Sie sollte sich ehrlich fragen, ob es in ihr nicht doch die Sehnsucht gibt, sich ihren Eltern anzuvertrauen – selbst wenn es die Eltern betrüben würde. Bei einem Ja auf diese innere Frage geht es dann darum, die Lebenssituation der Eltern genauer anzuschauen. Wäre es für die beiden alten Menschen wirklich eine Überforderung, von der bevorstehenden Operation zu erfahren? Oder unterschätzt Karin in diesem Punkt nicht die Ressourcen von Vater und Mutter? Wäre es für die beiden nicht sogar ein wichtiges Zeichen von Vertrauen? Und wäre es nicht für die Eltern schlimm, eines Tages zu erfahren, dass sie hinters Licht geführt wurden?

Für Karin ist es wichtig, sich diese Fragen zu stellen und auch zu beantworten. Sie darf dabei nicht vergessen, dass Nichtinformation immer auch Nichtintegration heißt. Mit anderen Worten: Die 57-Jährige verhindert möglicherweise durch ihr gut gemeintes Schweigen einen Prozess, der die Beziehung zwischen ihr und ihren Eltern bereichern könnte. Sollte sie einen positiven Befund erhalten, muss sie irgendwann ja doch »Farbe bekennen«. Ob es für die alten Eltern dann wirklich leichter ist und die Schonung irgendeinen Nutzen hatte, ist fraglich. Man darf und soll auch alten Menschen etwas zutrauen. Das bedeutet, sie »für voll zu nehmen«. Das gehört zu einem guten Miteinander erwachsener Kinder und ihrer Eltern.

Ganz anders sieht die Situation aber aus, wenn die Eltern bereits selbst schwerkrank, höchst pflegebedürftig oder gar sterbend sind. Oder aber, wenn Karin das Vertrauen fehlt und sie sich gar nicht an sie wenden will. In diesen beiden Fällen hätte Karin gut daran getan, sich an die Freundin zu wenden.

Guter Rat und gar nicht teuer

1. **Hilfe annehmen ist nicht gleichzusetzen mit einem Verlust an Autonomie. Wichtig ist, dass hilfsbedürftige alte Menschen selber bestimmen können, welche Art der Hilfe ihren Alltag erleichtert und die Lebensqualität erhöht. So bleibt das Gefühl der Souveränität erhalten.**

2. **Manchmal ist es mutiger, anzuerkennen, dass man machtlos ist, als aktiv zu werden, nur um das Gefühl der Ohnmacht zu kappen.**

3. **Wer A sagt, muss nicht immer auch B sagen. Er kann auch aus dem Alphabet aussteigen, wenn die Situation es erfordert.**

4. **Wer seine Lieben durch Verschwiegenheit schützt, bringt sich möglicherweise um eine wichtige Kraftquelle. Zudem kann diese Art von Rücksicht eine gute Beziehung trüben, weil sie als Vertrauensmangel verstanden wird.**

6. Frühe Zeichen und erste Gespräche

Der Trost ist die Kunst des Alters.

Simone de Beauvoir

Simone de Beauvoir wuchs auf in der – wie sie später selbst sagte – vom Standesdünkel vergifteten Welt des französischen Großbürgertums. Mademoiselle ging in einem snobistischen Privatinstitut zur Schule und bewunderte ihren Papa für seine überaus große Belesenheit. Seine patriarchale Art schien ihr lange Zeit ganz normal. Das aber änderte sich schlagartig, als Simone zwölf Jahre alt war. »Wie hässlich du bist!«, sagte der bislang verehrte Papa damals zu seiner Simone. Ein Schock mit Folgen. Fortan vernachlässigte die noble Tochter ihr Aussehen. Vorbei war es mit den sauberen weißen Kragen, Samt und Seide, wohlgeordnetem Haar, artigem Lächeln und dem standesüblichen Charme. Durch ihren Verstand allein wollte Simone fortan auffallen. Sie lernte wie besessen, büffelte selbst während der Mahlzeiten Vokabeln und unterwarf sich einem strengen Zeitplan, um keine Zeit nutzlos, das heißt ohne etwas zu lernen, zu verplempern. Das schildert der Sachbuchautor Dieter Wunderlich in seinem äußerst lesenswerten Porträtband: »EigenSinnige Frauen«.

Wir wissen, Simone de Beauvoir hat es geschafft. Sie ist mit ihrem Verstand aufgefallen, aber auch durch ihre eigenartige Schönheit. Während des Studiums lernte sie den um drei Jahre älteren Kommilitonen Jean-Paul Sartre kennen und belegte gemeinsam mit ihm im Jahre 1929 bei einer äußerst schwierigen staatlichen Ausleseprüfung für Philosophielehrer den ersten Platz. Der Kommilitone wurde bald zum Lebenspartner. Die beiden schworen sich ewige sexuelle Freiheit, lebten getrennt und führten zeitweise eine

Ménage à trois, zuweilen gehörten auch mehrere Frauen und Männer zur »Familie«.

Simone de Beauvoir, durch ihre konservative Erziehung geprägt, riet den Frauen, »sich ja nicht länger ausschließlich durch das Begehren der Männer konditionieren zu lassen«.

Bereits im Jahre 1949 publizierte Simone de Beauvoir ihr Werk »Das andere Geschlecht«, das in den Siebzigerjahren zum Kultbuch des Feminismus wurde und die Französin zur Ikone einer ganzen Befreiungsbewegung machte. »Freiheit, Selbstbestimmung und Gleichberechtigung« betrachteten Sartre und Beauvoir als Fundamente aller Werte. Nieder mit überkommenen Traditionen, verkrusteten Konventionen, Ideologien und Religionen! Es lebe der Existenzialismus! Auch wenn die »Verdammung zur Freiheit«, wie Sartre es nannte, Angst hervorrufe, Freiheit sei der Richtwert der Nachkriegsgeneration. Und die applaudierte den beiden inzwischen weltberühmten Pariser Philosophiestars begeistert.

Im Alter spielte dann die Angst als »Preis der Freiheit« für beide eine große Rolle. Simone de Beauvoir, kinderlos und abgewandt von der eigenen Herkunft, ohne die tröstende Vorstellung eines viel versprechenden Lebens nach dem Tod, fürchtete sich sehr vor der letzten Lebensphase. Die Existenzialistin, die einst den Satz »Der Trost ist die Kunst des Alters« prägte, war wohl immer wieder untröstlich über ihre späten Jahre. Und so auch Sartre.

Er aß viel, rauchte stark, trank Unmengen Scotch und Rotwein und schluckte abwechselnd Barbiturate und Amphetamine. Mit 66 Jahren erlitt der Vieldenker und mehrfach Süchtige zwei Gehirnschläge. Fortan konnte er kaum mehr lesen. Mit 75 Jahren starb Sartre an einer Leberzirrhose. Simone de Beauvoir war nun erst recht untröstlich. »Der Trost als Kunst des Alters« versagte also seinen Dienst. Die viel bewunderte Kämpferin für Freiheit und Unabhängigkeit war selbst längst unfrei und schwer abhängig: Sie ergab sich dem Alkohol. Simone trank bereits vor dem Mittagessen reichlich Wodka und nachmittags regelmäßig zwei, drei Gläser Scotch. Bei Sartres Beerdigung musste sie sich am offenen Grab auf einen

Stuhl setzen, um nicht umzukippen. Seit Jean-Pauls Tod fiel ihr das Gehen so schwer, dass sie kaum die paar Schritte zum Kühlschrank schaffte, um die Whiskyflasche herauszunehmen, ihre Freunde beschrieben sie als gebrochene Frau.

Wie auch in anderen Lebenskrisen, etwa beim Tod ihrer Mutter, versuchte die Intellektuelle, Jean-Pauls Leiden und Sterben auch durch Schreiben zu verarbeiten. Unter dem Titel »Die Zeremonie des Abschieds« erschien 1981 ihr schonungsloser Bericht über die letzten zehn Jahre seines Lebens. Es war ein schockierendes Zeugnis für viele. Paris reagierte mit Abscheu. Man warf der Philosophin vor, ungeschönt über Sartres Inkontinenz und andere Funktionsstörungen nach den beiden Schlaganfällen berichtet zu haben. Natürlich konterte die Rebellin: »Wehe, Sie erwähnen, dass jemand in die Hosen geschissen hat, weil er alt und krank war – ah, wie sie die Prüderie der Leute verletzen!« Fünf Jahre später stirbt Simone de Beauvoir im Alter von 78 Jahren. Todesursache: Lungenödem und Lungenentzündung als Folge einer Leberzirrhose.

Sucht im Alter ist ein stark unterschätztes Problem. Nicht nur Prominente wie Simone und Jean-Paul, auch andere Menschen, die in die Jahre gekommen sind, werden häufig süchtig. Sie rauchen, trinken und schlucken regelmäßig Tabletten im Übermaß. Zurzeit noch sind Alkohol, Nikotin und Tabletten das Hauptproblem. Das könnte sich aber bald ändern, wenn nämlich die Babyboomer alt werden, die ja aus ihrer Jugendzeit noch ganz andere Rauschmittel kennen.

Noch immer werden die mit Nikotin, Tabletten und Alkohol verbundenen Risiken verharmlost. Das weit verbreitete Motto heißt: »Die Alten müssen doch auch noch etwas vom Leben haben, lassen wir ihnen doch den Spaß! Ein Gläschen in Ehren kann niemand verwehren!« Fehlanzeige. Jean-Paul Sartre und Simone de Beauvoirs letzte Tage verdeutlichen, dass das mit Spaß wenig zu tun hat. Niemand will die Lebensqualität der Betagten mindern. Niemand predigt die Totalabstinenz.

Nicht von miesepetrigen Blaukreuzideologen kommen die Warnungen, sondern von Suchtexperten, die den Unterschied zwischen Genuss und Abhängigkeit sehr genau kennen. Sie sagen:

1. Das Thema gewinnt mit der demografischen Entwicklung in unserer Gesellschaft zunehmend an Brisanz.
2. Die Sucht vermindert im Alter die Lebensqualität der Betroffenen.
3. Die große Belastung für die Angehörigen ist ernst zu nehmen.
4. Die Folgekosten von Suchterkrankungen bei älteren Menschen sollten nicht verschwiegen werden. Das Gesundheitssystem wird diesbezüglich in Zukunft vor große Herausforderungen gestellt sein.

Die Zahlen sprechen für sich. Die Deutsche Hauptstelle für Suchtfragen (DHS) geht davon aus, dass rund 400000 Männer und Frauen ab sechzig ein schwerwiegendes Alkoholproblem haben. Zwei Millionen Ältere rauchen, und für bis zu zwei Millionen ist die Einnahme von psychoaktiven Medikamenten zur Gewohnheit geworden. Während Alkohol vor allem ein Männerproblem ist, greifen Frauen deutlich häufiger zur Tablette. »Aber genaue Zahlen sind schwer zu beschaffen, auch weil es kaum Studien zu diesem Thema gibt«, klagt der Professor für Altersmedizin Siegfried Weyerer vom Zentralinstitut für Seelische Gesundheit.

Eines scheint jedoch klar zu sein: »Abhängigkeit schränkt die Lebensqualität und die Selbstbestimmung im Alter stark ein«, sagt die Psychologin Christine Sowinski vom Kuratorium Deutsche Altenhilfe. Besonders deutlich werde das bei der Medikamentenabhängigkeit. »In Krankenhäusern und Pflegeheimen wird viel zu unbedacht mit süchtig machenden Medikamenten umgegangen«, kritisiert die Fachfrau. Viele Ältere gerieten so ohne ihr eigenes Zutun in einen Kreislauf der Sucht, da das langsame Gewöhnen an abhängig machende Medikamente zunächst oft ganz unbemerkt geschehe. »Dann stehen die Menschen plötzlich allein da mit einem Suchtproblem.«

Das Hauptproblem sind die Benzodiazepine. Das sind Medikamente mit einem sehr hohen Suchtpotenzial. Der süchtig machende Stoff findet sich in vielen Schlafmitteln, Beruhigungstabletten und Pillen gegen den Schmerz. Die genaue Lektüre der Beipackzettel und das Gespräch mit den verschreibenden Ärzten sind also wichtige präventive Maßnahmen.

Eine andere Möglichkeit der Vorbeugung wäre etwas mehr Gelassenheit über das eine oder andere Zipperlein: »Wir müssen weg von dem verhängnisvollen Trend, dass für jedes Zipperlein gleich ein Medikament verordnet wird«, fordert die Expertin Christine Sowinski. Oft seien Beratungsangebote und Hilfen für die Neustrukturierung des berufsfreien Alltags sinnvoller. »Und auch von manchem Mythos, zum Beispiel dem des wohligen Neun-Stunden-Schlafes, muss man sich im Alter schlicht verabschieden.« Ein Grund für den Dauergebrauch von Schlafmitteln sei gelegentliches Wachliegen zumindest nicht.

Wenn es um Sucht im Alter geht, müssen betagte Eltern und ihre erwachsenen Kinder noch drei andere Dinge wissen:

1. Der Stoffwechsel im alten Körper ist anders. Was früher noch gut vertragen wurde, kann jetzt eindeutig zu viel sein. Das hat mit der Verlangsamung des Stoffwechsels, dem erhöhten Fettanteil und dem geringeren Wasseranteil im alternden menschlichen Organismus zu tun.
2. Risikomomente für die Suchtanfälligkeit sind einerseits die Pensionierung, die eine neue Lebenssituation einleitet. Die beruflichen Kontakte fallen weg, das soziale Netz lichtet sich. Ein weiterer häufiger Auslöser von Sucht sind schmerzvolle Verluste. Aber auch misslungene Anpassungsprozesse ans Altern sind nicht selten Ursache. Wer im Alter von Selbstzweifeln, Sinnlosigkeitsattacken oder gar Identitätskrisen geplagt wird, ist gefährdet.
3. Therapie lohnt sich! Alte Menschen sprechen sehr gut auf Hilfsangebote an. Bei ihnen ist – ganz anders als landläufig angenommen – alles andere als Hopfen und Malz verloren. Das ermittelte

die Züfam, die Zürcher Fachstelle zur Prävention des Alkohol- und Medikamentenmissbrauchs. Dass sich alte Menschen mit Suchtproblemen gerne helfen lassen, hat möglicherweise damit zu tun, dass die Hilfe immer auch ein Beziehungsangebot ist. Erkundigen Sie sich bei den Suchthilfen oder Fachstellen für Suchtfragen in Ihrer Umgebung.

Früherkennung ist wichtig. Wie aber sehen die ersten Zeichen aus? Die Züfam zählt zu den häufigsten körperlichen Signalen: Organschäden, Ernährungsmangel, verminderte Krankheitsresistenz, Unfälle – besonders Sturzverletzungen und Krampfanfälle.

Es gibt aber auch psychische Komplikationen, die ein Zeichen für eine verborgene Sucht sein können, wie beispielsweise Verwirrungszustände, starke Gefühlsschwankungen, Enthemmung, Suizidalität, Wahnvorstellungen und Demenz.

Zu den sozialen Aspekten zählt die Zürcher Fachstelle riskantes Fahrverhalten, Verwahrlosung, häufige Nachbarschaftskonflikte und erschwerte Kontakte zu den Angehörigen.

Nebst der Sucht im Alter wird häufig noch etwas anderes übersehen: **die Altersdepression.** Leider gehen griesgrämige, antriebslose und zurückgezogene Greise bei den meisten von uns als ganz normale Alte durch. Schade, denn so wird ihnen die wichtige, manchmal sogar lebensrettende Hilfe versagt.

Auch in der Fachwelt werden Altersdepressionen häufig nur definiert als »melancholische Zustände und depressive Verstimmungen nach dem 65. Lebensjahr«. Das klingt ein bisschen nach vorübergehender Traurigkeit, nach Verfinsterung am Lebenshimmel, als Naturgesetz der späten Jahre – eigentlich fast nicht der Rede wert.

Altersdepression ist aber eine ernst zu nehmende Erkrankung, die unbedingt behandelt werden muss. Sie schränkt die Lebensqualität drastisch ein. Das muss nicht sein. Das »Nicht mehr wollen können« ist die häufigste psychische Erkrankung im Alter. Bei ungefähr 15 bis 20 Prozent aller älteren Menschen werden heute depressive Symptome festgestellt. In Alters- oder Pflegeheimen liegt der Anteil sogar bei 30 bis 40 Prozent.

Die Altersdepression wird, genau wie die Sucht, ein immer wichtigeres soziales Problem – unter anderem dadurch, dass der Bevölkerungsanteil der älteren Menschen immer mehr zunimmt. Am Anfang der Altersdepression stehen häufig körperliche Erkrankungen, der Tod von Partnern und Freunden, die Entwurzelung durch einen Wohnortwechsel – zum Beispiel dem Umzug ins Altersheim –, Aktivitätsverlust und finanzielle Belastungen. Auch Medikamente können depressive Störungen verursachen.

Die Altersdepression kommt nicht von heute auf morgen. Sie schleicht sich ein und überzieht langsam wie ein nasses schweres Tuch den Alltag der Betroffenen. Wie gesagt: Oft wird sie von den Angehörigen übersehen. Aber auch für Fachleute ist das Erkennen nicht immer leicht. Vielfach kommen die Leidenden nämlich nicht wegen ihrer Depression zum Arzt, sondern wegen Kopfweh oder Gliederschmerzen, Schlafstörungen oder Schwindel, Konzentrationsschwierigkeiten oder Gewichtsverlust, Gedächtnisstörungen oder Appetitlosigkeit, Müdigkeit oder Unruhe. Dazu können sich Gefühle der Wertlosigkeit, häufiges Nachdenken über den Tod und Selbstmordgedanken gesellen. Im Alter ist übrigens das Suizidrisiko bei Männern etwa zwei- bis viermal höher als bei Frauen.

Das alles zeigt: Hilfe tut not. Es lohnt sich auf jeden Fall, genau hinzuschauen und nicht klein beizugeben, bis die richtige Expertin oder der hilfreiche Fachmann gefunden sind. Hier führt der Weg wohl als Erstes über den Hausarzt. Bei Frauen kann auch die Gynäkologin die erste fachliche Ansprechpartnerin sein. Sie wird ihre Patientin dann an einen Facharzt überweisen.

Sowohl die sehr betagten Eltern als auch ihre in die Jahre gekommenen Kinder tun gut daran, die Zeichen dieser Krankheit zu kennen. Denn gefeit davor sind beide Generationen nicht.

Die klassischen Symptome der Altersdepression in der Gefühlswelt:

) Traurigkeit, Melancholie, Resignation
) Verstimmung, Reizbarkeit, Aggressivität
) Leeregefühl, innerliche Versteinerung
) Angst

Im Alltag können sie dieses Gesicht haben:

) Unruhe, Erregtheit, Nervosität
) Hemmung, Abgespanntheit, Antriebslosigkeit
) Entscheidungsschwäche
) leise und monotone Stimme, spärliche Mimik, Verlangsamung

Die Altersdepression kann sich zudem auch im Denken zeigen:

) Verlust von Interesse und Konzentration
) Gedankenkreisen, Denkhemmung, negatives Denken, Entwertung
) Gedächtnisstörung (Pseudodemenz)
) Wahnbildung
) vitale Beeinträchtigung mit Schlafstörung, Appetitverlust, Verstopfung
) geändertes Sozialverhalten mit Rückzug, zielloser Umtriebigkeit, Ungepflegtheit

Von diesen Problemen sind alte Frauen zwei- bis dreimal häufiger betroffen als das andere Geschlecht.

Dass das SOK-Modell, die Formel für erfolgreiches Altern, die wir in Kapitel 5 vorstellten, längst nicht immer greift, zeigt nebst den häufigen Suchterkrankungen und der weit verbreiteten Altersdepression auch die schlimmste Altersgeißel: **die Demenz.** Paul B. Baltes, der Berliner Altersforscher, der mit seinem SOK-Modell und der Erforschung der Altersweisheit »Alter als Erfolgsmodell« postulierte, musste in späteren Jahren seinen Traum von der Unverwüstlichkeit revidieren. Er habe sich »vom unbändigen Glauben der Machbarkeit« blenden lassen, gab Baltes später zu. Nicht »ohne innere Krisen« verabschiedete er sich mit seiner »Berliner Studie« aus dem Reich der Illusion ewiger Jugend. Mitte der Neunzigerjahre machte ihn diese Arbeit weit über die Landesgrenzen und auch über die Wissenschaftswelt hinaus berühmt. Sein Fazit nach einer weitreichenden und breit angelegten Forschungsarbeit, die fast zehn Jahre lang dauerte: Niemand altert ohne Einbuße. Die Altersnot ist keineswegs überwunden.

Sie hat sich nur in die vierte Altersphase verschoben. Unter den Siebzigjährigen, so die »Berliner Studie«, leiden weniger als fünf Prozent an einer Demenzerkrankung. Bei den Achtzigjährigen sind es schon zehn bis fünfzehn Prozent. Ab neunzig aber lässt bei jedem zweiten Greis der Verstand nach. Nichts lässt sich bisher dagegen tun. Baltes' leicht zynischer Tipp: »Nicht in die Jahre des vierten Alters hineinleben.« Baltes befolgte den eigenen Rat und starb schon mit 67 Jahren.

Laut der Alzheimer Vereinigung Schweiz lebten in der Eidgenossenschaft im Jahre 2007 nicht weniger als 98 000 Personen, denen die Alterskrankheit Löcher ins Gehirn frisst. Jahr für Jahr kommen 23 000 neue Fälle dazu.

Laut der Alzheimerinfo in Deutschland leiden in der Bundesrepublik etwa 1,2 Millionen Menschen an der Altersgeißel Nummer eins. Tendenz natürlich steigend. Das hat mit der Langlebigkeit zu tun.

Für erwachsene Kinder ist es wichtig, die ersten Zeichen der Demenz zu kennen. Auffällig sind zu Beginn:

❱ Gedächtnisschwächen
❱ Aufgaben bleiben unerledigt
❱ Schwierigkeiten, Situationen zu überschauen
❱ Entscheidungsschwierigkeiten
❱ Verlust der Maßstäbe
❱ Störungen des Affekts

Verwirrte Menschen verwirren und verunsichern uns oft selbst. Wir geraten ins Stutzen. Es stellt sich das Gefühl ein, der demente Mensch lebe in einer anderen Welt. Es scheint, als finde sein Leben auf einer Bühne statt, auf der er wie eine Marionette geführt werde. Wir kommen uns dann manchmal vor wie Zuschauer, uns ist der Zugang zum rätselhaften Spiel verwehrt.

Sicher ist: Wenn das Gedächtnis seinen Dienst quittiert und der Kopf den Dienst verweigert, ist das bedrohlich. Wenn Vergangenheit, Gegenwart und Zukunft durcheinandergeraten, gerät alles ins Wanken. Bei dementen Menschen ist das so. Das Vorher ist nicht mehr sicher, und das Nachher ist unbekannt. Ihr Jetzt scheint losgelöst vom Lauf der aktuellen Zeit. Sie »hängen ständig in der Luft«. Das geht oft mit großer Angst, Frustration und manchmal auch Aggression einher. Der Boden unter ihren Füßen, der Boden, der Halt und Sicherheit bietet, wird langsam weggezogen. Durch den kontinuierlichen Verlust des Kurzzeitgedächtnisses wird der Demente zunehmend von seiner Kindheit bestimmt. Für ihn ist die Vergangenheit am wirklichsten. Seine Motive für bestimmte Handlungen sind also häufig in Begebenheiten begründet, die viele Jahre zurückliegen. Wenn wir uns vorstellen, der Demenzpatient stünde auf einer Lichtung im Wald, von der aus sein Handeln den Anfang nähme, dann wäre es unsere Aufgabe, diese Lichtung zu erkennen und eine Brücke dorthin zu bauen. Es muss im Umgang mit den geistig umnachteten Menschen immer darum gehen, dass wir Gesunde den Weg in deren Realität suchen, um ihnen dort zu begegnen, ohne uns jedoch dabei selbst zu verlieren.

Das kann sehr schwierig sein und ist für Angehörige fast immer leidvoll und manchmal auch eine Überforderung, wie die Geschichten von Rolf: *»Meine Mutter übernimmt sich mit der Pflege des Vaters!«* und Brigitte: *»Ich kann nicht mehr!«* im vorangegangenen Kapitel gezeigt haben.

Auch die Geschichte von Urs bestätigt, dass Kinder von demenzkranken Eltern dringend Unterstützung und Orientierung brauchen.

»Was soll ich nur tun? Mein Vater erzählt immer dasselbe und weiß ein paar Minuten später schon nicht mehr, dass er genau das eben gerade schon erzählt hat. Ich kann ihm das doch nicht sagen. Das ist doch peinlich für ihn. Ich will ihn nicht beschämen. Immerhin hat er sein Leben lang ein eigenes Geschäft geführt. Fünf Angestellte und ihre Familien durchgefüttert. Auch wenn es manchmal knapp war mit der Beschäftigungslage. Ein Herr Bruder entlässt nicht so schnell jemanden. Das hat er immer wieder gesagt. Ein Mann mit Prinzipien. Ein Mann mit Würde. Ein Mann mit Firmen- und Familienstolz. Aber heute, als ich bei ihm war und er ständig im Kreis redete, das Brotmesser nicht mehr fand und mich fragen musste, was denn für ein Tag sei, tat er mir so leid. Wie lange kann es denn so weitergehen? Er lebt allein, und ich kann das so doch nicht einfach belassen! Aber was soll ich tun?«
Urs, 60

Ja, was kann Urs tun? Die deutliche Veränderung bei seinem Vater macht ihn nachdenklich und besorgt. Das ist sehr verständlich. So kennt Urs seinen Vater nicht. Er beschreibt ihn als einen Mann mit Stolz und Würde – und genau dieser Mann fragt plötzlich, was für ein Tag heute sei, und erzählt mehrfach dasselbe. Solche Persönlichkeitsveränderungen erschrecken und verunsichern alle erwachsenen Kinder zu Recht. Urs ist sogar besorgt darüber, wie dieses Verhalten bei anderen Menschen ankommen könnte, und hat Angst, dass es für seinen Vater peinlich werden kann. Davor würde er den alten Herrn wohl gerne bewahren. Aber der Sohn weiß nicht recht, wie er vorgehen kann. Einerseits fühlt er sich verantwortlich und meint, diese Situation nicht einfach unverändert fortbestehen lassen zu können. Vor allem deshalb nicht, weil der Vater allein lebt und dadurch natürlich eine gewisse Gefahr für ihn zu bestehen scheint. Andrerseits will Urs nicht einfach ungefragt etwas über den Kopf seines Vaters hinweg entscheiden.

Von sich aus bringt der allein lebende alte Herr seine Schwierigkeiten nicht zur Sprache, zumindest erwähnt Urs nichts davon. Das kann zweierlei bedeuten. Entweder ist es ein Zeichen dafür, dass Herr Bruder mit seinem Sohn nicht darüber reden will. Vielleicht schämt er sich beim Gedanken, dass ausgerechnet er, der Mann von Würde, Stolz und Prinzipien, nun merken muss, dass sein Gedächtnis nachlässt. Dann ist es gut, dass Urs nicht gleich mit der Tür ins Haus gefallen ist. So ein konfrontatives Gespräch, wie Kinder es manchmal von ihren Eltern fordern, ohne darüber nachzudenken, was das für die Alten bedeuten kann, hätte den alten Mann sicher zutiefst gekränkt und wäre deswegen wenig konstruktiv. Auf der anderen Seite ist es aber auch möglich, dass Herr Bruder nichts thematisiert, weil ihm auch gar nichts mehr auffällt. Dann müssten wir sicher von einem bereits fortgeschrittenen krankhaften Geschehen, einer Demenz, ausgehen.

Und genau hier ist der Ansatzpunkt in dieser Geschichte. Um ein weiteres Vorgehen in Bezug auf die Situation des Vaters entscheiden zu können, muss Urs wissen, was genau mit seinem Vater los ist. Das heißt: Eine exakte medizinische Abklärung muss nun der erste Schritt sein. Die Fragen sind: Handelt es sich hier wirklich um eine Demenz? Wenn ja, welche Form der Demenz liegt vor und in welchem Stadium befindet sich der alte Herr? Das sind wichtige Fragen. Die Antworten darauf sind die Grundlage der weiteren Planung.

Sollte eine Demenz diagnostiziert werden, ist je nach Stadium ganz sicher die Wohnsituation zu überdenken. Wir müssten genauer wissen: Was kann der Vater noch? Welche Fähigkeiten sind bereits verloren gegangen? Was kann und darf man ihm aber noch zutrauen? Vielleicht reicht es, zu Beginn ambulante Pflegedienste einzuschalten, die den Vater in Haushaltsbelangen und bei der Körperpflege unterstützen. Vielleicht möchte auch der Sohn hier noch einen Beitrag leisten. Langfristig muss aber auch an eine Heimplatzierung gedacht werden, sofern innerhalb der Familie keine Alternative dazu besteht. Die Lösung steht in starker Abhängigkeit zum Stadium der Krankheit, zur Familiensituation und auch zu den ambulanten und stationären Angeboten in der Wohnumgebung.

Ganz anders sieht es aus, wenn die Gedächtnisschwäche eher von einer Depression herrührt, die der Vater als Folge seiner Lebenssituation durchmacht. Hier wäre eine medikamentöse oder auch psychotherapeutische Behandlung möglich. Somit wäre die Wohnsituation des Vaters nicht in Frage gestellt, denn mit einer guten Behandlung sollten die Symptome rückläufig sein. Bedenken muss Urs aber, dass die Unterscheidung dieser beiden Krankheitsbilder sehr schwierig sein kann. Dazu kommt, dass einige Menschen, die von einer beginnenden Demenz betroffen sind, zusätzlich auch noch an einer Depression leiden. Die genaue Abklärung gehört nicht in die Hände des Sohnes, sondern ist eine Frage für den behandelnden Arzt.

Was aber heißt das nun genau für Urs? Herr Bruder junior sollte seinen Vater vorsichtig dazu bewegen, sich einmal genauer untersuchen zu lassen. Das ist unter Umständen kein leichtes Unterfangen. Urs kann es versuchen, wenn er sich dazu in der Lage sieht und nicht schon im Vorhinein weiß, dass er diesbezüglich bei seinem stolzen Papa auf Granit beißen wird. Gesetzt den Fall, Urs wagt diesen Schritt, dann könnte er seinen Vater vorsichtig auf die Veränderungen hinweisen und ihm deswegen eine ärztliche Untersuchung ans Herz legen. »Vater, wenn ich etwas länger mit dir spreche, dann fällt mir auf, dass du mich oft mehrfach dasselbe fragst. Merkst du das auch? Was hältst du davon, das einmal genauer untersuchen zu lassen? Willst du nicht vielleicht einmal deinen Hausarzt fragen, was er dazu meint?«

Wenn Urs sich diese heikle Aufgabe unter Männern nicht zutraut, kann eine Drittperson das übernehmen. Das ist oft sogar von Vorteil. Wir haben es schon mehrfach erwähnt: Zu viel Nähe ist bei diesen Dingen manchmal hinderlich. Wir wissen aus Erfahrung, dass die eigenen Kinder nach solchen Schritten der Beratung oft von ihren Eltern angeklagt werden, sie nicht mehr für voll zu nehmen. Eine geeignete Drittperson könnte im Falle Bruder der Hausarzt selbst sein. Dieser müsste allerdings von Urs auf seine Beobachtungen aufmerksam gemacht werden. Es kann aber auch ein Freund oder naher Bekannter des Vaters sein.

Gleichzeitig sollte Urs sich bereits Gedanken darüber machen, was er für den Fall, dass der Vater weitere Unterstützung benötigt, zu leisten bereit ist. Dabei darf er sich nicht ausschließlich von einem übergroßen Mitgefühl leiten lassen, sondern muss auf der Basis der neu gewonnenen Erkenntnisse genau überlegen: Was kann ich selbst tun? Was möchte ich tun? Wer kommt als Unterstützungs- und Vertrauensperson sonst noch in Frage? Damit wäre Urs in seiner Situation ganz sicher einen großen Schritt vorangekommen.

Ein anderes Problem mit seinem Vater hat Beat. Er ist konfrontiert mit ernst zu nehmenden Anzeichen von Altersalkoholismus:

Sucht: *»Er versteckt die Flaschen im Kleiderschrank.«*

»Gestern bekam ich einen Anruf von einer Spitexfrau. Das sind so spital-externe Dienste. Seit mein Vater nicht mehr gut gehfähig ist, besucht sie ihn regelmäßig und schaut nach dem Rechten da, wo er überfordert ist. Das ist für uns Kinder schon eine tolle und entlastende Sache! Eigentlich sind wir davon ausgegangen, dass die Spitex uns vor Überforderung schützt. Und nun ist die Frau aber, glaube ich, selber überfordert. Jedenfalls rief sie mich an, um sich mit mir zu beraten. Mein Vater habe ihr zweimal die Türe nicht geöffnet, sagte sie. Obwohl sie sicher war, dass er zu Hause sei. Gestern nun habe sie eine Entdeckung gemacht: mehrere leere Rotweinflaschen im Kleiderschrank! Ob uns die Veränderung bei unserem Vater nicht aufgefallen sei, wollte sie wissen. Klar, habe ich ihr gesagt, trinke er vielleicht einmal etwas über den Durst. Er hat auch früher immer schon gerne einen guten Tropfen gehabt. Ist doch auch nicht so schlimm, habe ich ihr gesagt, wenn man achtzig ist, muss man doch auch noch seine Freuden haben. Viel bleibt einem ja nicht am Ende des Lebens. Und da kommt es doch nicht mehr so darauf an! Aber die Frau war gar nicht meiner Meinung. Was meinen nun Sie?«
Beat, 56

Beat begegnet der möglichen Alkoholabhängigkeit seines Vaters anscheinend gelassen. Er meint, mit achtzig dürfe man schon noch seine Freude haben. Wenn die im Alkohol liegt, ja nu! Was macht das schon, wenn der alte Vater mal einen über den Durst trinkt?

Wir vermuten: Beat spielt die Sache runter. Vielleicht, weil er so gehofft hatte, durch den Einsatz der Spitex vor Überforderung geschützt zu sein. Fast ärgert er sich darüber, dass die Hilfsperson ihn jetzt mit ihrer unliebsamen Beobachtung konfrontiert. Er scheint sich durch ihre Berichterstattung belästigt zu fühlen.

Wir geben der Spitexfrau recht. Die Symptome sind deutlich. Immerhin hat der Konsum von Alkohol bereits dazu geführt, dass der Vater ihr die Tür nicht mehr öffnet. Entweder, weil er so betrunken ist, dass er ihr Klingeln gar nicht mehr mitbekommt, oder aber weil er nicht gestört werden möchte. In einer solchen Situation ist es die Pflicht der betreuenden Person, die Angehörigen einzuweihen und die Entscheidung über das weitere Vorgehen an sie abzugeben. Denn hier geht es nicht mehr um den Genuss eines guten Tropfens. Hier geht es um Abhängigkeit mit den damit üblicherweise verbundenen Versteck- und Vertuschungsversuchen.

Wie aber der Vater seine Situation wirklich erlebt, ist fraglich. Vielleicht ist es ja so, wie der Sohn sagt: Alkohol gehörte immer schon zu seinem Leben und jetzt mal einen Schluck mehr oder weniger, was macht das schon mit achtzig? Es kann gut sein, dass nicht nur Beat, sondern auch sein Vater das alles nur halb so wild findet.

Möglicherweise sieht die Situation aber auch ganz anders aus. Vielleicht greift der alte Mann zur Flasche, weil er sich einsam fühlt. Vielleicht fühlt er sich isoliert und nutzlos. Vielleicht leidet er sogar an einer Altersdepression, die er mit Alkohol zu betäuben versucht. Die Spitexfrau nicht ins Haus zu lassen kann auch darin begründet sein, dass er sich schämt und nicht möchte, dass ihn jemand so sieht. Er versucht damit zu verhindern, dass etwas Schwieriges ans Tageslicht kommt.

Wir raten Beat und seinen Geschwistern, die Situation nicht zu bagatellisieren oder gar zu tabuisieren! Damit ist weder den erwachsenen Kindern selbst noch ihrem Vater geholfen. Alkohol kann gefährliche Folgen haben. Die Sturzgefahr ist enorm erhöht, was bei dem ohnehin geh-eingeschränkten Mann ein enormes Risiko darstellt. Ganz zu schweigen von anderen Folgen, wie dem Rückzug auf sich selbst, Isolation und Verlust von Kontrolle über das eigene Leben.

Deswegen sollte der Sohn das Gespräch mit seinem Vater und der betreuenden Frau suchen. Da gilt es herauszufinden, wie der Alkoholkonsum des Vaters tatsächlich aussieht. Je nach Trinkmenge könnten sie gemeinsam versuchen, verbindliche Abmachungen zu treffen. Wenn sich der Alkoholgenuss im Rahmen hält und die beiden Male, wo der alte Mann seine Tür nicht geöffnet hat, Ausnahmen bleiben, könnten sie versuchsweise eine bestimmte Alkoholmenge bestimmen, die der Vater sich gönnen darf: ein guter Tropfen zum Essen beispielsweise oder ein Schlummertrünkchen am Abend. In engmaschiger Betreuung durch die Spitexfrau könnten die gemeinsamen Abmachungen im freundlichen Gespräch überprüft werden.

Sollte sich da aber herausstellen, dass die Abmachungen den alten Mann überfordern, sollte sich herausstellen, dass er sich nicht daran hält und dass möglicherweise andere Probleme hinter seinem Alkoholkonsum stecken, bleibt eine medizinische Konsultation unumgänglich. So ließe sich beispielsweise eine versteckte Depression oder eine Alterssucht behandeln. Die Hilfe lohnt sich, um die Lebenssituation des Vaters zu verbessern.

So könnte Beat mit seinem Vater über all das Schwierige sprechen: »Papa, du weißt, ich gönne dir jede Freude. Ganz bestimmt darfst du dein Leben genießen. Ich weiß, dass du Wein sehr magst. Nur: In letzter Zeit beobachte ich, und auch die Frau, die dir regelmäßig hilft, dass etwas anders geworden ist. Was meinst du dazu? Ich mache mir nun Sorgen, dass du in Gefahr bist, zu stürzen. Du hast ja schon genug zu tun mit deinem Bein. Ich möchte auch nicht, dass du einsam wirst. Was täte dir gut? Was würde dir den Alltag erleichtern? Bist du damit einverstanden, über all das mit einer Fachfrau zu reden? Oder einem Fachmann? Ich will dich nicht dazu drängen. Überlege das in aller Ruhe. Wir reden beim nächsten Besuch wieder darüber. Gerne helfe ich dir. Das hilft auch mir, ruhig zu sein und mir keine Sorgen machen zu müssen.«

Wichtig ist, dass die väterliche Autonomie gewahrt bleibt. Beat braucht also eine gehörige Portion Geduld. Selbstverständlich kann er sich auch bei einer Suchtberatungsstelle Unterstützung holen. Wichtig ist, dass der Sohn erkennt, dass man mit diesen Beobachtungen nicht leichtfertig umgehen darf.

Um eine andere häufig übersehene, verharmloste oder fehlinterpretierte Krankheit geht es in der Geschichte von Dagmar:

Depression: *»Am liebsten bleibt sie einfach im Bett!«*

»Meine Mutter ist 76 und eigentlich will sie nichts mehr. Seit mein Vater tot ist, ist sie wie verstummt, wie erlahmt, wie nicht mehr sie selber. Sie liegt am liebsten im Bett und starrt Löcher in die Luft. ›Wozu denn aufstehen, mein Liebchen?‹, fragt sie mich, wenn ich ihr, so ziemlich hilflos, vorschlage, doch an die frische Luft zu gehen, Freundinnen zu treffen oder im Park zu schlendern. Früher hat sie sich immer schön gemacht: passenden Schmuck zum Twinset, ein bisschen Rouge auf die bleichen Wangen und jeden Freitagmorgen zum Friseur. Auch das ist weg. ›Für wen denn noch sich nett machen, Liebchen?‹, sagt sie sanft und hält mir die Hand. Am Anfang, nach dem Tod meines Vaters, habe ich das ja noch gut begriffen. Aber nun ist es zwei Jahre her, und eigentlich wird es eher immer schlimmer. Sie isst auch nur noch w e ein Vögelchen und hat sehr abgenommen. Manchmal denke ich heimlich: Eigentlich will sie nicht mehr leben. Aber ich wage es nicht, mit ihr darüber zu sprechen. Ich glaube, ich fürchte, dass sie sagen könnte: ›Liebchen, ich will nicht mehr.‹ Damit könnte ich nicht umgehen.«
Dagmar, 48

Eine alte Mutter, die sich auf diese Art vom Leben zurückzieht, stellt ihre Kinder vor eine schwierige Aufgabe. Dagmar leidet verständlicherweise sehr unter dem Verhalten ihrer Mutter. Eine Frau, die immer auf ihr Äußeres achtgegeben hat, verbringt nun die meiste Zeit im Bett und lässt sich auch durch die Aufmunterungsversuche der Tochter zu nichts motivieren. Dagmar sucht selbst nach Ursachen für die Veränderungen bei ihrer Mutter und findet diese zumindest zum Teil im Tod ihres Vaters. Sie meint, dass damit alles angefangen habe und die alte Dame seitdem wie verstummt und erlahmt sei.

In der ersten Zeit der Trauer hatte die Tochter dafür wohl noch großes Verständnis. Nun aber meint sie, es sei genug getrauert. Gleichzeitig ahnt Dagmar wohl, dass das Problem gravierender ist, wenn sie sagt, dass sie selbst vermutet, ihre Mutter wolle im Grunde genommen nicht mehr leben. Aber ansprechen möchte die Tochter diese schlimme Vermutung nicht – sie könnte mit der Bestätigung ihrer eigenen Vermutung nicht umgehen.

Dagmar ist nahe an einer filialen Krise. Das heißt in ihrem Fall: Die Mutter steht nicht mehr als feste Größe des Rückhaltes in ihrem Leben zur Verfügung. Nein, sie zeigt Schwächen und lässt sich nicht einfach mit ein paar aufmunternden Vorschlägen zu irgendetwas bewegen. Das Problem ist: Die Tochter geht nicht wirklich auf die Antworten ihrer Mutter ein. »Wozu aufstehen? Für wen nett machen?« Das bleibt unkommentiert stehen. Und das, obwohl die bald Fünfzigjährige insgeheim spürt, was mit ihrer Mutter los ist. Statt hinzuschauen, will Dagmar mit guten Vorschlägen den alten Zustand wiederherstellen. Alles soll wieder so werden, wie es war. Ein frommer Wunsch, den die alte Dame wohl nicht mehr erfüllen kann.

Für sie sieht die Situation nämlich ganz anders aus. Sie scheint durch den Verlust des Ehemannes die Lust am Leben und den Sinn ihrer Existenz gänzlich verloren zu haben. Sie bleibt im Bett liegen, starrt Löcher in die Luft und findet weder einen guten Grund fürs Aufstehen noch ein Motiv dafür, sich nett zu machen. Ihr Mann ist tot. Gemessen daran ist doch alles andere unwichtig.

Sicher: 76 Jahre sind bei der heutigen Lebenserwartung von Frauen noch kein Alter. Aber das ist nur ein vernünftiger, kein psychologischer oder empathischer Einwand. Man darf nicht vergessen, dass die Umstellung auf ein Leben als Single nach einer langen Ehe eine sehr, sehr große Anforderung ist.

Denn man hat nicht nur einen geliebten Menschen verloren, auch die Vorstellungen von der Gestaltung des gemeinsamen Alters sind dahin. Man ist aus dem Alltag gekippt. Nun müssen Aufgaben, die der andere immer zuverlässig erledigt hatte, trotz großer Trauer selbst angegangen werden. Das bedeutet, dass viel Neues auf einen zukommt. Dagmars Mutter und andere verwitwete Frauen ihrer Generation stehen plötzlich vor der Aufgabe, administrative Dinge übernehmen zu müssen. Verwitwete Männer hingegen sehen sich mit der Haushaltsführung konfrontiert. Das braucht zusätzlich Kraft und Energie. Und genau daran fehlt es in der Trauerphase sehr oft. Überfordert von dem großen Berg an zu Erledigendem bleibt man doch am besten einfach liegen. Man zieht sich zurück, verliert das Interesse, hört auf sich selbst zu pflegen und hofft einfach nur, dass das alles möglichst bald vorbeigeht. Da helfen einem die lieb gemeinten Aufmunterungsversuche und guten Vorschläge der Tochter wenig.

Was wäre hilfreicher? Erst einmal wünschen wir Dagmar, dass sie ihre Angst überwinden und das Gespräch mit ihrer Mutter suchen könnte. Dagmar muss verstehen lernen, dass sie, wenn ihr das Wohl ihrer Mutter wirklich am Herzen liegt, aufhören muss, sie aufzumuntern. Sie sollte mit ihr genau über ihren Eindruck reden und darüber, was die Mutter klar anspricht. »Mama, ich höre von dir viel Mutlosigkeit. Sage mir doch, wie es dir wirklich geht.« Dagmar darf ihrer Mama ruhig mitteilen, dass sie sich ernsthaft Sorgen macht, wenn sie nur noch im Bett liegt. Sie darf äußern, dass sie das Gefühl hat, dass die Mutter gar nicht mehr leben will. Die Tochter sollte die verwitwete Mama auch fragen, was sie selbst möchte und was sie als hilfreich empfinden würde. Das wäre ein Einstieg.

Da das Verhalten der Mutter uns relativ eindeutig in Richtung Depression denken lässt, wäre als Nächstes die Konsultation des Hausarztes wichtig. Es sollte dabei nicht darum gehen, das Problem einfach schnell mit ein paar Pillen zu lösen. Aber eine medikamentöse Therapie der Depression, sofern eine solche wirklich diagnostiziert wird, kann unterstützend sein und erst mal wieder einen Zugang möglich machen. Dann sollten der Frau begleitende Maßnahmen angeboten werden.

Ihr Alltag braucht Struktur. Wenn sie selbst nicht mehr »wollen kann«, dann können kleine strukturierende Stützpfeiler einen gewissen Halt geben und sie aus ihrer Lähmung herausholen. Allerdings darf sie auch nicht mit zu vielen Verpflichtungen überfordert werden. Aber ein täglicher Anruf bei der Tochter kann bereits hilfreich sein oder die Aufgabe, die Post hereinzuholen. Diese Aufgaben kann die Mutter mit Unterstützung eines geeigneten Medikamentes deutlich besser erfüllen. Dann kann auch an eine psychotherapeutische Begleitung gedacht werden. Ziel der Therapie könnte sein, den großen Verlust bewältigen zu lernen und peu à peu mit den Herausforderungen des neuen Alltags fertig zu werden.

Dagmar tut gut daran, sich zu überlegen und mit ihrer Mutter zu vereinbaren, womit sie sie unterstützen kann und auch will. Sie muss in einem nächsten Schritt akzeptieren lernen, dass der Zustand der Mutter nicht im Handumdrehen zu verändern ist, sondern dass sie viel Zeit und Geduld dafür brauchen wird. Dabei wird immer der Mut zu einem offenen Ohr helfen, denn ihre Mutter scheint ja sehr zugänglich zu sein.

Brigitte nimmt kein Blatt vor den Mund, wenn es um ihren Schmerz geht über ihre aktuelle Lebenssituation und die Enttäuschung über das Verhalten ihrer Kinder:

Isolation: *»Jetzt habe ich fünf Kinder großgezogen, und am Schluss ist man allein!«*

»Was soll ich sagen? Soll ich ihnen erzählen, dass ich mich immer öfter dabei ertappe, wie ich mutterseelenallein in meiner Wohnung mit mir selber spreche? Oder soll ich ihnen sagen, dass ich vor lauter Lesen das Essen vergesse? Bis in die späte Nacht fernsehe und immer und immer wieder auf einen Anruf warte? Seit meine beste Freundin tot ist, fühle ich mich nämlich so allein. Geschieden bin ich schon lange. Ich habe schon vor Jahren gelernt, ohne Mann zu leben. Aber ohne Freundin? Überhaupt ohne eine Menschenseele? Ich habe fünf

Kinder großgezogen, und am Schluss ist man doch allein. Drei von ihnen leben im Ausland und haben selber nun eine Familie. Und die beiden in der Nähe sind auch dauernd beschäftigt. Viel sehe ich nicht von
ihnen und hören tue ich auch nicht viel. Sie meinen es nicht böse, aber
sie machen sich halt kein Bild von meinem Alltag hier im leeren Haus.‹
Brigitte, 72

Brigitte leidet offensichtlich unter ihrer aktuellen Lebenssituation. Das Alleinsein ohne die beste Freundin macht ihr schwer zu
schaffen. Sie verbringt die Zeit damit, zu lesen oder fernzusehen,
fühlt sich unerfüllt und wartet insgeheim auf einen Anruf. Sie
sehnt sich nach jemandem, der sie rausreißt aus ihrer Einsamkeit.
Jemand, der Interesse bekundet an ihr, der etwas mit ihr teilen
möchte.

Sicher ist es nachvollziehbar, dass ihr eine enge Vertrauensperson fehlt. Und es ist verständlich, dass sie dabei zunächst auf die
Anteilnahme ihrer Kinder hofft. Aber die einen sind weit weg und
die anderen viel beschäftigt. Brigitte hat ein gewisses Verständnis
dafür, und doch würde sie sich wünschen, dass sie sich mehr mel-
deten. Vor allem hat Brigitte das Gefühl, dass die Kinder gar nicht
wissen, wie es ihr geht. Das erfüllt sie verständlicherweise mit Traurigkeit.

Was uns Brigitte aber nicht verrät, ist, was sie eigentlich bisher unternommen hat. Oder was sie vorhat zu unternehmen, damit sich
die schmerzhafte Situation bessert? Wir gewinnen den Eindruck,
als habe die Trauernde mit dem Tod ihrer besten Freundin angefangen, sich in ihren eigenen vier Wänden zu verkriechen, um
sich dann dort mutterseelenallein und von allen guten Geistern
verlassen zu fühlen. Die Erwartung, dass die fünf erwachsenen
Kinder erahnen, wie einsam sich die Mutter fühlt, und sich vermehrt melden, geht nicht in Erfüllung. Ist das eine stumme Erwartung, oder hat sie mit den Kindern darüber gesprochen? Hat
sie den Kindern überhaupt eine Chance gegeben, zu verstehen,
was in ihr vorgeht?

Wir gehen davon aus, dass die fünf Kinder ihre Mutter als selbstständige und selbstbewusste Frau erlebt haben, als eine souveräne Geschiedene, die ihr Leben nach der Trennung von ihrem Mann gut in den Griff bekommen hat. Welch wichtige Rolle die beste Freundin bei der Lebensgestaltung gespielt hat, ist den Kindern wohl kaum bewusst. Deshalb kann man ihnen keinen Vorwurf machen, dass sie sich nicht häufiger melden. Ein bisschen aber wünschten wir uns schon, dass sie mal genauer nach dem Befinden der Mutter fragten. Wir fragen uns: Wie ist die Beziehung zwischen Brigitte und ihren erwachsenen Kindern? Welche Gesprächskultur gilt innerhalb dieser großen Familie? Wie fähig ist Brigitte, zu ihrer momentanen Bedürftigkeit zu stehen? All das, und vielleicht noch einiges mehr, sind Faktoren, die das Verhalten der Kinder mitbestimmen können.

Uns ist klar, Brigittes Situation sollte sich dringend verändern. Sie lebt zurzeit mit einem hohen Depressionsrisiko. Zunächst könnte die Zweiundsiebzigjährige ein Gespräch mit einem ihrer Kinder versuchen. Welches ihrer fünf eignet sich dazu am besten? Sie kann diesem erwachsenen Kind offen über sich und ihre Lebenslage berichten und sagen, was seit dem Tod der Freundin für sie schwierig geworden ist. Sie kann das Kind ihres Vertrauens um einen Rat bitten.

Vielleicht können sich die Kinder zusammensetzen und einen Plan entwerfen. So könnten die Anrufe geregelt und Besuche im Ausland bei den Kindern und Kindeskindern organisiert werden. Das gibt den Tagen, Wochen, Monaten und Jahren Struktur. Das könnte eine erste Kraftquelle sein für Brigitte und ein Startpunkt dafür, auch unabhängig von den Kindern wieder aktiv zu werden. Vielleicht ließen sich in einem Kurs der eigenen Wahl neue Bekanntschaften knüpfen? Oder vielleicht möchte Brigitte körperlich etwas für sich tun? Vielleicht gönnt sie sich ein Abo in einem Wellnessclub und macht eine kleine Abmachung mit sich, dort dreimal die Woche etwas für ihren Körper zu tun.

Wir wissen: Oft sind in Familien viele Dinge unausgesprochen. Oft wird von Falschem ausgegangen. Der eine denkt, der andere könnte meinen, dass dieser … und so weiter. Vielleicht sehnen sich ja die Kinder im Ausland insgeheim nach einem Besuch der Mutter, aber wollen ihr die weite Reise nicht zumuten? Diesem Unausgesprochenen gilt es, ein Ende zu setzen. Raus mit der Sprache. Was steht an? Was wünscht sich wer? Weshalb? Wer offen kommuniziert, darf sich aber vor ehrlichen Antworten nicht fürchten. Tröstlich ist: Wer genau weiß, woran er ist, hat eine klare Ausgangslage und muss nicht weiterhin durch das Gestrüpp von vagen Vermutungen tappen.

Damit wäre Brigitte schon einen »Schritt vor ihre Tür« gegangen. Was für ein Schritt in die richtige Richtung! Es fehlt dann nur noch ein kleiner Schubs, um aus der eigenen Isolation herauszufinden. Wir gehen davon aus, dass die lebenserfahrene Frau das schaffen kann.

Guter Rat und gar nicht teuer

1. **Die Demenzdiagnose ist sehr anspruchsvoll. Ihre eigenen Beobachtungen sind sehr wichtig, ziehen Sie aber in jedem Fall einen Hausarzt oder eine Spezialistin zu Rate!**

2. **Sucht hat auch im Alter nichts mit Genuss zu tun, sondern mit einem folgenschweren Verlust von Kontrolle über das eigene Leben. Alte Menschen nehmen Hilfe in der Regel gerne an, wenn Sie ihnen bei der Suche nach einer geeigneten Adresse helfen.**

3. **Wenn alte Eltern verzweifelt sind und nicht mehr leben wollen, ist das ein Alarmzeichen. Sie schaffen es nicht aus der Welt, indem Sie weghören. Ratschläge sind dann nichts als Schläge. Wer die Trauer und Orientierungslosigkeit der eigenen Eltern aushält und ein offenes Ohr wagt, hilft entscheidend mit, eine Erlösung aus der Lähmung zu finden. Die Hilfe von Fachleuten ist aber unabdingbar.**

4. Wer nicht weiß, wo der Schuh eigentlich drückt, kann nichts Hilfreiches tun. Also Schluss mit stummen Geschichten, vagen Mutmaßungen und geheimen Erwartungen. Raus mit der Sprache!

7. Geben und Nehmen

**Die jüngere Generation ist der Pfeil,
die ältere der Bogen.**
John Steinbeck

Geben und Nehmen ist Austausch. Was den Austausch zwischen Jung und Alt angeht, herrscht zurzeit vielerorts Kriegsstimmung. Von einem »Krieg der Generationen« gar spricht Frank Schirrmacher, der Mitherausgeber der *Frankfurter Allgemeinen Zeitung* in seinem Bestseller »Das Methusalem-Komplott«. Alarmistisch schildert da der erfolgreiche Zeitungsmacher, was der demografische Wandel, also die Alterung und gleichzeitige Schrumpfung der Gesellschaft mit sich bringt. »Mir geht es um die naheliegende Tatsache, dass eine große Zahl abhängiger, nicht mehr arbeitender Menschen ernährt wird von einer kleinen Anzahl von Arbeitenden. Dies ist nicht nur ein Renten- und Versorgungsproblem. In uns steckt biologisch konditioniert ein Affekt gegen Ältere.«

Schirrmachers düstere Analyse teilen viele. In den Medien war in letzter Zeit viel zu lesen über das gesellschaftliche Geben und Nehmen zwischen Jung und Alt, das in Schieflage geraten zu sein scheint. Der Krieg der Generationen als existenzielle Frage: Wer kriegt hier was? Wer überlebt wie in der globalisierten Gesellschaft mit ihren veränderten Arbeitsmärkten und Werten? Tatsächlich sind die Politikerinnen und Ökonomen sehr gefordert, wenn es um die Sicherung des Generationenvertrages und um Generationengerechtigkeit geht.

John Steinbeck, der amerikanische Nobelpreisträger für Literatur, hat gut reden: »Die jüngere Generation ist der Pfeil, die ältere der Bogen.« Steinbeck ist schon 1968 gestorben, er war erst 66 Jahre alt. Die Zeiten waren damals andere, aber Weltfremdheit kann man dem Literaten auf keinen Fall nachsagen. Immerhin war der Erfolgsautor mit dem amerikanischen Präsidenten befreundet und führte einen politischen Kampf für die »Grand Society«. Eine verbesserte Sozialgesetzgebung sollte damals her und die Rassentrennung abgeschafft werden. Sein Zitat drückt Generationenzusammenhalt aus und weist auf die gegenseitige Abhängigkeit zwischen Jung und Alt hin. Kein Jagdglück mit Bogen oder Pfeil allein!

Die Altersforscher dagegen sprechen von Generationensolidarität. Sie halten nicht viel vom »biologisch konditionierten Affekt gegen Ältere«, den Schirrmacher und andere mit viel Endzeitdramatik ins Feld führen. »Da sind wir weit über das Primatenstadium hinaus.« So der Tenor aus der Fachwelt, zumindest wenn es um die verschiedenen Generationen innerhalb familiärer Beziehungen geht. Und darum geht es ja in unserem Buch. »Es gilt zu bedenken, dass längst nicht jeder Generationenunterschied auch gleich schon ein Generationenkonflikt ist«, sagt beispielsweise der Zürcher Gerontologe François Höpflinger, der seit Jahren der Beziehung zwischen Alten und Jungen wissenschaftlich auf den Grund geht.

Im Bereich der Familie wird in der Fachwelt hauptsächlich vom Modell der **positiven Interdependenz** ausgegangen. Diese kann durch Vorstellungen gegenseitiger Hilfe und sozialen Austauschs zum Ausdruck kommen. Viele gerontologische Untersuchungen von familiären Beziehungen zwischen den Generationen kommen zu einem ähnlichen hoffnungsvollen Schluss: Solidaritätsvorstellungen überwiegen auch heute noch sehr stark. Sowohl alte als auch junge Menschen bewerteten die Generationenbeziehungen grundsätzlich nicht als schwierig oder problematisch. Vom Krieg der Generationen kann also insgesamt und vor allem mit Blick auf die Familie keine Rede sein! Im Einzelfall kann es jedoch anders aussehen.

Trotz der Entwarnung aus der gerontologischen Fachwelt, eines ist klar: Noch nie in der Geschichte der Menschheit hat die Eltern-Kind-Beziehung so viele Jahre gedauert. Noch nie hat diese Verbundenheit so viele Veränderungen durchlaufen. Und weil dem so ist, gibt es wenig Vorbilder. Wege durchs Neuland müssen erst gesucht und gefunden werden. Dass das mit Konflikten und Herausforderung einhergeht, liegt auf der Hand.

Hinweise darauf, wie die späte Beziehung zwischen alten Kindern und ihren betagten Eltern aussehen kann, gibt der berühmte Entwicklungspsychologe Erik H. Erikson in seiner Stufentheorie.

Die Entwicklungsphase des reifen Erwachsenenalters nennt Erikson »Phase der Integrität versus Verzweiflung und Ekel«. Den Zustand der Integrität und die damit verbundene Veränderung in der Beziehung zu den Eltern beschreibt er folgendermaßen: »... eine neue, andere Liebe zu den Eltern, frei vom Wunsch, sie möchten anders gewesen sein, als sie waren, und die Bejahung der Tatsache, dass man für das eigene Leben allein verantwortlich ist.« Damit meint der Vordenker der Gerontopsychologie: Der Mensch ist erst dann, wenn er die Eltern nicht mehr für das eigene Leben verantwortlich macht, sondern sie als Personen mit eigenen Bedürfnissen und einer eigenen Geschichte anerkennt, wirklich in der Lage, ihnen mit Respekt und Gelassenheit zu begegnen und Toleranz gegenüber bestimmten Einstellungen und Verhaltensmustern zu zeigen. Da klingt auch Versöhnung mit Ungutem an. Das ist auch das Konzept der **filialen Reife**, das wir im ersten Kapitel vorgestellt haben und das sich wie ein roter Faden durch das ganze Buch zieht. Eine Leitplanke im Neuland.

Ähnlich wie Erikson geht auch die Erfinderin der »filialen Reife«, Margret Blenkner, davon aus, dass die Eltern-Kind-Beziehung im Erwachsenenalter, ganz besonders wenn die alten Eltern hilfsbedürftig werden, noch einmal eine neue Phase durchläuft. Im Alter zwischen vierzig und sechzig Jahren erleben die meisten alten Kinder, dass ihre Eltern nicht mehr wie bisher primär einen Halt für sie bieten, sondern selbst zunehmend ihrer Hilfe bedürfen.

Diese neue Lebensphase ist also dadurch gekennzeichnet, dass man den Eltern nicht mehr aus der Kinderrolle heraus begegnet, sondern als reifer Erwachsener mit ihnen in Kontakt tritt. Blenkner spricht, ähnlich wie Erikson, von einer neuen Rolle und von einer anderen Form von Liebe. Die Eltern werden nun endgültig als Individuen mit eigenen Interessen und eigener Lebensgeschichte gesehen. Die Entwicklung einer filial reifen Haltung ist oft erst nach dem Erleiden einer filialen Krise zu erlangen. Erst wenn der Erwachsene diese letzte Stufe in der Entwicklung der »Kinderrolle« durchlaufen hat, ist er fähig, die Verantwortung für die Eltern zu übernehmen, ohne dass es gleichzeitig zu einer Rollenumkehr kommt. Eltern bleiben Eltern, Kinder bleiben Angehörige der späteren Generation. In der Rollenumkehr sehen wir eine häufige Störung des Generationenverhältnisses. Einige der Geschichten in diesem Buch erzählen von diesem folgenreichen Missverständnis.

Zeichen dieser neuen Form von Liebe sind eine freiwillige, aus einer autonomen Position heraus erfolgende Zuwendung zu den Eltern, das Verständnis für die wesentlichen positiven und negativen Prägungen durch die Elternperson und das Einfühlungsvermögen in das Schwächerwerden der alternden Mutter, des hinfälliger gewordenen Vaters. Es bedarf einer emotional autonomen Haltung, um die Verluste bei den Eltern bewusst erleben zu können, ohne dabei handlungsunfähig zu werden. Ein ebenso wichtiger Aspekt liegt in der Fähigkeit, unangemessene Schuldgefühle zu kontrollieren. Verhalten, das von Schuldgefühlen geleitet wird, kann unter Umständen ungesunde Ausmaße annehmen und bis zur Selbstaufopferung führen. Und das wäre ein Geben und Nehmen in krank machender Asymmetrie.

Doch nicht nur von den Kindern, auch von den alten Eltern wird in dieser Situation eine neue Reife gefordert. Nicht mehr so weltgewandt, innovationsfreudig, autonom und kompetent zu sein wie ihre Kinder ist in einer von Jugendwahn und Altersangst gezeichneten Gesellschaft für die Alten nicht leicht. Auch sie sind gefordert: Sie müssen **parentale Reife** entwickeln und die filiale Verantwortung akzeptieren lernen. Der Wunsch alter Menschen, in ihren sozialen Beziehungen einen reziproken Austausch zu pflegen, muss bei vermehrter Abhängigkeit dem Erlernen neuer Austauschformen weichen. Die Balance von Geben und Nehmen muss also wieder neu gefunden werden.

So beinhaltet die zunehmende Pflegebedürftigkeit sowohl für die Eltern als auch für die erwachsenen Kinder eine anspruchsvolle

Entwicklungsaufgabe. Die kann, wenn sie gut gelöst wird, in filialer und parentaler Reife münden. Kurz gesagt: in einem guten Miteinander. Das ist nicht einfach zu haben. Es muss gewollt werden. Und es bedeutet Liebesarbeit.

Selbstverständlich spielen in der langen Geschichte von alten Kindern und ihren betagten Eltern auch frühe Geschehnisse eine wesentliche Rolle. Ablehnung oder gar Zurückweisung in der Kindheit, frühe Gewalterfahrungen und vitale Entbehrungen, Beziehungslosigkeit und Vernachlässigung, Dauerüberforderung und Bindungsarmut können ein Leben lang nachwirken und das Miteinander erschweren oder gar verunmöglichen. Es gibt erwachsene Kinder, für die die Eltern schon früh gestorben sind, obwohl sie noch am Leben sind. Sie haben mit ihnen gebrochen. Für immer, wie sie sagen. Wir wissen, wie viele Kräfte ein solch finaler Schritt bindet und wie groß trotz allem die Sehnsucht nach einer Veränderung der Situation ist. Von Wiedergutmachung und Versöhnung ist im 9. Kapitel noch mehr die Rede.

Wenn es um das gute Miteinander von erwachsenen Kindern und ihren betagten Eltern geht, stellt sich immer wieder die Frage: Wie soll das Kind, das früher drastisch zu kurz gekommen ist und emotional unterversorgt wurde, nun ein paar Jahrzehnte später genau das den Eltern zukommen lassen, was es selbst entbehren musste? Das führt zu erschwertem Geben und Nehmen. Erschwert heißt aber nicht unmöglich. Wir gehen nämlich davon aus, dass in den vielen Jahrzehnten vom Kind zum Erwachsenen noch andere Einflüsse korrigieren können, was im Elternhaus nicht geglückt ist.

Aber nicht nur die psychologischen Aspekte sind wichtig, wenn es um gangbare Wege im Neuland geht, auch ganz praktische Aspekte können wichtig sein, zum Beispiel die Wohnsituation: Die Altersforschung hat gezeigt, dass die örtliche Distanz durch getrenntes Wohnen der gefühlsmäßigen Nähe förderlich sein kann. Für diese modernere Form von Generationenbeziehungen braucht die Fachwelt Begriffe wie »innere Nähe durch äußere Distanz« oder »Intimität auf Abstand«.

Doch zurück zur parentalen Reife, die in Annas Geschichte eine zentrale Rolle spielt:

Selbstwert und Abhängigkeit: *»Ich will keinem zur Last fallen.«*

»Es ist schon irgendwie paradox, was das Leben so von einem verlangt. Da wird man schon als kleines Kind zur Selbstständigkeit erzogen. Für nichts wird man mehr gelobt als dafür, Dinge allein tun zu können. Selbstständig sein ist die Devise. Und dann wird man schneller, als man je zu glauben bereit war, älter, und damit, in meinem Fall jedenfalls, abhängiger und unselbstständiger. Große Dinge einzukaufen fällt mir immer schwerer, und die Zahlungen gehen mir auch nicht mehr so leicht von der Hand wie früher. Man wird aber auch überschüttet mit Informationen. Die Jungen sagen, ja es werde alles immer einfacher, aber das kann ich überhaupt nicht sagen – schneller und unübersichtlicher wird es für mich. Und ich kann Ihnen sagen, das zu spüren ist gar nicht so einfach. Ohne es zu bemerken, gehört man irgendwann zum alten Eisen. Da fragt man sich schon im Geheimen, was bin ich eigentlich noch wert, und vor allem, wie soll das alles noch werden, wenn sich die Situation weiter verschlechtert? Sie meinen, ich solle meine Kinder um Unterstützung bitten? Nein, das kommt für mich nicht in Frage, ich möchte ihnen unter keinen Umständen zur Last fallen. Sie müssen nicht so genau wissen, wie es um mich steht.«
Anna, 81

»Ich möchte nicht zur Last fallen!« Das ist wohl einer der meistgesagten Sätze alter Menschen. Er spiegelt das gesellschaftlich verankerte Negativbild des Alters sowie eine unglücklich machende Form der Selbstlosigkeit der alten Menschen selbst, vor allem, so scheint es, der alten Frauen.

Die Zeichen des Alters machen Anna offensichtlich zu schaffen. Die Zahlungen, der Einkauf, vieles ist einfach beschwerlicher geworden. Auch die Geschwindigkeit, mit der sich alles verändert, verunsichert die Einundachtzigjährige. Sie fühlt sich keineswegs besser informiert, sondern hat das Gefühl, den Überblick zu verlieren. Dieses Gefühl geht mit einer Portion Zukunftsangst einher. Anna fragt sich, wie denn das alles noch einmal werden soll, wenn sich ihre Situation noch weiter verschlechtert. Das nagt an ihrem Selbstwertgefühl Anna denkt, sie gehöre zum alten Eisen. Auch Scham ist bei ihrer Weigerung im Spiel, die Kinder um Hilfe zu bitten. Sie kommen für sie als Unterstützung und Ressource nicht in Frage. Nicht zur Last fallen! Nur nichts sagen! – das ist ihre Devise.

Wir fragen uns: Warum den Kopf in den Sand stecken? Warum eigentlich diese Vogel-Strauß-Politik? Anna lässt uns jedenfalls nicht wissen, ob sie bereits etwas unternommen hat, um mit den ersten Alterszeichen gewinnbringender umgehen zu können. Im Gegenteil, sie vermittelt den Eindruck, als sähe sie im Älterwerden nur Negatives. Aus ihren Sätzen spricht auch eine gewisse Starrheit. Schade. Denn das Alter hält sicher auch bei Anna beides bereit: Verluste und Gewinne! Die Gewinne aber scheint Anna im Moment nicht sehen zu können. Und auch für ein anderes Lebensgesetz ist die lebenserfahrene Frau offenbar zurzeit blind: für die Tatsache, dass zur Eltern-Kind-Beziehung Geben und Nehmen gehören. Wir fragen uns: Kann Anna nehmen? Kann sie annehmen? Ist Anna in einer **parentalen Krise**?

Die alte Frau hat das Gefühl, ihren Kindern zur Last zu fallen. Deshalb sollen diese erst gar nicht erfahren, wie es ihrer Mutter wirklich geht. Aber auch von anderswo ist in Annas Alltag keine Entlastung und Unterstützung in Sicht. Kein Wort über eine Haushaltshilfe, keines über eine gute Seele in der Nachbarschaft, die einspringt, wenn es nötig ist, und keines über einen Hauslieferdienst, der schwere Dinge liefern könnte. Kommt all das für Anna nicht in Frage? Fühlt sie sich in ihrer Autonomie eingeschränkt, wenn andere ihr etwas abnehmen? Selbst ist doch die Frau, die sich zu helfen weiß, meinen wir.

Was Annas Kinder wohl denken? Haben sie vielleicht auch schon beobachtet, dass ihrer Mutter einiges etwas schwerer fällt? Vielleicht wollen sie es nicht wahrnehmen. Vielleicht schauen sie weg und sprechen es nicht an, um sich der Verantwortung zu entziehen.

Das wäre die Negativvariante. Die positivere Möglichkeit wäre: Die Kinder haben gar keine Möglichkeit, die Schwächen ihrer Mutter zu erkennen, weil diese sie geschickt verbirgt. Für die erwachsenen Kinder ist alles noch beim Alten, denn sie sehen ja nicht, wie sich die alte Mutter mit dem Einkauf abmüht oder wie lange sie an den Einzahlungen sitzt. Sicher: Man könnte bei der alten Mutter auch von selbst einmal nachfragen: »Mama, sag mal, brauchst du Hilfe?« Aber das ist eine zwiespältige Angelegenheit. So wie Anna über sich schreibt, ist es durchaus vorstellbar, dass sie diese Frage als Beleidigung und als Beweis dafür empfinden könnte, dass sie eben doch definitiv zum alten Eisen gehört. Es kann sein, dass ihre Kinder das spüren und genau deswegen nichts sagen und nichts fragen. Sie warten, bis Mama Farbe bekennt. Nur: Wenn keiner den ersten Schritt macht, wird sich die Situation nicht verändern.

Unser Rat an Anna: Zunächst sollte sie versuchen, ihr starres negatives Alters- und Selbstbild zu korrigieren. Das ist natürlich nicht per Knopfdruck machbar. Aber Anna hat ja Zeit für ein langsames Umdenken. Anfangen könnte sie damit, sich immer wieder mal bewusst nach Gewinnen des Älterwerdens zu fragen: Wozu habe ich jetzt Zeit? Was macht mir Freude? Was gibt mir eigentlich Kraft? Was erfüllt mich mit Sinn? Mit wem verbringe ich gerne gemeinsame Zeit? Was teile ich gerne mit anderen Menschen? Was gelingt mir immer wieder gut?

Ziel dieser Selbstbefragung ist es, aus der falsch verstandenen Selbstlosigkeit zu entkommen und anhand der schönen und erfüllenden Dinge wieder genussfähiger zu werden. Das gibt Kraft für die zweite Aufgabe. Die besteht darin, langsam zu akzeptieren, dass es auch zum Altwerden gehört, Hilfe und Unterstützung der Kinder annehmen zu lernen und so das Geben und Nehmen neu auszubalancieren. So kann Anna **parentale Reife** entwickeln. Wenn sie das einsieht, kann sie das Gespräch mit ihren Kindern suchen. Sie muss diese ja nicht gleich um Hilfe bitten. Sie kann ganz einfach zugeben und mitteilen, dass ihr einige Dinge langsam schwerer fallen. Das wäre zumindest ein Anfang.

Beide Generationen stehen vor der Aufgabe, einen Entwicklungsschritt zu tun: die Kinder in Richtung **filiale Reife**, die Mutter in Richtung **parentale Reife**. Anna muss wissen, dass man nicht nur im Alter, aber vor allem auch im Alter Hilfe annehmen darf. Das hat auch mit **SOK** zu tun, dem Modell des erfolgreichen Alterns, das wir in Kapitel 5 vorgestellt haben. **S** steht für Selektion, **O** für Optimierung und **K** für Kompensation. Die Anwendung dieses Modells hieße in Annas Fall: Sie darf aus all den vielen Aufgaben, die sie im Alltag bewältigen muss, diejenigen auswählen, die ihr leichtfallen und auch Freude machen. Das wäre die Selektion. Optimieren kann sie dadurch, dass sie für diese gewählten Aufgaben mehr Zeit einsetzen kann. Was ihr dagegen schwerfällt, sollte sie abgeben. Das große **K**: Anna könnte beispielsweise ihre Kinder oder andere Bekannte um Hilfe bei den schweren Einkäufen bitten. Das täglich Frische kann sie selbst holen, aber die schweren Dinge wie Getränke und Waschpulver könnten mit dem Auto gebracht werden.

Auf diese Weise schwindet die Last. Und auch der unproduktive Satz »Ich möchte nicht zur Last fallen« erübrigt sich durch gezielte Hilfe. Das ließe sich dann als reifes und erfolgreiches Altern zusammenfassen. Wir wünschen Anna, dass es ihr gelingt, sich auf diesen Weg einzulassen.

Auch in Giselas Geschichte geht es um »Geben und Nehmen«, allerdings um ungleiches »Geben und Nehmen« unter Geschwistern.

Geschwisterrivalität: *»Ich mache den Dreck und sie bringt die Rosen!«*

»Also, wo soll ich anfangen? Es ist ein bisschen kompliziert. Meine – also unsere Mutter – sehen Sie, da fängt es schon an – ist bald neunzig. Und seit sie nicht mehr im Spital sein muss, wohnt sie eben bei uns. Ich wollte sie nicht abschieben. Obwohl sie, ehrlich gesagt, viel Pflege braucht. Ihre Haut ist oft sehr wund. Und ich muss auch gut aufpassen, dass sie nicht stürzt.

Meine Schwester wäre eher dafür gewesen, sie in ein Pflegeheim zu geben. Ja, sie hat da gar kein Blatt vor den Mund genommen: ›Schau, ich kann und will mich nicht jeden Tag um Mutter kümmern. Es gibt anderes in meinem Leben. Gut, ein Besuch pro Woche, das ist klar. Aber ich will nicht Mutters Pflegerin sein. Das ist nichts für mich. Wenn du ja dazu sagst – bravo, Schwester! Toll! Aber mach mir keine Vorwürfe! Wir sind halt verschieden.‹

Ja, so ist sie eben.

Und ich habe in der letzten Zeit viel gemacht. Aber es wird immer mehr. Immer anspruchsvoller. Zum Glück hilft mir eine Frau von der Spitex. Aber Mutter hat es halt schon am liebsten, wenn ich bei ihr bin. Sie ist ein bisschen scheu.

Und genau deswegen kann ich sie doch nicht ins Heim geben! Obwohl ich, ehrlich gesagt, in letzter Zeit ein paar Mal daran gedacht habe. Aber ich habe ihr versprochen, dass ich für sie da bin. Und wenn meine Schwester auch mal einen Finger rühren würde, ginge es ja auch besser. Aber nein! Einmal in der Woche ein Besuch mit Blumenstrauß, Pralinen und Traritrara. Einmal im Monat eine Ausfahrt ins Grüne! Und damit hat es sich. Madame gibt sich die Ehre.

Und an mir bleibt der ganze Dreck hängen. Entschuldigung! So habe ich es nicht gemeint …

Ich mach es ja gern. Aber eben.«

Gisela, 64

Ob Giselas letzter Satz wirklich stimmt, scheint uns eher zweifelhaft. Sie hat ihre Mutter trotz großem Pflegeaufwand zu sich genommen, weil sie sie nicht in ein Heim »abschieben« möchte. Ihre Schwester hingegen wäre zu einer Verlegung der neunzigjährigen Mutter in ein Heim bereit gewesen. Sie hat Gisela sehr klar ihren Standpunkt und ihre Möglichkeiten zur Unterstützung der Mutter unterbreitet und scheint sich an diese Vereinbarungen auch zu halten.

Gisela selbst aber hat sich in die große Aufgabe gestürzt, ohne wirklich genau zu überlegen, was das in letzter Konsequenz für sie und ihr Leben heißen könnte. Nun wird es ihr zu viel, und da kommt die Schwester an die Kasse. Zu Recht?

Wir finden nicht. Die Schwester hat ihre Möglichkeiten klar eingeschätzt und tut nun zuverlässig, was ihr in ihrem Alltag möglich ist. Giselas Schwester tut ja nicht nichts. Sie besucht ihre Mutter, macht ab und zu Ausflüge mit ihr und bringt etwas Schönes mit. Wir kennen die Gründe für ihre deutliche Abgrenzung nicht. Vielleicht ist sie familiär oder beruflich so engagiert, dass sie einfach nicht mehr leisten kann. Vielleicht sind es aber auch alte Beziehungsverquickungen, die sich in ihrer größeren Reserviertheit niederschlagen, eine Altlast aus der Kindheit, die das heutige Verhalten mitbestimmt.

Gisela hingegen scheint eine andere Geschichte und eine andere Rolle zu haben. Vielleicht war sie immer schon das Mädchen, das anpackte? So ließe sich auch die Aussage »an mir bleibt immer der Dreck hängen« erklären. Das »immer« deutet zumindest auf wiederholte ähnliche Erfahrungen hin. Dieses »immer« zeigt aber auch, wie belastet die Mittsechzigerin ist. Sie leidet offenbar sehr und ist eindeutig überfordert. Anders ist nicht zu erklären, dass ihr sogar das Wort »Dreck« rausrutscht. Auch wenn sie sich ganz schnell dafür entschuldigt, hat sie es eben doch gesagt.

Es scheint, als schwele hier ein Gasgemisch aus Aggression, Schuld und Pflichtgefühl. Aggression entsteht häufig *unbemerkt* als Folge von Überforderung. Vielleicht ist Gisela nicht wirklich klar, was eigentlich mit ihr los ist. Ihre Überlastung findet in der Wut gegen die Schwester ein Ventil.

Doch wir fragen uns: Wann bekommt die Mutter Giselas Überdruss zu spüren? Wird ihr manchmal ein bisschen zu heftig am Ärmel ihrer Bluse gerupft, wenn es nicht schnell genug geht? Wie redet Gisela mit der pflegebedürftigen Frau? Wann entwischt ihr eine patzige Antwort auf eine alltägliche Bitte?

Dennoch: Der Eintritt in ein Pflegeheim kommt für die Tochter nicht in Frage. Sie meint, die Mutter sei scheu und gerade deshalb könne man ihr das nicht zumuten. Das ist aus unserer Sicht aber nur eine Seite der Medaille. Auf der anderen Seite vermuten wir eine Art Allmachtsphantasie einer Tochter, die überzeugt ist, dass nur sie allein ihre Mutter gut und richtig betreuen kann. Gisela überschätzt vielleicht sich selbst und unterschätzt gleichzeitig ihre Mutter. Das tut sie sicher nicht aus Arroganz. Eher aus einem Gemisch von Schuldigkeit, Pflichtgefühl, Sehnsucht nach Anerkennung und Sinn. Und vielleicht auch aus religiösen Motiven.

Versetzen wir uns einen Augenblick in die Situation der Mutter: Sie ist neunzig Jahre alt, pflegebedürftig und sturzgefährdet. Sie lebt nach einem Krankenhausaufenthalt bei der Tochter und wird von ihr gepflegt. Es gibt die Unterstützung eines ambulanten Pflegedienstes. Einmal die Woche sieht die alte Frau ihre zweite Tochter. Mit ihr unternimmt sie alle vier Wochen einmal einen Ausflug. Wie fühlt sich die alte Frau wohl? Wir gehen davon aus, dass das Ganze auch für sie nicht einfach ist. Hilfe der Kinder anzunehmen und von ihnen abhängig zu sein erfordert eine hohe Anpassungsleistung des alten Menschen. Der Entwicklungsschritt hin zu einer **parental reifen Haltung** ist oft schwierig.

Gleichzeitig wird Giselas Mutter wahrscheinlich spüren, dass sie ihrer Tochter zur Last fällt. Mütter haben auch in hohem Alter feine Antennen. Der veränderte Tonfall, der andere Blick, das etwas Forsche in der Berührung und der gehässige Ton zur Schwester – all das bleibt der alten Dame wohl nicht ganz verborgen. Ob sie sich wirklich wohl fühlt? Ob diese Lebenssituation tatsächlich mehr Lebensqualität bietet als ein Pflegeheim? Diesen Fragen muss man sich stellen.

Aber auch die Schwester hat es nicht einfach. Sie hat sich zwar eindeutig für etwas entschieden und hält sich daran. Aber aus der Praxis wissen wir, dass auch sie wahrscheinlich hin und wieder Gewissensbisse haben wird. Umso mehr verdient sie unsere Anerkennung. Es ist nämlich gut, dass sie tut, was sie kann, und sich nicht von eigenen Schuldgefühlen und schwesterlichen Vorwürfen vom Kurs abbringen lässt. Sie ist zuverlässig und zugewandt. Quantität und Qualität im Leben mit den greisen Eltern sind zwei Paar Stiefel!

Doch zurück zu Gisela: Sie meint es gut und will nur das Beste für ihre Mama. Es fällt ihr schwer, sie in ein Heim zu geben. Darum nimmt sie alle Last auf sich. Das ehrt sie. Aus unserer Sicht aber hätte sich die wohlmeinende und engagierte Tochter schon im Vorfeld genauer Gedanken darüber machen müssen: Was heißt mein Ja zu dieser Aufgabe im Alltag? Was bedeutet es für mein eigenes Älterwerden? Wie steht es denn eigentlich mit meinen eigenen Kräften? Wo bleiben für mich Freiräume? Was, wenn dieser Zustand Jahre dauert und sich stetig verschlechtert?

Immer wenn eine große Aufgabe ansteht, lohnt die schonungslose Offenheit sich selbst gegenüber. Für Gisela ist es nun Zeit für einen Kurswechsel. Erstens empfehlen wir ihr dringend, nach Entlastung zu suchen. Vielleicht kann man den Pflegedienst häufiger einsetzen? Vielleicht gibt es in der Nähe eine Tagesklinik, in der die Mutter tageweise untergebracht werden kann? Vielleicht gibt es Möglichkeiten der Nachbarschaftshilfe?

Eines ist sicher: Die Gefahr ist relativ groß, dass die bereits bestehende latente Aggression für alle Beteiligten ungut ist. Häusliche Gewalt an Alten ist ein Tabuthema. Aber das heißt nicht, dass sie nicht häufig vorkommt.

Mit diesen Entlastungsmöglichkeiten kann Gisela wieder zu mehr Ruhe, zu Kräften und zur Besinnung kommen. Und sicher auch zu mehr Freundlichkeit gegenüber ihrer pflegebedürftigen Mutter. Vielleicht gelangt die »überforderte Tochter« so auch zu der Einsicht, dass es ihr eigentlich nicht zusteht, ihrer Schwester Vorwürfe zu machen. Jedes Kind hat nun mal seine eigene Vergangenheit mit den Eltern, und jedes Kind muss auch seine eigene Gegenwart und Zukunft mit den alten Eltern gestalten. Wenn die eine Tochter entscheidet, die Mutter zu pflegen, muss das für die andere also noch lange nicht heißen, dass sie es auch tun sollte. Das muss Gisela akzeptieren.

Wir haben schon erwähnt, dass hier Aggression mit im Spiel zu sein scheint. Aggression entsteht häufig unbemerkt als Folge einer überfordernden, lang andauernden und auch ausweglos scheinenden Situation. Sich das einzugestehen ist für Gisela ein großer, aber wichtiger Schritt. Es wird schmerzen zu sehen, dass etwas Liebgemeintes so viel Schlagschatten bekommen hat. Diese bittere Erkenntnis kann Thema sein in einem Freundinnengespräch. Vielleicht ist es aber auch sinnvoll, das Gespräch mit einer Psychologin zu suchen. Dabei könnten noch andere Themen wesentlich werden: Schuld und Schuldigkeit, Rivalität, Rollenverständnis, Macht und Ohnmacht und der Umgang mit den eigenen Grenzen.

Schließlich wünschen wir Gisela, dass sie sich mit ihrer Vorstellung vom Alltag in einem Heim auseinandersetzt. Ist das Leben dann zu Ende für meine Mutter? Kann wirklich nur ich gut für sie sorgen? Wie finde ich eine gleichermaßen gute Lösung für mich und Mama? Wie kann meine Schwester mich in diesem Schritt unterstützen? Sie scheint ja damit weniger Berührungsängste zu haben!

Vielleicht findet die Tochter zu einem Satz, der sie mit der Idee versöhnt. So oder ähnlich könnte er lauten: »Ich bin sicher diejenige, die meine Mutter am besten kennt, ich weiß, wie ihr Leben verlaufen ist, was ihr guttut und was weniger. Aber die Profis wissen in ihrem Bereich sehr gut Bescheid. Sie sind ja eben Profis für alte Leute.«

Aus Theorie und Praxis wissen wir: Ein wirklich gutes Wohlbefinden und eine hohe Lebensqualität für alte Eltern in Institutionen werden durch gute Zusammenarbeit von Angehörigen und den Professionellen erreicht. Konkurrenz und Misstrauen hingegen sind nicht förderlich. Erst wenn es Gisela gelungen ist, in all dem klarer zu sehen, sollte sie das Gespräch mit ihrer Mutter suchen. Dann kann sie die alte Frau in ihre Not einweihen und ihr die möglichen Lösungsvorschläge in aller Ruhe unterbreiten. Wir würden uns nicht wundern, wenn die Mutter auf ein solch offenes und konstruktives Gespräch erleichtert reagierte.

Einen ganz kreativen und nachahmenswerten Weg, mit den unterschiedlichen Möglichkeiten des »Gebens und Nehmens« umzugehen, haben Christa und ihr Bruder gefunden.

Geschlechterdifferenz: *»Mein Bruder zahlt mir die Pflege der alten Eltern.«*

»Ich bin überaus froh, dass wir in unserer Familie eine gute Lösung für die Betreuung meines Vaters gefunden haben. Es war zu Beginn auch nicht ganz einfach. Es hing fast alles an mir. Mein Vater bat mich um Hilfe, und ich war da. Kleine Handreichungen macht man ja gerne, immerhin hat er auch sein Leben lang für uns alle hart geschuftet – da finde ich es selbstverständlich, dass wir Kinder uns jetzt auch um ihn kümmern. Man kann schließlich nicht immer nur nehmen. Und so ein Mann allein ist doch mit manchem schnell überfordert – waschen, putzen, kochen, einkaufen – das waren eben immer die Aufgaben von Mutter. Na ja, wie gesagt, ich habe ihn unterstützt, so gut es ging, aber der Aufwand wurde immer größer und für mich allein, neben meinem Teilzeitjob, wurde es langsam alles etwas viel. Mein Bruder hielt sich bis dahin aus allem heraus, bisschen typisch Sohn, wenn Sie mich fragen.

Aber ich habe ihn dann irgendwann einfach konfrontiert und klargemacht, dass die Rechnung so nicht aufgeht. Kurze Abwehr, aber dann sind wir doch zusammengesessen, und es war schnell klar, unser Vater braucht eine Person, die sich regelmäßig und mit Konstanz um ihn kümmert. Und da ich diese Aufgabe eigentlich gerne mache, es mir aber mit meiner Arbeit zu viel wird, haben wir uns kurzerhand darauf geeinigt, dass ich meine Stelle aufgebe und mein Bruder mich für meinen Aufwand entschädigt. Damit ist allen geholfen, und vor allem unserem Vater kommt diese Lösung sehr entgegen.«

Christa, 58

Christa und ihr Bruder zeigen, dass es möglich ist, phantasievolle und großzügige Lösungen zu finden, wenn die Pflege der alten Eltern aufwändig und kräftezehrend wird. Und das Herausragende an dieser Geschichte: Für alle Beteiligten ist es gut so!

Die Geschichte von Christa beginnt wie viele andere auch in diesem Buch: Erst sind kleine Handreichungen für den alten Vater nötig. Christa hat diese Liebesdienste gerne übernommen. Sie ist der Auffassung, dass ihr Papa viel für sie getan hat, und so ist es fast selbstverständlich, dass sie ihm jetzt auch zur Seite steht. Wir pflichten der erwachsenen Tochter bei, wenn sie bemerkt, dass das Verhalten ihres Bruders wohl typisch ist für sein Geschlecht. Obwohl sich die Rollenbilder in unserer Gesellschaft zum Teil radikal verändert haben; wenn es um die Pflege alter Eltern geht, sind immer noch die Frauen dran. Die Söhne übernehmen lieber administrative Aufgaben und erledigen die finanziellen Angelegenheiten.

Anders als in vielen anderen Familien aber verharrt Christa nicht im Lamentieren darüber, dass alles an ihr hängt. Sie spürt frühzeitig, dass sie langfristig mit der zunehmenden Hilfsbedürftigkeit ihres Vaters und ihrem Teilzeitjob überfordert sein wird. Sie nimmt sich selbst ernst, wird aktiv und konfrontiert ihren Bruder mit der ungleichen Lastenverteilung. Der Bruder wehrt erst ab. Das hält Christa aus und bleibt auf Kurs. Nach einem weiteren, wohl geglückten Gespräch unter den Geschwistern über den Stand der Dinge folgt dann die kreative Lösung: Christa kann ihre Teilzeitstelle aufgeben. Das Geld, das sie früher damit verdient hat, zahlt nun der Bruder für die Pflegeaufgabe, die Christa bei ihrem Vater gut und gerne übernimmt. So leistet jeder seinen Beitrag zur Pflege des alten Vaters, und jeder leistet genau das, was er kann und möchte. Geben und Nehmen im Einklang.

Die Geschwister haben eine sehr außergewöhnliche Lösung des Problems gefunden, die für alle Beteiligten positiv ist. Es kommt natürlich längst nicht für jeden in Frage, seine Arbeit aufzugeben. Es kann ja schwierig sein, etwas Ähnliches zu finden, wenn der pflegebedürftige Elternteil gestorben ist und wieder auf eine andere Art Geld verdient werden muss. Und auch nicht jeder kann es sich leisten, vom eigenen Gehalt das Gehalt des Geschwisterteils zu übernehmen. Uns geht es nicht darum, Christas finanzielle Lösung zum Exempel zu machen. Vielmehr ist uns wichtig, zu zeigen, dass jede Familie ihre eigene, ganz individuelle Lösung finden muss. Dazu braucht es Phantasie und Mut zu Unkonventionellem. Die beiden Geschwister gehen diesbezüglich mit gutem und ermutigendem Beispiel voran.

In der nächsten Geschichte berichtet uns die 52-jährige Margrit, wie sie durch ihre Mutter immer wieder an ihre eigenen Grenzen stößt und allein keinen Ausweg daraus sieht.

Stress und Überforderung: *»Und wo bleibe ich?«*

»Jetzt muss ich mir mal Luft machen: Es wird immer schlimmer. Meine Mutter ruft mich ständig an, wegen nichts und wieder nichts. Vor allem auch im Geschäft. Einmal will sie wissen, ob sie ihren blauen Schal auf meinem Rücksitz vergessen hat, dann fragt sie nach einem Kochrezept und ein anderes Mal erzählt sie einfach, was sie gerade von ihrer Nachbarin erfahren hat. Alles Dinge, die für mich doch gar nicht wichtig sind und mich, ehrlich gesagt, auch gar nicht wirklich interessieren. Und schon gar nicht, wenn ich bei der Arbeit bin und wirklich Wichtigeres zu tun habe. Aber was soll ich machen? Ich kann sie doch nicht einfach ›abklemmen‹! Sie ist doch meine Mutter. Doch ehrlich gesagt, ich habe vielfach einfach keine Zeit für sie, und manchmal rette ich mich damit, dass ich gar nicht abnehme, wenn ihre Nummer auf dem Display des Handys erscheint. Aber glauben Sie ja nicht, dass ich mich damit gut fühle. Das schlechte Gewissen lässt nicht lange auf sich warten ... Ich habe das Gefühl: Alle wollen immer etwas von mir – die Arbeit, mein Mann, die Kinder und dann auch noch meine Mutter.«
Margrit, 52

Ein typischer Alltag einer 52-Jährigen! Margrit gehört zur Sandwichgeneration. Alle wollen etwas von ihr: Kinder und Eltern, Mann und Arbeitgeber! Geben und Leisten ohne Ende! Wir hören Margrit förmlich nach Luft schnappen. Ja, und wo bleibt sie? Margrit fragt das wohl zu Recht, wie wir meinen. Es ist ihr zu viel geworden.

Aus Margrits Sicht sind die Kontaktaufnahmen der Mutter zu häufig, außerdem ruft sie oftmals wegen Lappalien an, die die Tochter nicht wirklich interessieren. Sie gerät in einen Konflikt. Sie spürt, dass das, was die Mutter zu berichten hat, weniger wichtig ist als das, was beruflich gerade ansteht. Gleichzeitig hat sie das Gefühl, ihre Mutter nicht einfach »abklemmen« zu können. Statt nun aber mit ihr zu reden, rettet sie sich selbst aus der Situation, indem sie das Telefon manchmal gar nicht abnimmt, wenn die Mutter wieder anruft. Die unausgesprochene Erwartung der Mutter – die Tochter möge doch für sie verfügbar sein – setzt die 52-Jährige gehörig unter Druck.

Aber eine Lösung ist Margrits »Totstellreflex« natürlich nicht. Denn ganz schnell stellt sich das schlechte Gewissen ein, und neuer Druck entsteht. Die Situation ist komplex, aber nicht aussichtslos. Die Gefahr, dass diese Mutter-Tochter-Beziehung auf einen gravierenden Konflikt hinausläuft, ist nämlich relativ groß. Wenn Margrit beispielsweise häufiger nicht auf die Anrufe der Mutter reagierte, könnte die alte Frau den Rückzug ihrer Tochter spüren und möglicherweise falsch deuten. Meistens verhärten sich dann langsam die Fronten. Das wollen wir und sicher auch Margrit vermeiden.

Wenden wir uns nun Margrits Mutter zu: Aus ihrer Sicht sieht die aktuelle Situation ganz anders aus. Es scheint, als lebe sie ein ziemlich einsames Leben. Es kommt uns vor, als drücke sich in ihren häufigen Anrufen bei der Tochter eine versteckte Einsamkeit aus. Das ist ja bekanntlich das Schicksal vieler alter Menschen: Die nächsten Freunde sterben nach und nach, die eigenen Geschwister sind krank oder schon tot, das soziale Netz wird brüchiger. In dieser Situation werden die eigenen Kinder zum wichtigsten und manchmal auch zum einzigen Bezugspunkt, außer ihnen gibt es vielleicht gerade nur noch den Hausarzt, die Fußpflegerin oder den Frisör.

Aus dieser Lebenslage heraus agiert Margrits Mutter. Sie ruft ihre nächste Bezugspeson – eben ihre Tochter – an, um gewisse Fragen zu stellen, ohne darüber nachzudenken, dass die Anrufe vielleicht ungelegen kommen könnten. Sie braucht eben manchmal Rat. Meistens aber braucht sie einfach nur Kontakt, möchte ein paar Worte wechseln, die sie aus ihrer Einsamkeit herausholen. Und da muss halt dann der blaue Schal als Grund für den Anruf herhalten, obwohl es wahrscheinlich gar nicht wirklich darum geht. Spürt Margrit das nicht?

Der alten Dame gelingt es vor lauter Bedrängnis nicht, sich in die eigene Tochter hineinzuversetzen. Wir halten ihr gerne zugute, dass das aus ihrer Perspektive auch nicht ganz einfach ist. Die Lebenswelt der alten Menschen wird zunehmend kleiner. Die verringerten Kontakte, die möglicherweise eingeschränkte Mobilität, das verminderte Hörvermögen setzen dem Alltag Grenzen. So kann auch eine klare Vorstellung von einem anderen Alltag, demjenigen der Tochter zum Beispiel, abhandenkommen. Dazu kommt, dass Margrit wahrscheinlich, gefangen im Dauerstress, die alte Mutter auch nicht wirklich in ihr Leben einweiht.

Wir empfehlen Margrit dringend ein offenes Gespräch mit ihrer Mutter. Sie sollte zunächst ihr Verständnis für die alte Dame ausdrücken. Das könnte etwa so lauten: »Ich weiß, Mama, dass dein Alltag ganz anders ist als meiner. Ich sehe auch, dass dir Dinge wichtig sind, die für mich weniger Bedeutung haben. Da ist nichts Falsches dran. Ich verstehe gut, dass das Alleinsein manchmal schwierig sein kann. Alles mit sich selbst auszumachen ist sicher nicht immer leicht.«
Gleichzeitig muss es für die Tochter in diesem Gespräch jedoch auch darum gehen, Grenzen aufzuzeigen. Es ist wichtig, der Mutter freundlich und ruhig klarzumachen, dass Störungen im Arbeitsprozess nur absolute Ausnahmen sein dürfen. Vielleicht kann Margrit ihrer Mutter sogar ein Angebot machen? Zum Beispiel: »Ich merke immer wieder, immer mehr, dass ich deinen Wünschen nach Austausch nicht in der Form nachkommen kann, wie du es gerne möchtest. So sind deine Anrufe im Geschäft für mich schwierig. Ich werde dadurch sehr aus der Arbeit herausgerissen und kann mich gar nicht richtig auf das einstellen, was du dann mit mir besprechen möchtest. Ich will jetzt nicht sagen, dass du mich nie mehr dort anrufen darfst, aber diese Telefonate sollten wir auf Notfälle reduzieren. Mein Vorschlag wäre, dass wir sicher zweimal die Woche gegen Abend miteinander sprechen und ich samstags nach dem Einkauf auf einen Kaffee oder Spaziergang vorbeikomme. Was hältst du davon?«
Wichtig für Margrit und ihre Mutter ist es, Verbindlichkeiten zu schaffen oder Rituale zu kreieren. Das gibt Sicherheit für Margrits

Mutter und schafft Überschaubarkeit im Alltag der Vielbeschäftigten. Beide sollten sich dann auch an die gemeinsamen Abmachungen halten. Wer eine Abmachung verletzt, darf dann von der anderen ruhig und freundlich darauf hingewiesen werden.

Als weiterer Schritt könnte Margrit bei einem nächsten Zusammentreffen auf einem Spaziergang einmal die mangelnden Kontakte der Mutter ansprechen und gemeinsam mit ihr nach Kontaktmöglichkeiten suchen. Dabei soll die Mutter den aktiven Part spielen. Keine Bemutterung der eigenen Mutter! »Sag mal, Mama, mit wem bist du gerne zusammen? Was macht dir wirklich Spaß? Was tut dir gut?« Auf keinen Fall darf die Tochter ihre Mutter ungefragt für einen Kurs anmelden. Immer muss sich die Tochter die Genehmigung für das, was sie tut, einholen. So gibt sie zwar Unterstützung, aber die Autonomie der alten Mutter bleibt gewahrt. So kann sie **parentale Reife** entwickeln. Sie kann sich langsam daran gewöhnen, die Unterstützung der Tochter in Anspruch zu nehmen, ohne sich dabei bevormundet zu fühlen.

Guter Rat und gar nicht teuer:

1. **Wer von sich sagt, er möchte nicht zur Last fallen, ist immer belastet. Das ist eine Regel. Deswegen tut ein Gespräch über Entlastungsmöglichkeiten not.**
2. **Es gibt keine Norm des Gebens. Geschwister sind unterschiedlich. Sie haben unterschiedliche Rollen. Das ist auch so, wenn es um die Pflege der alten Eltern geht.**
3. **Im Neuland gilt: Phantasie an die Macht!**
4. **Der Blick hinter das Gesagte lohnt. Wo sich eine Banalität an die andere reiht, steckt meist mehr dahinter. Vielleicht geht es um die Überbrückung erdrückender Einsamkeit. Nur ein sachliches Gespräch und neue Abmachungen können den Weg aus dem »nichts sagenden Dauerkontakt« ebnen.**

8. Hinfälligkeit und Aufmüpfigkeit

Im Alter bereut man vor allem die Sünden,
die man nicht begangen hat.

William Somerset Maugham

Wenn die Jahre gezählt sind und der Zenit längst hinter einem liegt, wenn sich die Zipperlein mehren und die Falten nicht mehr zu verbergen sind, ist für viele alte Menschen nicht Griesgram und Verbitterung, sondern Aufmüpfigkeit oder gar Rebellion angesagt. Die Erfinderin von Pippi Langstrumpf, Astrid Lindgren, beispielsweise, fragte öffentlich, »wieso es eigentlich alten Weibern verboten sei, auf Bäume zu klettern«, und machte sich auf in die Wipfel.

Vom Aufstand der Greise handelt auch die Filmkomödie »Lina Braake«. Es ist die Geschichte einer alten Frau, die wegen ihrer Schulden von der Bank gezwungen wird, ihre Wohnung aufzugeben und in ein Altersheim umzusiedeln. Dort bläst sie Trübsal, bis sie in dem entmündigten Geschäftsmann Gustav Härtlein, 84, einen Verbündeten findet. Die beiden sinnen auf Rache gegen die Bank. Gustav macht es diebischen Spaß, »denen da draußen« vom Schreibtisch aus noch einmal eins auszuwischen. Der gemeinsam geplante Bankbetrug gelingt. Lina fährt nach Sardinien und kauft mit dem Geld für eine befreundete Gastarbeiterfamilie ein Haus. Als Gegengabe bekommt sie lebenslanges Wohnrecht im Süden. Natürlich fliegt die Sache am Ende auf, doch die Staatsanwaltschaft verzichtet aufgrund des hohen Alters der Delinquentin auf Erhebung der Klage. Und doch muss Strafe sein. Die 82-Jährige wird entmündigt und ins Altersheim zurückgeschafft. Dort wartet natürlich Härtlein schon auf sie mit neuen Plänen. Das Wohnrecht im Süden kann ihnen niemand mehr nehmen, und so endet Bernhard Sinkels Film mit einem neuen Coup, einem Happy End für zwei aufmüpfige Alte.

Ganz ähnlich gestrickt sind die »Bremer Stadtmusikanten« der Gebrüder Grimm. Die aufmüpfigen vier Tiere haben eigentlich ihre so genannten besten Jahre schon hinter sich gelassen: »Es hatte ein Mann einen Esel, der ihm schon lange Jahre treu gedient, dessen Kräfte nun aber zu Ende gingen, sodass er zur Arbeit immer untauglicher ward.« Der alte Esel merkt, dass »kein guter Wind weht«, und macht sich auf nach Bremen. Auf seiner Flucht begegnet er einem Hund. »Ach, weil ich alt bin und jeden Tag schwächer werde und auf der Jagd nicht mehr fort kann, hat mich mein Herr wollen totschlagen, da habe ich Reißaus genommen; aber womit soll ich nun mein Brot verdienen?«

Die beiden ziehen Richtung Bremen, um dort Stadtmusikanten zu werden, und begegnen kurz darauf der Katze: »Weil ich nun zu Jahren komme, meine Zähne stumpf werden und ich lieber hinter dem Ofen sitze und spinne, als nach den Mäusen herumjage, hat mich meine Frau ersäufen wollen; ich habe mich zwar noch fortgemacht, aber nun ist guter Rat teuer; wo soll ich hin?« Schon sind sie zu dritt auf dem Weg nach Bremen. Da begegnen sie dem Hahn, und auch er kommt mit nach Bremen. Der Weg dahin ist weit, ein Zwischenhalt im Wald tut not.

Als sie nach einem Unterschlupf Ausschau halten, entdeckt der Hahn ein Haus. Doch das Haus ist von Räubern besetzt, die die vier alten Tiere vertreiben wollen. Da stellt sich der Hund auf den Esel, die Katze auf den Hund und der Hahn auf die Katze. Gespenstisch sieht dieser Turm der Tiere aus. Mit vereinten Kräften lärmen sie die Räuber aus dem Haus, setzen sich an deren gedeckten Tisch, lassen es sich gut gehen und legen sich dann, gut genährt und zufrieden, zur Ruhe: der Esel in das Stroh, der Hund vor die Türe, die Katze auf den Herd und der Hahn auf das Dach. Ganz so, wie ihre Natur es verlangt. In der Nacht versuchen die Räuber, das verlorene Revier zurückzuerobern. Aber sie werden von den alten Tieren abermals und diesmal für immer vertrieben.

Das Märchen erzählt von Hinfälligkeit und von Aufmüpfigkeit. Es erzählt auch von Altensolidarität, Lebenskraft und Listigkeit, von Kampf und Aufstand. »Etwas Besseres als den Tod findest du überall!«, sagt der Esel zum Hahn. »Die Bremer Stadtmusikanten« dienten mit ihrem geballten tierischen Eigensinn der altersemanzipatorischen Bewegung »Graue Panther« als Vorbild.

An der Stelle sei noch einmal an Wilhelm Buschs Reim erinnert: »Ist der Ruf erst ruiniert, lebt's sich gänzlich ungeniert!« Dieser Satz lässt sich auch auf die Situation von alten Menschen ummünzen: In einer Gesellschaft, die von Altersangst und Jugendwahn gezeichnet ist, haben Weißhaarige schlechte Karten. Sie verlieren an Prestige, können mit der allgemeinen Leistungsnorm nicht mehr mithalten und gehören zum alten Eisen. Vermeintlich.

Und doch: Erst einmal auf dem Abstellgeleise, kommen viele noch einmal in Fahrt, holen Versäumtes nach, wagen Unverhofftes und schockieren damit ihre Kinder. »Im Alter bereut man vor allem die Sünden, die man nicht begangen hat«, sagt William Somerset Maugham. Er mag recht haben. Aber es gibt wohl auch das Gegenmodell: Im Alter begeht man die »Sünden«, die man sich früher nicht leisten konnte und nicht gewagt hätte: Eine Siebzigjährige verreist mit ihrem zwanzig Jahre jüngeren Pfleger aus der Reha-Klinik zum Erholungsurlaub nach Südafrika. Ein alter Mann lernt Tiefseetauchen und riskiert dabei viel, aber eben: »Etwas Besseres als den Tod findest du überall!«

Die Gestaltung des Alltags der eigenen Mutter beschäftigt auch Estelle. Das Angebot für Seniorinnen und Senioren ist so groß, aber die Mutter will davon keinen Gebrauch machen.

Abkehr von der Welt: *»Es gibt doch so viele Angebote heutzutage!«*

»Also meine Oma hätte sich die Finger geleckt, wenn es all das schon zu ihrer Zeit gegeben hätte. Oma war nämlich immer so unternehmungslustig und neugierig. So nach dem Motto: ›Was gibt es denn heute Neues auf dieser Welt?‹ Aber damals gab es ja all die Angebote für Seniorinnen noch nicht. Keine Altersuniversität weit und breit, kein Altersturnen, keine Kurse – nichts. Nun, wo es all das gibt, will meine

Mutter nichts von alledem wissen. Sie sei zufrieden mit sich selbst. Sie brauche keinen Handykurs, keine Computeranleitung, keine Ü-60-Fitnessstunden und auch keine ›Silberuniversität‹. So nennt sie die Seniorenuni. Ich finde das richtig schade. Sie ist doch noch jung! Sie hat doch vielleicht noch ein Vierteljahrhundert vor sich. Und es gibt doch so viele Angebote heutzutage! Aber nein, sie ist zufrieden! Macht nicht viel, fragt nicht viel, lebt einfach so in den Tag hinein. Mir graut ein bisschen davor, dass sie langsam, sanft und zufrieden vor sich hin verblödet.«

Estelle, 40

Estelle erzählt eine ähnliche Geschichte wie im Anschluss Emmi. Allerdings erzählt sie sie aus der Tochterperspektive. Zunächst möchten wir aber ganz klar festhalten: Nur weil man die vielen Altersangebote nicht nutzt, verblödet man ja noch nicht vor sich hin! Aber Estelle beunruhigt die Haltung ihrer Mutter zutiefst, sonst ließe sie sich wohl kaum zu einer so drastischen Aussage hinreißen wie: »Mir graut davor, dass sie langsam vor sich hin verblödet.«

Gleicht die Vierzigjährige selbst charakterlich der neugierigen, vielleicht auch aufmüpfigen Großmutter? Prägt Estelles Oma das Bild vom erfolgreichen Altern? Es wird in Estelles Schilderung nicht ganz klar, ob sie der Mutter jeweils die verschiedenen Möglichkeiten der Zerstreuung anpreist oder ob die beiden einfach so nebenbei zum Thema Lebensgestaltung ins Gespräch kommen. Klar ist aber, dass die Mutter von all dem Animierenden nichts wissen will. Sie ist zufrieden, wie es ist, und sieht keinerlei Bedarf, irgendetwas zu verändern. Ihre Tochter hingegen kann dieser Art von Zufriedenheit und Genügsamkeit nichts abgewinnen. Auch mit vierzig wünscht sie sich eine Mutter, auf die sie stolz sein kann, eine Mutter, die sich für das Weltgeschehen interessiert, die sich weiterbildet und fit hält.

Zwei Fragen drängen sich hier auf. Erstens: Warum ist Estelle das alles eigentlich so wichtig? Warum ist sie nicht zufrieden, wenn ihre Mutter doch so zufrieden ist? Vielleicht ist die Tochter stark leistungsorientiert und kann mit der »Lethargie« ihrer Mutter einfach nicht umgehen. Zweitens: Hat sich die Vierzigjährige schon einmal wirklich mit dem Älterwerden beschäftigt? Weiß sie, dass sich Prioritäten und Ansichten verschieben? Erkennt sie, dass sich das Sein vor das Haben schiebt und das Tun nicht mehr so zentral ist?

Wir wollen Estelle aber unbedingt zugutehalten, dass ihre Sorge auch verständlich ist. Sie hat recht, wenn sie zu bedenken gibt, dass ihre Mutter möglicherweise noch ein Vierteljahrhundert zu leben hat. Es wäre schade, wenn man diese lange Zeit einfach vorbeiziehen ließe, ohne sie bewusst zu gestalten.

Nur: Ihre noch »junge« Mutter sieht die Situation anscheinend ganz anders. Sie brauche keinen Handykurs, keine Computeranleitung, keine Ü-60-Fitnessstunden und auch keine »Silberuniversität«, sie sagt, sie sei zufrieden mit sich selbst. Das ist ihr gutes Recht. Vielleicht gehört sie zu den Frauen, die ihr Leben lang viel gearbeitet haben und jetzt finden, sie haben sich die Ruhe und das Nichtstun redlich verdient? Das ist auch eine Art von Aufmüpfigkeit. Ein bisschen auffällig ist es aber doch, dass sie gleich alles so kategorisch ablehnt.

Mag sein, dass sie sich wirklich selbst genügt und dass das mit der Zufriedenheit wirklich stimmt. Es kann aber auch sein, dass hier ein versteckter Rückzug lauert. »Jetzt bin ich alt, mein Leben hat keinen Sinn mehr, und was Neues will ich auch nicht suchen.« Unter Umständen kann das ein erstes Anzeichen für eine depressive Stimmung sein. Hier müsste man den genauen Wortlaut und den Tonfall ihrer Antworten hören.

Ebenso gut können wir uns auch vorstellen, dass die »junge Alte« sich in ihrer Situation noch nicht zurechtfindet. Möglicherweise will Estelles Mutter gar noch nicht zu den Alten gehören, für die es eine große Vielfalt neuer Angebote gibt, um sich zu beschäftigen und fit zu halten? Vielleicht liegt ihre konsequente Abwehr genau darin begründet? Wie viele Alte sagen doch, sie wollen nicht ins Altenheim, weil dort ja nur alte Leute seien? Wir wissen, wenn die Geburtstagstorte zu klein wird für all die vielen Kerzen, klaffen das **Selbstbild** und das **Fremdbild** oft stark auseinander. Viele Alte fühlen sich viel jünger als sie sind. Das ist ja auch ein Glück. Nur: Estelles Mutter darf sich ruhig einmal fragen, warum sie alle Angebote für Senioren derartig radikal ablehnt.

Was kann Estelle tun? Zunächst kann auch sie sich selbst befragen. Warum ist es ihr eigentlich so wichtig, wie ihre Mutter nun ihr Leben lebt? Traut sie ihrer Mutter die eigene Lebensgestaltung etwa nicht zu? Glaubt sie ihr die Zufriedenheit nicht ganz? Ist nur der, der Leistung bringt und sich weiterentwickelt, etwas wert? Hat sie Angst vor einer zunehmenden Hinfälligkeit der Mutter und der Konsequenz für das eigene Leben? Kann sie selbst sich nicht vorstellen, mit nichts zufrieden zu sein?

Wenn die Tochter eine differenzierte Antwort auf diese Fragen gefunden hat, dann kann sie noch einmal das offene Gespräch mit ihrer Mutter suchen und ehrlich ansprechen, was ihre Ängste sind. Sie wissen lassen, dass sie sich Sorgen macht. Ihr mitteilen, dass sie es nicht nachvollziehen kann, aber gerne verstehen möchte, warum die Mutter an so vielen Dingen kein Interesse mehr zeigt. Sie fragen, wie es wirklich um ihre Zufriedenheit bestellt ist. »Weißt du, Mutter, ich mache mir einfach Sorgen, wenn ich so mit ansehe, dass du, an nichts mehr wirklich Interesse zeigst. Da sehe ich die Eltern von Freunden, die sich engagiert in irgendwelchen Kursen anmelden, ständig unterwegs sind, fast gar nicht mehr erreichbar. Sicher, das muss jeder für sich entscheiden, aber ich würde so gern verstehen, warum du dein Leben so gestaltest, wie du es eben tust. Ich wünsche mir einfach, dass du wirklich zufrieden bist.« Das sollten Inhalte des Gespräches der Vierzigjährigen mit ihrer »jungen alten« Mutter sein.

Je nachdem, wie das Gespräch unter den beiden Frauen verläuft, kann es dann in einem gemeinsamen nächsten Schritt darum gehen, nach Lösungen und Verbesserungsmöglichkeiten zu suchen. Vielleicht muss es ja gerade nicht die Seniorenuni sein, wenn die Mutter sich noch nicht unter die »Silberhäupter« mischen will. Es gibt auch andere, altersunabhängige Kurse, die die Mutter besuchen könnte. Auch Fitness ist außerhalb eines Ü-60-Kurses vorstellbar. Wenn sich aber herausstellt, dass die mütterliche Zufriedenheit doch brüchiger ist, geht es darum, genau anzuschauen, wie es wirklich um ihre Gemütslage steht. Gibt es etwas, das man verbessern kann? »Mama, was, denkst du, könnte dich erfüllen? Was macht dir denn trotz allem noch Freude? Wer ist dir wichtig? Sag mir, wie du das siehst! Was könnte dir aus deiner Sicht helfen, um aus diesem Stimmungstief herauszukommen?« So könnte sich die Tochter einer möglichen depressiven Stimmung vorsichtig nähern. Wenn sich in diesem Gespräch dann herausstellt, dass da mehr als nur ein Stimmungstief vorliegt, ist die Unterstützung durch den Hausarzt oder eine Psychologin sicher hilfreich. Aber auch hier muss die Mutter selbst entscheiden, ob sie diese Möglichkeit nutzen möchte. Estelle kann sie lediglich auf die Möglichkeit hinweisen.

Ganz anders sieht es aus, wenn die Weigerung der Mutter Ausdruck einer bewusst gewollten, aufmüpfigen Lebensführung ist, Ausdruck einer gesunden Renitenz gegen den weit verbreiteten Jugendwahn unserer Gesellschaft. Dann muss Estelle das akzeptieren, egal wie viel Angebote es gibt, egal ob die Großmutter diese genutzt hätte und egal ob sie sich ein solches Leben für sich selbst vorstellen kann!

In der nachfolgenden ähnlichen Geschichte »Stress im Ruhestand« erkämpft sich Emmi, eine stets pflichtergebene Frau, nach einem Leben voller Arbeit das Recht auf eine Zeit des »Dolce far niente«.

Stress im Ruhestand: *»Ich habe schon genug gelernt!«*

»So, jetzt muss ich mir mal Luft machen. Sagen Sie mal, darf man mit 80 nicht einfach mal rumsitzen und faulenzen? Darf man mit achtzig nicht einfach mal Kuchen essen und Fernsehen schauen? Und das schon um drei Uhr nachmittags? Gerade nach dem Mittagsschlaf? Dolce far niente – ist das verboten?

Also, schauen Sie mal: Meine Tochter meint es ja gut mit mir. Aber ich mag gar nicht mehr viel unternehmen. Mir ist, wenn ich ehrlich bin, in den eigenen vier Wänden am wohlsten. Und ich mag gar nicht so viele Leute um mich haben. Das macht mich müde. Es wird mir schnell einfach zu viel.

Aber die Maya, das ist meine Tochter, wird dann fast ein wenig ungeduldig und sagt, ich soll mich nicht so gehen lassen. Ich sei doch noch so fit. Ich soll rausgehen, ins Kino, mich mit einer Freundin in der Stadt treffen. Oder gar in die Ferien! Tapetenwechsel! Aber das muss man ja auch wollen! Ich will aber die Tapete gar nicht wechseln! Nicht mehr!

Auch beim Essen ist sie so streng. Ich soll viel vom einen und wenig vom anderen essen. Ich hätte ein bisschen zugelegt, und das sei nicht gut für die Gelenke. Ich soll gut für mich sorgen und vor allem viel Wasser trinken. Und von den Arztbesuchen erzähle ich lieber gar nichts. Sonst sagt sie wieder: Es wäre mir lieber, du gingst zu anderen Leuten auf Besuch.

Ich soll! Ich soll! Ich soll!

Ehrlich gesagt, manchmal freue ich mich gar nicht, wenn sie kommt, so husch-husch, zwischen Fitnesstraining und Einkauf. Manchmal habe ich richtig Angst, wenn sie mir sagt, ich sei doch noch nicht so alt, wie ich tue ….«

Emmi, 80

Wir verstehen Emmi, wenn sie sich unter diesen Umständen nicht mehr auf die Besuche ihrer Tochter freut. Deren Forderungen an die Mutter lassen ihre Vorfreude auf den Besuch im Keim ersticken. In der Fachliteratur über das Alter steht vielfach zu lesen: »Das Alter ist die Zeit des Dürfens.« Für Emmi scheint das nicht zu gelten. Wenn es nämlich nach Emmis Tochter geht, dann scheint eher das »Müssen« im Vordergrund zu stehen.

Emmi bekommt Ernährungsempfehlungen, Tipps zur Alltagsgestaltung und eine Anleitung, wie sie ihre sozialen Kontakte pflegen müsse. Ganz tief in der alten Frau setzt sich da etwas zur Wehr. Sie wird aufmüpfig und fragt sich und uns, ob man mit achtzig nicht mal einfach gar nichts tun dürfe. Sie räumt zwar ein, dass ihre Maya das alles ja gut meine. Aber sie spürt auch, dass ihr das langsam zu viel wird. Emmi weiß eigentlich sehr wohl, was ihr guttut und was sie nicht mehr mag: Die eigenen vier Wände geben ihr Schutz und Sicherheit. Und: Viele Menschen ermüden sie schnell. All das ist typisch für ihr Alter. Wenn die Kräfte nachlassen, das Sehen und Hören schwieriger wird, passt der alte Mensch seinen Lebensradius an die veränderten Verhältnisse an. Er unternimmt weniger, ruht sich mehr aus und macht vor allem die Dinge, an denen er sich erfreuen kann. So wie Emmi.

Dafür hat die Tochter kein Verständnis und misst das Leben der Mutter mit ihren eigenen Maßstäben. So kommt es, dass ihre wohlgemeinten Angebote von der Mutter als belastend erlebt werden. Sie kommt unter Druck. Aber ihre Aufmüpfigkeit reicht offenbar nicht aus, um sich gegen das töchterliche Aktivierungsprogramm zur Wehr zu setzen. Sie beginnt stattdessen, Dinge vor der Tochter zu verbergen. Von ihren Arztbesuchen erzählt sie schon nicht mehr, um ihren Vorwürfen zu entgehen. Die Freude an ihren Besuchen wird überlagert von einer Angst, den Ansprüchen nicht gerecht zu werden. Zufriedenes Alter sieht anders aus.

Was aber mag wohl in Maya vorgehen? Sie scheint mit den Veränderungen der Mutter nicht umgehen zu können. Es fällt ihr wohl schwer, zu akzeptieren, wie ihre Mutter das Leben mit achtzig gestaltet. Wenn es nach der Tochter ginge, sollte möglichst alles so bleiben, wie es immer war. Die alte Dame soll fit und autonom sein, und aus Mayas Sicht gehören dazu gesunde Ernährung, viel Flüssigkeit, sinnvolle Alltagsaktivitäten und soziale Kontakte. Recht hat sie. Das sind tatsächlich ganz wichtige Aspekte für ein gutes Alter. Aber entscheiden muss der alte Mensch selbst, was davon ihm guttut und was zu viel ist.

Maya gerät mit ihren Forderungen in eine Überfürsorge und bestimmt, wie genau die Mutter ihre Autonomie zu erhalten hat. Dabei lässt sie die Bedürfnisse der Mutter außer Acht. Die gesundheitsbeflissene Tochter hat sich anscheinend erst wenig damit auseinandergesetzt, was Alter sonst auch noch bedeuten kann. Sie schaut nicht wirklich hin. Vielleicht hat sie ja Angst davor, sich mit dem eigenen Altern zu beschäftigen. Vielleicht fürchtet sie sich auch vor dem Tod der Mutter. Uns scheint, Maya will etwas aufhalten, was letztlich nicht aufzuhalten ist: Sie wehrt sich gegen die Endlichkeit. Die Mutter muss das ausbaden. So bekommt die töchterliche Fürsorge einen aggressiven Unterton, der keiner von beiden guttut.

Emmi raten wir, ihren Gefühlen zu trauen und an ihrer Aufmüpfigkeit festzuhalten. Ein Gespräch mit Maya tut not. In diesem Gespräch kann die alte Frau darauf hinweisen, dass sie die Anteilnahme der Tochter sehr schätzt und auch sieht, dass sie einen rechten Aufwand betreibt. Aber sie darf Maya auch klarmachen, dass sie erwachsen ist und von daher selbst entscheiden kann und auch will, wie sie ihr Leben gestaltet. Dieser Schritt wird für Emmi wahrscheinlich nicht ganz einfach sein, er durchbricht ihr übliches Verhaltensmuster. Wir stärken Emmi den Rücken für diese klärende Konfrontation: Frau darf mit achtzig ruhig auch mal gar nichts tun, wenn ihr danach ist. Nur: Sie darf vor lauter Dolce far niente ihr soziales Netz nicht ganz vernachlässigen, sondern muss auch dieses immer wieder pflegen, um nicht irgendwann ganz alleine dazustehen. Allerdings in einer ihr angenehmen Dosis und nach eigenem Gutdünken. Ein kompletter Rückzug in die eigenen vier Wände wäre ebenso falsch wie das unterwürfige Annehmen der Angebote der Tochter. Emmi kann endgültig Schluss machen mit dem Versteckspiel und der Heimlichtuerei. Sie muss sich bei Maya nicht für ihre eigene Lebensführung rechtfertigen oder gar entschuldigen.

Vielleicht krempelt Emmi sogar selbst die Ärmel hoch und wird aktiv vor dem nächsten Besuch? »Hör mal, Maya, können wir uns am kommenden Donnerstag in der Teestube an der Ecke treffen. Ich möchte nämlich etwas Wichtiges mit dir besprechen.« Oder: »Ich möchte gerne mit dir im Park spazieren, wenn du das nächste Mal kommst. Ich muss dir was über uns erzählen.« Oder auch nur: »Maya, ich brauche neue Schuhe. Begleitest du mich beim Einkauf?« So macht die Achtzigjährige deutlich, dass sie eine eigenständige Aktivität hat, eine, die ihr entspricht.

Wir wünschen Emmi, dass es ihr gelingt, ihre Anliegen ruhig und klar zu formulieren. Vorwurfsfrei. Und wir wünschen Maya, dass sie zunächst einfach nur zuhören kann. Sie muss gar nichts tun. Vielleicht ist das für Maya nicht leicht. Aber auch Nichtstun kann effizient sein. Danach ist Zeit, sich mit sich selbst und dem eigenen Älterwerden auseinanderzusetzen. Später dann wird Raum sein für Fragen wie:»Mama, wie kann ich dich unterstützen? Was tun wir gerne miteinander? Wie können wir unsere gemeinsame Zeit gestalten, dass uns beiden dabei wohl ist?« Maya wird lernen, nicht mehr für und über die Mutter hinweg zu entscheiden. Und die Mutter soll ermutigt werden, ihren eigenen Gefühlen zu trauen und ihnen auch zu folgen.

Bloß weil man achtzig ist, muss man sich noch lange nicht ergeben! Bloß weil man alt ist und die körperlichen Gebrechen deutlicher werden, muss man sich aber auch nicht ausschließlich nur noch damit beschäftigen, findet in der nächsten Geschichte Bernhard, wenn er seine Eltern so beobachtet.

Krankheit und Dauermedikation: *»Nur noch Krankheit, Arztbesuche und Medikamente ...«*

»Meine Eltern steigern sich richtig in eine ganz besondere Art des Medizinstudiums hinein. Sie wissen alles über Altersdiabetes und Herzinsuffizienz, über künstliche Hüftgelenke und Augendruck, über Hörgeräte der neuen Generation und über Sturzprävention. Sie lesen jeden Beipackzettel vor- und rückwärts, schauen jedes Gesundheitsmagazin an, und wenn ich zu Besuch bin, gibt es eigentlich nur ein Gesprächsthema: Krankheit, Arztbesuche und Medikamente. Klar sind sie beide Mitte achtzig. Klar haben sie einige Gesundheitsprobleme und müssen viel zum Arzt. Auf dem Küchenschrank haben sie ein richtig kleines Manhattan von Flaschen, Röhrchen und Päckchen aufgebaut. Wie eine Demonstration: Schaut her, was wir alles haben! Es gelingt mir nicht, sie auf die gesunde Seite zu bringen. Ich schaffe es einfach nicht, sie von diesen Themen runterzuholen. Im Gegenteil, wenn wir mal fünf Minuten über meinen Job und die Kinder reden oder über Politik, Gott und die Welt, so kommt prompt: ›Und für uns interessierst du dich gar nicht?‹ Und damit meinen sie wieder: Medikamente, Arztbesuche und Krankheit. Sie steigern sich da gegenseitig richtig in etwas hinein. Und mir werden die Besuche langsam zu viel.«

Bernhard, 63

Ein einziges Festival der Hinfälligkeit scheint sich Bernhard bei seinen Besuchen daheim zu präsentieren! Das ist wahrlich nicht lustig. Der Sohn erlebt, wie sich die Welt der alten Eltern fast ausschließlich um Krankheit und Medikamente dreht. Seine Versuche, sie »auf die gesunde Seite zu bringen«, wie er es selbst sagt, scheitern kläglich. Sobald die Rede auf etwas anderes kommt, fühlen die Eltern sich vernachlässigt. Bernard hat zwar Verständnis dafür, dass Krankheit und Arztbesuche mit über achtzig eine gewisse Rolle spielen. Dennoch meint er, dass seine Eltern sich in etwas hineinsteigern. Tatsächlich scheinen sie, wenn man den Formulierungen des Sohnes genau zuhört, sogar ein bisschen stolz auf die vielen Medikamentenfläschchen zu sein. Es wird aus dem Brief nicht richtig deutlich, auf welche Art Bernard versucht das Thema zu wechseln. Lenkt er einfach ab? Sagt er klar und deutlich, worüber er sprechen möchte? Das macht einen Unterschied.

Vielleicht verdreht er auch die Augen, zuckt mit den Schultern oder schaut weg, wenn die alten Leute wieder mit »der alten Leier« anfangen. Das würde erklären, weshalb die Eltern auf die Idee kommen, ihr Sohn interessiere sich eigentlich nicht für sie. Auch wenn er selbst hier ein gewisses Verständnis für die Bedeutung ausdrückt, die diese Themen für die Eltern haben, hat es dennoch den Anschein, als gelinge es ihm nicht so richtig, sich in deren Situation hineinzuversetzen. Sich vorzustellen, wie es ist, wenn der eigene Körper zum Organisator des Alltags wird, ist für »noch nicht Alte« tatsächlich nicht ganz leicht.

Aber auch für die alten Eltern ist die aktuelle Situation vermutlich nicht einfach. Obwohl der Sohn uns den Eindruck vermittelt, dass sich die beiden da in etwas hineinsteigern, sprechen doch einige Fakten dafür, dass sowohl die Mutter als auch der Vater unter mehreren körperlichen Beschwerden leiden, die medikamentös therapiert werden müssen. Damit umzugehen erfordert eine hohe Anpassungsleistung. Den eigenen Alltag nicht mehr ausschließlich nach Wünschen, Bedürfnissen oder Pflichten gestalten zu können, sondern abhängig zu sein von dem, was der Körper aktuell ermöglicht, ist schwer und manchmal auch kränkend. Wer jeden Morgen erst spüren muss, was heute möglich ist, macht Krankheit, Medikamente und Arztbesuche nahezu zwingend zum zentralen Lebensthema. Wir haben also ein gewisses Verständnis für das alte Ehepaar.

Nur: Warum hat gar nichts anderes mehr Platz? Vielleicht weil die Eltern sich nicht gehört fühlen? Dann wäre es gut, Bernard würde sich bei jedem Besuch eine halbe Stunde lang Zeit nehmen, um mit ihnen intensiv über dieses Thema zu reden. Wirkliche Anteilnahme für eine begrenzte Zeit ist nämlich viel besser als eine ständige Teilaufmerksamkeit. Es kann auch sein, dass Bernards Eltern ihre Krankheiten dazu benutzen, Aufmerksamkeit zu bekommen, die ihnen sonst nicht zuteilwürde. Dann würde hinter der stummen Aufforderung »Schau her, was wir alles haben« wohl eher der versteckte Appell stecken: »Schau her, wie schlecht es uns geht!« Hat sich das der Sohn schon einmal überlegt? Wir denken, eher nicht. Deswegen müssen halt noch mehr Fläschchen her, bis der »Junge« endlich einsieht, dass die Lage ernst ist.

Diese Interpretationsmöglichkeiten sollten Bernhard zu einer Klärung auffordern. Er sollte nicht versuchen, andere Gesprächsthemen einzubringen, sondern das ansprechen, was ihn in Bezug auf seine Eltern beschäftigt. Er sollte mitteilen, dass die Besuche für ihn schwierig werden. Er kann die Eltern danach fragen, ob ihnen auch auffällt, dass sich – wie aus seiner Sicht – in ihren Gesprächen alles nur um die besagten Themen dreht. »Wisst ihr, ich möchte gern ehrlich und offen mit euch sein – so wie ihr mich auch erzogen habt. Ich merke, dass mir diese Besuche langsam schwerfallen. Eigentlich komme ich gerne, aber es beginnt mich zu stören, dass sich unsere Gespräche immer mehr um eure Krankheiten und die Medikamente drehen. Ich verstehe ja, dass euch das alles sehr beschäftigt, und ich möchte auch für euch da sein, aber es wäre mir wichtig, dass nicht mein ganzer Besuch damit ausgefüllt ist.« Sich krank fühlende Menschen ihre Gesundheit vor Augen zu führen oder sie »auf die gesunde Seite zu bringen« ist müßig. Die Gefühle des Betroffenen haben immer Recht.

Deshalb ist hier der Königsweg Verständnis und noch mal Verständnis, bis die Eltern sich ernst genommen fühlen. Dann allerdings darf Bernhard seine Eltern durchaus wissen lassen, dass er ihnen manchmal auch etwas von sich erzählen möchte oder gerne ihren Rat einholen würde. Vielleicht macht er mit Vater und Mutter eine neue Gesprächsregel ab? *Alle* kommen zu Wort, jeder darf von sich erzählen. Wenn einer erzählt, hören die anderen zu. Das erhöht die wirkliche Anteilnahme.

Wenn das Gespräch nicht gelingt und dem Sohn die Besuche weiterhin sehr zur Last werden, gibt es noch eine andere Möglichkeit: Bernard könnte in Zukunft versuchen, die Besuche aktiv zu gestalten. Statt einfach hinzufahren und zu reden, könnte er beispielsweise einen kleinen Ausflug vorschlagen. Überhaupt könnte er anknüpfen an das, was ihm mit den Eltern früher Freude gemacht hat. Ein Familienspiel, etwas Gestalterisches im Haus, das gemeinsame Kochen des Lieblingsmenüs oder sonst etwas, was auch den Eltern entspricht und sie auf andere Gedanken bringen sollte. So könnte die Begegnung zwischen dem Sohn und seinen alten Eltern wieder einen anderen Inhalt und damit auch eine andere Qualität bekommen. Ohne dass deswegen die Alltagsrealität der alten Menschen verleugnet wird.

Vorstellungen darüber, wie Leben im Alter aussehen kann beziehungsweise eher nicht aussehen sollte, beschäftigen Hedwig in ihrer Situation mit dem alten Vater.

Intimität: *»Das geht dich nichts an!«*

»Mein Vater ist 83. Meine Mutter ist seit vier Jahren tot. Er war immer ein sehr zugewandter aufmerksamer Ehemann. Ein schöner Mann, aber kein Schürzenjäger. Aber nun in späten Jahren scheint er auf den Geschmack zu kommen. Überall, wo er hingeht, trifft er eine seiner Freundinnen, wie er sagt. Im botanischen Garten ist es Ines, im Gedächtnistraining Marianne und wenn ich ihn besuche, kann es vorkommen, dass Marlies anruft, ein Kurschatten aus dem vergangenen Urlaub. Das sind alles willkommene Kontakte. Sie machen den Alltag meines Vaters schön. Ich merke, dass sie ihm guttun, und ich gönne sie ihm von ganzem Herzen. Aber ehrlich gesagt, befürchte ich manchmal, dass sich bei den Frauen auch etwas lächerlich machen könnte. Die Sache ist nämlich die: Er sexualisiert all diese Bekanntschaften, spricht über die Körper der Frauen, darüber, dass er sie lieber nicht zu sich heim einladen möchte wegen der Gespräche im Quartier, und deutet mögliche Bettgeschichten an. Kurz: Er tut so, als wäre er dreißig. Meine Einschätzung ist die: Die Frauen mögen meinen Vater, weil er ein so aufmerksamer, feinfühliger alter Mann ist. Aber ich bin sicher, dass keine dieser Frauen von einer erotischen Eskapade mit ihm träumt. Ich habe schon mehrfach versucht, ganz sachte mit ihm dieses möglicherweise peinliche Missverständnis zu klären. Leider erfolglos. ›Das geht dich nichts an!‹, sagt er dann ungewöhnlich barsch. Und doch redet er dann immer wieder davon. Er hat Recht, es ist sein Leben. Aber es täte mir schon leid, wenn er sich lächerlich machen würde.«
Hedwig, 55

Hedwig scheint hin- und hergerissen zwischen dem Bewusstsein, dass sie das Leben und vor allem das Sexualleben ihres Vaters nichts angeht, und der Sorge, dass er sich lächerlich machen könnte. Aber zur Sache: Ist es denn wirklich die Aufgabe einer Tochter, ihren 83-jährigen Vater davor zu bewahren, dass er hie und da belächelt wird? Sie bemerkt, dass ihm diese Kontakte guttun und sie seinen Alltag als Witwer verschönern. Die vielen Freundinnen suchen offensichtlich von selbst den Kontakt zu dem alten Herrn, und das könnte Hedwig doch eigentlich entlasten. So weiß sie, dass es ausreichend Abwechslung im Leben des Vaters gibt. Sie sagt ja selbst, dass sie es ihm gönnt. Aber das Sexualisieren stört sie: ein alter Mann, der von Frauenkörpern schwärmt, der Bettgeschichten andeutet. Wie peinlich!

Hedwig hat offenbar ein klares Bild davon, wie man im Alter zu sein hat. Und ein noch klareres Bild davon, wie ihr Vater zu sein hat – ein Schürzenjäger gehört nicht in diese Vorstellungen, und so wehrt sie sich heftig dagegen. Wir möchten Hedwig auf das 4. Kapitel, »Denkverbote und Gefühlstabus«, aufmerksam machen, in dem wir das Gedicht »Letzte Tänze« des 77-jährigen Günter Grass zitieren. Uns scheint, es passt ein bisschen zu den Gedankenspielen von Hedwigs Vater:

> »Komm tanz mit mir, solang ich noch bei Puste bin und von den Sohlen
> aufwärts existiere.
> Komm lieg bei mir, solang mein Ein-und-Alles steht und wichtig tut,
> als stünd' er zum Beweis.
> Komm sieh mir zu, ob ich den Kopfstand schaffe und aus verkehrter Sicht
> die Dinge rings erkenne.
> Komm tanz, lieg bei, sieh zu und staune, was mir noch möglich ist bei
> Gunst und Laune.«

Die Vorstellung, dass die Damen in Hedwigs Vater eben nicht nur den aufmerksamen, feinfühligen alten Mann sehen, sondern dass er auch eine gewisse erotische Ausstrahlung auf die weibliche Welt hat, ist der Tochter vollkommen fern. Sie findet, sein Verhalten entspreche einem Dreißigjährigen, und versucht deswegen sachte, den Vater vom Unpassenden zu überzeugen und ihn somit vor Peinlichkeiten zu bewahren. Der Vater reagiert darauf zurückweisend. Hedwigs Sorge bleibt.

Offensichtlich ist der alte Herr mit seinem Leben und den Frauenkontakten ganz zufrieden. Nicht nur das: Er scheint sogar ein bisschen stolz darauf zu sein, sonst würde er seiner Tochter wohl kaum so frei davon erzählen. Er erkennt selbst, dass es zu einem Gerede in der Nachbarschaft kommen könnte, und vermeidet deshalb, die Frauen mit zu sich nach Hause zu nehmen. Und genau weil er das noch so genau überblickt, weist er auch seine fürsorgliche Tochter in die Schranken und zeigt ihr klar, dass bestimmte Dinge sie nichts angehen. Ist das aufmüpfig?

Von Hinfälligkeit kann hier jedenfalls keine Rede sein. Hedwigs Vater redet zwar mit ihr über seine Freundinnen, aber er bestimmt, wie groß der Bereich ist, in den er sie hineinlässt. Und Korrekturen von ihrer Seite haben da offensichtlich keinen Platz. Vielleicht wünscht er sich sogar ein bisschen Bewunderung von seiner Tochter, ganz sicher aber wünscht er keine Einmischung – und das wohl zu Recht.

Hedwig sollte diese Tatsache zunächst einmal akzeptieren. Das Leben des Vaters hat sich verändert. Auch im hohen Alter sind so unerwartete Veränderungen noch möglich. Das könnte die Tochter doch auch freuen. Hedwig ist als Zuhörerin und anscheinend nicht als Ratgeberin gefragt. Erst wenn der Vater sie ausdrücklich um ihren Rat bittet, darf sie sagen, wie sie die Sache sieht, und ihre Empfehlung dazu abgeben. Aber Hedwig kann natürlich Grenzen setzen, wenn ihr die Gespräche des Vaters zu viel, zu intim oder zu eintönig werden. »Papa, das ist doch dein Privates, ich sehe, dass dir das guttut. Das freut mich. Aber die Einzelheiten zu deinen Frauengeschichten möchte ich lieber nicht erfahren. Das geht nur dich und deine Freundinnen etwas an! Lass uns auch von anderen Dingen sprechen!« Hedwig darf ihrem Vater auch ruhig mitteilen, was ihr durch den Kopf geht und welche Sorgen sie plagen. Ihr Vater wird sich das anhören, feinfühlig, wie er ist. Es ist etwas anderes, ob die Tochter von sich selbst spricht oder ob sie ihrem Vater subtil vorschreibt, was er zu tun und zu lassen hat.

Wir raten Hedwig, diesen Schritt noch einmal zu versuchen. Und wenn es beim Herrn Papa auf taube Ohren stößt, muss sie ihn einfach machen lassen. Er ist erwachsen und weiß, was er tut. Und Hedwig ist nicht verantwortlich für den väterlichen Umgang mit älteren Damen.

Guter Rat und gar nicht teuer

1. Aufmüpfigkeit zeigt sich manchmal auch in passiver Resistenz, gerade bei der Generation der Pflichtorientierten. Für sie kann Lebensqualität darin bestehen, Dinge nicht zu tun, sondern zu lassen.

2. Wenn alte Eltern nur noch von den körperlichen Defiziten reden, hilft es, zunächst wirklich teilnahmsvoll zuzuhören, anstatt die Klagestunde einfach »über sich ergehen zu lassen«. Erst nach wirklicher Anteilnahme ist der Weg frei für andere Themen.

3. Viele alte Menschen leben spät aus, was sie sich früher versagt haben. Wenn erwachsene Kinder sehen, dass ihre Eltern dadurch aufblühen, können sie sich einfach freuen. Sie sind nicht für die späten Eskapaden verantwortlich und müssen sich nicht stellvertretend für die elterliche Aufmüpfigkeit schämen.

9. Letzte Wünsche und neue Nähe

Ein guter Abgang ziert die Übung.

Friedrich von Schiller

Friedrich von Schillers Zitat zeugt von Galgenhumor. Sein »Abgang« kam für unsere heutigen Begriffe sehr früh. Für die Lebenserwartung im 19. Jahrhundert jedoch lag das Lebensende des Dichters, Dramatikers, Historikers und Philosophen im guten Durchschnitt. Schiller starb am 9. Mai 1805, mit 45 Jahren. »50 Jahre lang«, so schrieb er einmal, »wolle er es in seinem Körper aushalten«, doch das letzte Stündlein des Sohnes eines Wunderarztes hatte früher geschlagen. Schiller starb an einer Vielzahl von Organschäden: Seine Nieren waren fast nicht mehr vorhanden, die Lunge schwer tuberkulös und das Herz insuffizient. Und als er starb, war er für viele schon längst tot. Eine renommierte Zeitung nämlich hatte seinen Tod fälschlicherweise einige Monate vor seinem wirklichen Lebensende gemeldet! Von einem »guten Abgang« kann man also im Fall Schillers nicht unbedingt sprechen, aber wohl von einer mehr als gelungenen »Übung« angesichts seines unsterblichen Werks.

Die Gerontologie hat die häufigsten Todesursachen erforscht und somit den Mythos widerlegt, wonach die meisten Betagten nach einer langwierigen Herz- Kreislauf- oder Krebskrankheit sterben. Die Wirklichkeit sieht so aus:

- 7 Prozent der Betagten sterben plötzlich und ohne vorherige Funktionseinschränkung,
- 16 Prozent der alten Menschen sterben nach einer etwa einjährigen Phase langsam abnehmender Selbstständigkeit mit mehrfachen, lebensbedrohlichen Krisen an Herzschwäche oder an obstruktiver Lungenkrankheit,

‣ 22 Prozent sterben nach einer zirka dreimonatigen Phase schnell abnehmender Funktionsfähigkeit an Krebs. Fast die Hälfte aber,
‣ 47 Prozent nämlich, sterben nach langjährig langsam abnehmenden Funktionen an Gebrechlichkeit mit oder ohne Demenz.

Das heißt: Der Tod kommt nur bei sieben von hundert Menschen aus »heiterem Himmel«! Für die weitaus meisten alten Frauen und Männer ist also das Lebensende absehbar und ein Zeitraum, den es bewusst zu gestalten gilt: letzte Wünsche, Bereinigung, Besinnung auf das Wesentliche, Klärung und Versöhnung. Dinge, die, um mit Schiller zu sprechen, die Übung zieren würden.

Wir sind häufig im Gespräch mit erwachsenen Kindern, die schwer an der Altlast ihrer Kindheit tragen. Beispielsweise mit Beat, einem begabten Journalisten, der in einem nach außen hin gutbürgerlichen Ingenieurhaushalt aufwuchs. Nach innen aber war alles morsch. Im Alltag, unter der Fuchtel einer schwer alkoholkranken und tablettensüchtigen Mutter, wusste der Junge nie, was ihn erwartete: ein Zärtlichkeitsausbruch mit Besserungsschwüren oder ein vollgekotzter Salon mit einer delirierenden Mutter auf dem Ledersofa; eine vornehme Einladung mit der eleganten, strahlenden Mama oder die Fratze einer Verzweifelten, die ihren Lebensfrust über den kleinen Jungen ausschüttete.

Vor kurzer Zeit nun ist Beats Mutter gestorben. Wir fragten den Sohn, wie es für ihn gewesen wäre, wenn die Mutter vor ihrem absehbaren Tod noch so mit ihm gesprochen hätte: »Ich weiß, ich habe für dich nicht gut gesorgt. Meine Sucht hat mich blind gemacht dafür, dass du mich gebraucht hättest. Damit habe ich dir schwer geschadet. Beat, ich kann das nicht wiedergutmachen. Es ist so geschehen. Aber ich möchte dir sagen, dass es mir sehr, sehr leidtut und dass es mich in den letzten Tagen umtreibt, was ich da versäumt habe. Vielleicht kannst du es nie entschuldigen. Damit muss ich leben und auch sterben. Aber ich will, dass du weißt, wie sehr es mir leidtut. Ich bin stolz auf dich, dass du es trotzdem schaffst, dein Leben so gut zu leben.«

Der junge Journalist zögerte keine Sekunde mit der Antwort:

»Das wäre für mich wie 27-mal Weihnachten gewesen! Das größtmögliche Geschenk!« Etwas später bemerkte er, wie viel Ruhe die späte Entschuldigung und Klärung in sein Herz gebracht hätte. Seine Mutter ist gestorben, ohne diese Sätze auszusprechen. Der Sohn hat seine Kindheit inzwischen in einem autobiografischen Roman verarbeitet.

Auch Silke trägt nach wie vor schwer an ihrer Kindheit. Sie wurde, als sie noch sehr klein und abhängig war, von ihrer überforderten, armutsbetroffenen Mutter mit mörderischen Sätzen drangsaliert: »Ich wollt, ich hätte dich nie geboren! Wenn du nicht wärst, wäre alles für mich leichter!« »Bis heute sitzen mir diese Sätze wie Stacheln im Fleisch«, sagte uns die Fünfzigjährige, »ich bekomm es nicht weg, dieses Gefühl, eigentlich nicht leben zu dürfen und schuld zu sein für das Unglück anderer.« Wir fragten Silke, wie lange ihre Mutter Zeit gehabt hätte, ihre vernichtenden Worte zurückzunehmen. Silkes schnelle Antwort: »Bis vor ihrem letzten Atemzug!« Auch Silkes Mutter starb ohne die erlösende Bereinigung.

Wie eine erfolgreiche Klärung alter Konflikte aussehen kann, davon handelt Ninas Geschichte in diesem Kapitel.

Auf der Mauer eines mittelgroßen Fußballstadions in der Nähe von Basel findet sich der Graffiti-Spruch: »Es ist nie zu spät für eine glückliche Kindheit!« Natürlich klingt das auch zynisch. Aber vor dem Hintergrund der großen Versöhnungsbereitschaft vieler erwachsener Kinder mit den Versäumnissen und Untaten ihrer mächtigen Eltern ist darin auch eine überraschend ermutigende Botschaft zu sehen. Darin steckt die Hoffnung auf Klärung, die Chance der Versöhnung, auch dann, wenn viele Dinge letztlich nicht wiedergutzumachen sind. Es ist ein Versprechen auf neue, späte Nähe oder zumindest Annäherung. Beats und Silkes Geschichte legen es nahe: Nicht nur sterbende Eltern haben letzte Wünsche. Auch ihre Kinder haben sie. Schade aber, dass die Wünsche in so vielen Familien unausgesprochen bleiben. Stumme Geschichten am Kranken- oder Sterbebett. Uns scheint: Die Sprache für das gute Miteinander von alten Kindern und ihren betagten Eltern ist noch nicht alltäglich. Deshalb schreiben wir dieses Buch.

»Was ist gutes Sterben?« Das war die zentrale Frage eines Seminars am Zentrum für Gerontologie der Universität Zürich im Januar 2005. Das Resultat dieser Umfrage bei den Seminarteilnehmenden im Alter zwischen 65 und 80 Jahren zeigte etwas Erstaunliches: Nicht die Anwesenheit von Familienmitgliedern beim Sterben ist für die alten Menschen vorrangig wichtig, sondern Schmerzfreiheit. Als Umstände für gutes Sterben wurden in dieser Reihenfolge genannt: keine Schmerzen zu erleiden, es solle im Schlaf passieren, plötzlich, ohne Beschwerden, ohne Wissen um das Sterben. Erst an letzter Stelle stand der Wunsch, vorbereitet zu sein.

Auch das sind letzte Wünsche. Auf den ersten Blick scheinen sie im Widerspruch zu stehen mit dem, was wir über die Notwendigkeit der späten Klärung gesagt haben. Dass der Wunsch, »vorbereitet zu sein« an letzter Stelle steht, könnte nahelegen, dass das Gespräch am Ende doch nicht so wichtig ist. Wir denken, dass das täuscht. Zu unklar ist, was mit »vorbereitet sein« gemeint ist. Kommt dazu, dass die Wünsche in der Nähe des Todes ständig wechseln. Wie alles Menschliche, so sind auch die letzten Dinge voller gemischter und widersprüchlicher Gefühle. Im 13. Kapitel, »Verbundenheit und Grenzen«, gehen wir auf das schwierige Gespräch über Sterben, Tod und letzte Wünsche noch einmal näher ein. Wir finden es wichtig, dass das, was am Ende zählt, zur Sprache kommen kann. Noch ist ja Zeit, die »Übung« zu zieren.

Wie eine erfolgreiche Klärung alter Konflikte aussehen kann, davon handelt Ninas Geschichte.

Vergebung und Versöhnung: *»Es tat weh, nun ist es gut!«*

»Meine Beziehung zu meinen Eltern war eigentlich immer gut. Sagen wir: normal. Umso erstaunter war ich, dass mich als Erwachsene in ganz bestimmten Situationen bei meinen Eltern seltsame Gefühle beschlichen, ja fast ein dumpfer Schmerz aufkam. In einer psychotherapeutischen Beratung dann wurde mir klar, dass ich als Kind oft einfach überfordert wurde, so nach dem Motto: Die Nina kann das. Die Nina schafft das schon. Die Nina ist tapfer. Die Nina ist stark. So wurde immer wieder über mich verfügt. Gefragt, ob mir das auch recht und möglich sei, wurde ich kaum. Auch nicht als Erwachsene. Erst reagierte ich in solchen Situationen auch für mich selbst erstaunlich patzig, aggressiv oder gar abweisend. Meine Eltern schauten sich dann immer nur verständnislos an und fragten mich, was sie mir eigentlich getan hätten. Ich aber war in solchen Momenten gar nicht in der Lage, ihnen mein Verhalten zu erklären. Ich wusste nur: Irgendwann muss es auf den Tisch! Und so habe ich meinen italienischen Eltern in einem Mutanfall an einem Tag X einen langen ausführlichen Brief geschrieben, in dem sie erfahren sollten, was in meiner Kindheit so schwer, so überfordernd und immer wieder auch verletzend war. Ich schrieb ihnen, dass ich das erst jetzt als großes Kind so richtig empfinden könne. Ohne Vorwürfe und Schuldzuweisungen schrieb ich ihnen. Ich hatte einzig den Wunsch, dass sie einmal versuchten, ›in meinen Schuhen zu gehen‹, oder gewisse Situationen mit meinen Augen zu sehen. Dieser Brief an die Eltern war eine Zangengeburt, und mancher Entwurf endete im Papierkorb. Aber ich fühlte deutlich: es muss sein. Jetzt oder nie. Meine Eltern waren dann sehr erstaunt und zutiefst betroffen über meine Darstellung. ›Wenn wir das gewusst hätten!‹ sagten sie. Sie nahmen mich in den Arm und drückten mich fest. Das war für mich so wertvoll wie eine Entschuldigung. Balsam für meine Seele. Wir haben dann wieder Gras darüber wachsen lassen und später immer wieder einmal vorsichtig darüber geredet. Nun ist es gut so. Ich bin dankbar, dass meine Eltern diesen Schritt auf mich zumachen konnten. Der Brief hat sich gelohnt. Tausendmal.«

Nina, 47

Ninas Geschichte ist ein gutes Beispiel dafür, dass es für eine Klärung nie zu spät ist. Nina hat allen Mut zusammengenommen und versucht, in der Beziehung zu ihren Eltern Klarheit zu schaffen. Sie hat bei sich in der Begegnung mit Vater und Mutter immer wieder Gefühle festgestellt, die sie zunächst selbst nicht verstand. Erst mit therapeutischer Hilfe kam sie ihrem Innern auf die Spur und lernte, ihre Gefühle einzuordnen: alte, ganz alte Emotionen, die in bestimmten Situationen wieder hervorbrachen. Da waren Verletzungen und Überforderungen aus der Kindheit, die wie Nachwehen auch Jahre später wieder schmerzten, wenn es um Ähnliches ging. Als Nina das klar wurde, erkannte sie auch, wie wichtig es ist, ihre Eltern an diesem Wissen teilhaben zu lassen. Mehr noch, Mutter und Vater haben ein Recht darauf, zu verstehen, warum sich diese alten Verletzungen in unerklärlichen patzigen Antworten entladen.

Nina hat ihren Eltern einen Brief geschrieben. Sie hat um Sprache gerungen. So mancher Entwurf landete im Papierkorb, erzählt sie. Sie sagt nicht, warum sie kein Gespräch gesucht hat. Aber wir können uns vorstellen, dass es für die Tochter noch schwieriger gewesen wäre, in der direkten Begegnung mit den Eltern die richtigen Worte zu finden. Vielleicht befürchtete sie auch, ihre Eltern würden schnell anfangen, sich zu rechtfertigen. Das hätte Nina nicht geholfen. Sie wollte keine Entschuldigung, kein Bagatellisieren, sie wollte nur eines: Verständnis für ihre Situation als Kind.

Das hat sie bekommen. Ihre Eltern haben den Perspektivenwechsel geschafft! Nina fühlt sich verstanden und ist erleichtert. Neue Nähe ist möglich.

Ninas Eltern haben sehr reif und kompetent reagiert. Wir erfahren von der Tochter, dass sie sich das Verhalten ihres erwachsenen Kindes zuvor nicht erklären konnten. Aber sie spürten wohl doch, dass Ninas Abwehrhaltung etwas mit ihnen zu tun haben könnte. Denn sie fragten ja: »Was haben wir dir eigentlich getan?« Ninas Brief brachte dann Licht ins Dunkel. Nun konnten ihre Eltern die Gefühle der Tochter verstehen. Und sie hatten die Größe, ihr Verhalten zu bedauern. Sie nahmen ihre längst erwachsene Nina in die Arme, trösteten sie, waren ihr nahe und hielten die späte Klärung aus, ohne etwas wegzureden. Und dann konnten sie den Schmerz stehen lassen. Keine Erklärungen. Keine Wundenwühlerei. Toll haben die drei das hinbekommen!

Wenn es erst mal ausgesprochen ist, ist alles leichter. Dann kann man das Thema immer wieder aufnehmen, wenn die Situation es erfordert. Ganz ohne Patzigkeit kann Nina dann sagen: »Jetzt fühle ich mich wieder so wie früher, als es mir zu viel war. Ihr wisst schon ... Können wir es so machen, dass ...?«

Nina hat die Klärung mit therapeutischer Unterstützung geschafft. Ihre Eltern hingegen haben möglicherweise schon lange gespürt, dass etwas ansteht. Sie haben Geduld bewiesen und schließlich entgegengenommen, was von der Tochter kam. Das mussten sie auch verkraften. In den »Schuhen des Kindes zu gehen« klingt für Eltern leicht. Aber welche Eltern lassen sich dazu in späten Jahren wirklich auffordern? Sehr klug haben sie das gemacht! Und ganz allein! In der Sprache der Eltern möchten wir hier von *Grandezza* sprechen. Sie haben die Tochter nicht zusätzlich mit ihrer eigenen Trauer um das Versäumnis belastet, sondern gemerkt, dass sie dafür nicht die richtige Gesprächspartnerin ist. Das ist eine reife Leistung. So kann neue Nähe entstehen.

Es ist sehr entlastend, wenn auch nicht einfach, die »Leichen aus dem Keller zu holen« und jahrelang Verschwiegenes zur Sprache zu bringen. Auch bei Linda ist die späte Klärung gelungen:

Familiengeheimnisse: *»Jetzt endlich ist es klar!«*

»Ich habe immer schon ganz leise gespürt, dass es irgendwie seltsam wurde, wenn meine Mama von ihren Eltern erzählte. Stets waren sie die besten, die liebsten, die wunderbarsten, die großzügigsten! Aber ich habe mir nie so richtig vorstellen können, warum sie die besten, liebsten, großzügigsten und wunderbarsten waren. Auf den Fotos sahen sie für mich einfach ganz normal aus, wie andere Großeltern auch. Persönlich habe ich sie nie kennen gelernt. Sie sind beide bei einem Flugzeugabsturz ums Leben gekommen. Nun wurde meine Mama letzte Woche siebzig. Zu diesem Fest hatte sie ihre Liebsten und Nächsten eingeladen. Es gab ein richtiges Familienfest mit weißen Tischtüchern, Blumengesteck und Fünf-Gang-Menü. Nach dem Hauptgang stand mein Vater auf, ließ sein Weinglas klingen und hielt eine kleine Festansprache, die mit dem Satz endete: ›Und nun, meine Lieben, sagt euch Aline etwas, das sie euch schon immer sagen wollte, aber nie zu sagen wagte, bitte

ermutigt sie dazu mit einem großen Applaus!‹ Mir schwante, dass nun etwas ganz Großes, etwas sehr Außergewöhnliches kommen könnte. Meine Mama war nämlich nie eine Frau, die auf sich aufmerksam machte. Eher ein Schattenmensch, würde ich sagen. Eine Frau, die man gerne übersieht. Aber sie stand auf, schaute in die Runde und sagte seltsam gefestigt und erstaunlich unaufgeregt: ›Ich möchte heute Schluss machen mit einer Lebenslüge. Ich bin nun siebzig. Und man weiß nie, was kommt. Ich mache es kurz. Ich möchte euch nur sagen, was niemand weiß. Meine Geschwister nicht, meine eigenen Kinder nicht und auch meine Freunde nicht. Noch nicht. Und nun kommt es: Ich bin ein Adoptivkind. Meine leibliche Mutter sitzt dort. Ich bitte euch, sie ganz freundlich in eurem Kreis aufzunehmen!‹ Mir schwanden die Sinne. In der rechten hinteren Ecke saß meine wirkliche Großmutter! Eine Frau, die aussah wie meine Mama! Nur viel älter. Und mit viel Tränen in den Augen. Ich eilte zu ihr hin. Und auf dem Weg zu ihr wurde mir seltsam leicht, und ich dachte: ›Jetzt endlich ist es klar!‹«
Linda, 43

»Es ist nie zu spät für eine glückliche Kindheit.« Das würde die 43-jährige Linda sicher bestätigen. Längst hatte sie nämlich gespürt, dass da etwas Doppelbödiges war. Rund um die Großeltern gab es den Mythos von »den Besten, den Wunderbarsten und den Großzügigsten«. Das ließ die kleine Linda immer schon ein bisschen zweifeln: Na, so lupenrein kann doch keiner sein. Aber den Mut, diese Zweifel auszusprechen und bei der Mutter genauer nachzufragen, hatte die Tochter nicht. Das ist auch sehr schwierig. Begrabene Hunde gibt es nahezu in jeder Familie. Dann spüren meist alle diffus, dass nicht ganz die Wahrheit gesagt wird und dass man besser nicht an bestimmten Dingen rührt. Folglich erlaubt sich auch niemand, die Seifenblase zum Platzen zu bringen. Genau wie Linda. Aus ihrem Bericht vom siebzigsten Geburtstag ihrer Mutter wird deutlich, wie stolz sie auf ihre Familie ist, wie sich mitfreut an den weißen Tischtüchern, dem Fünf-Gang-Menü, der Gästeschar und den Blumengestecken.

Und plötzlich wendet sich das Blatt, die Mutter deckt mit siebzig die Wahrheit über ihre Eltern auf. Und Linda lernt die Mutter nun auf eine ganz andere Weise kennen. Aus dem »Schattenmensch« ist eine gefestigte, ruhige Person geworden, die ihren Liebsten und Freunden eine Lebenslüge gesteht. Linda trifft zum ersten Mal ihre leibliche Großmutter, ein einschneidendes Erlebnis. Ihr schwinden die Sinne, wie sie sagt. Die neue Wahrheit ist offenbar überwältigend. Da sitzt nun ihre Großmutter, die sie offensichtlich in ihrem Leben vermisst hatte! Eine große Erleichterung überkommt Linda. Gerne erfüllt sie den Wunsch ihrer Mutter, die alte Dame freundlich in den Kreis aufzunehmen.

Wieso hat Lindas Mutter dieses Geheimnis so lange für sich behalten? Die Adoption war wohl so etwas wie ein Schandfleck für sie. Am Anfang des Lebens weggegeben worden zu sein ist beschämend und erfüllt viele Adoptivkinder mit einem lebenslangen Gefühl von Schuld den Adoptiveltern gegenüber. Deswegen musste Lindas Mutter ihre Eltern glorifizieren, um mit diesem Wissen leben zu können. Nicht einmal ihre Geschwister wussten Bescheid. Wir vermuten hinter dem Schweigen eine große Angst, die sich so umschreiben ließe: »Wenn erst mal die Wahrheit an den Tag kommt, werde ich wieder abgelehnt werden! Dann gehöre ich nicht mehr dazu! Dann bin ich eine Außenseiterin!« Wenn man sich erst einmal in ein Lügengestrüpp verstrickt hat, ist es ziemlich schwierig, einen Ausweg zu finden.

Wem sage ich es zuerst? Wie wird die Person reagieren? Was, wenn sie mir Vorwürfe machen? Diese und andere Fragen wird sich Lindas Mutter immer und immer wieder gestellt haben. Und nie hatte der Mut gereicht, die Lebenslüge endgültig aufzugeben. Aber jetzt, mit siebzig, da will sie endlich reinen Tisch machen. »Man weiß nie, was kommt«, sagt die Jubilarin. Neben einer gefestigten Persönlichkeit, die innerhalb der Familie und des Freundeskreises ihren sicheren Platz hat, scheint da auch ein wenig Aufmüpfigkeit am Werk zu sein. »Jetzt bin ich siebzig! Was habe ich noch zu verlieren? Und was kann ich für mich, meine Mutter und meine Kinder an Boden gutmachen?«

Ihre alte Mutter lebt noch. Wenn die Siebzigjährige nun die

Wahrheit sagt, kann auch Linda die Großmutter kennen lernen! Was für ein Realitätsgewinn! Unterstützt von ihrem Mann, gelingt Lindas Mutter diese folgenschwere Eröffnung. »Endlich ist es klar«, so Lindas erleichterter Schlusssatz.

Wir gratulieren Lindas Mutter zu ihrem Mut. Wir gratulieren ihrem Mann für die Unterstützung, die er seiner Frau gibt. Und wir gratulieren auch Linda für die Offenheit, mit der sie die neue Familiensituation entgegennimmt und auf ihre Großmutter zugeht. Das ist keine Selbstverständlichkeit. Nun gibt es die große Chance zu einer neuen Nähe zwischen den Frauen aus den drei Generationen. Der Mutsprung in die Wahrheit hat sich aus unserer Sicht auf jeden Fall gelohnt.

Wie wichtig ein offenes Gespräch über das Sterben mit den eigenen Kindern ist und wie elementar ein selbstbestimmter Umgang mit dem Tod für alte Menschen sein kann, das zeigt die Geschichte von Hildegard.

Todeswunsch und Patientenverfügung: *»Ich will mitbestimmen bis zuletzt!«*

»Ich muss ehrlich sagen, die Vorstellung, irgendwann an medizinischen Geräten zu hängen und von denen künstlich am Leben erhalten zu werden, ist mir ein echter Graus. Wir haben in der Familie schon mehrfach das Thema diskutiert, und ich musste feststellen, dass meine Kinder anderer Meinung sind als ich. Nicht, dass sie diese Apparatemedizin voll unterstützen, aber für den Fall, dass es mich denn mal treffen sollte, möchten sie nichts, aber auch gar nichts unversucht lassen. Ich habe nichts mehr sagen können, aber innerlich habe ich fast ein bisschen gekocht. Immerhin ist es doch mein Leben und somit auch mein Sterben, und da möchte man doch vielleicht auch noch ein Wörtchen mitbestimmen können, oder etwa nicht? Aber ich habe das Gefühl, die nehmen mich gar nicht richtig ernst, sondern schieben meine vorsichtig ausgesprochenen Wünsche beiseite mit Bemerkungen wie, es gehe mir ja gut, was das Thema überhaupt solle, ich könne mich da schon auf sie verlassen. Also, den Eindruck habe ich nicht wirklich, und deshalb habe ich mich jetzt entschlossen, eine Patientenverfügung auszufüllen. Ich will selbst bestimmen, und zwar bis zuletzt.«

Hildegard, 78

Recht hat Hildegard! Das Sterben ist Teil des Lebens, und es ist das Recht jedes Menschen, über sein Ende mitzubestimmen. Vorausgesetzt, er ist dazu in der Lage. Die 78-Jährige scheint eine klare Haltung gegenüber der Hightech-Medizin zu haben. Sie möchte auf keinen Fall künstlich am Leben erhalten werden. Ein würdiges, selbstbestimmtes Sterben schwebt ihr vor.

Leider scheint dieses Anliegen bei ihren Kindern auf taube Ohren zu stoßen. Und Hildegard setzt sich nicht wirklich für ihren Wunsch und für ihre Überzeugung ein. Sie wirkt eher resigniert und beschließt, »innerlich kochend«, ihren Willen halt mit einer Patientenverfügung durchzusetzen, indem sie schriftlich festhält, wie sie ihr Sterben sieht und was sie sich für ihre letzten Stunden wünscht. Der Ausspruch ihrer Kinder, sie könne sich da schon auf sie verlassen, beruhigt die alte Frau nicht wirklich. Die Äußerungen der Kinder und ihr Ablenken von diesem wichtigen Thema lassen Hildegard daran zweifeln, dass ihre Wünsche überhaupt richtig gehört, geschweige denn erhört werden, wenn es an der Zeit ist. Wir denken, Hildegard spürt das ganz richtig. Nach gerontopsychologischen Erkenntnissen fällt es Kindern eher schwer, den Sterbewillen eines Elternteils zu respektieren, denn sie wollen Mutter oder Vater einfach nicht verlieren! Auch dann, wenn diese ihre Wünsche schriftlich niedergelegt haben.

Wechseln wir also die Perspektive! Hildegards Kinder wehren sich nicht nur innerlich, sondern ganz offensichtlich auch äußerlich gegen ein offenes Gespräch über den mütterlichen Abschied von dieser Welt. Die alte Frau sagt zwar selbst, sie habe ihre Wünsche vorsichtig geäußert, aber auch diese vorsichtigen Versuche werden mit der Aussage »Es geht dir ja gut!«, abgeschmettert. Es gelingt den Kindern nicht, ernsthaft auf die Mutter einzugehen.

Das kann verschiedene Gründe haben. Vielleicht war der Moment des Gesprächs ungünstig gewählt: Andere Dinge waren gerade wichtiger, die Zeit war knapp, oder die Enkelkinder waren in der Nähe. Die wahrscheinlichere Erklärung ist aber einfach die kindliche Abwehr des Themas. Gerade in der Eltern-Kind-Beziehung wiegt es besonders schwer.

Die erwachsenen Kinder stehen hier nämlich vor der schweren Aufgabe, die Wünsche der Eltern über ihre eigenen zu stellen. Der eigene Wunsch, Vater und Mutter mögen so lange wie möglich leben, muss losgelassen werden. Es ist wahrlich nicht einfach, der eigenen Verwaisung ins Auge zu sehen. Aber es wird auch nicht einfacher, wenn man das Thema vermeidet. Hinzu kommt, dass erwachsene Kinder an dieser Stelle ihrer Biografie nicht darum herumkommen, sich auch mit dem eigenen Sterben zu beschäftigen. Was wäre mir wichtig? Wovor fürchte ich mich? Wem würde ich mich mit meinen letzten Wünschen anvertrauen wollen?

Wenn sich die Kinder darauf einlassen können, gelingt es mit diesem Perspektivenwechsel möglicherweise, die Mutter besser zu verstehen. Vielleicht gelingt es auch, durch die offene Konfrontation die Angst vor dem Unausweichlichen etwas zu mindern.

Wir unterstützen Hildegard: Ihre Idee, eine Patientenverfügung auszufüllen, ist gut. Sie kann sich beim Bundesjustizministerium oder im Internet unter www.patientenverfuegung.de genauer erkundigen. In der Schweiz gibt »Dialog Ethik« unter www.dialog-ethik.ch Auskunft.

Ganz wichtig ist es, abzuklären, welche rechtliche Relevanz so ein Papier im Notfall hat. Müssen sich die Ärzte daran halten, wenn der Patient selbst keine Auskunft mehr geben kann? Wie erreichen die Informationen in der Patientenverfügung im richtigen Moment den behandelnden Arzt? Nur wenn das klar ist, kann Hildegard wirklich beruhigt davon ausgehen, dass ihre Wünsche berücksichtigt werden. Vielleicht ist ja doch eines ihrer Kinder offener für das Thema? Vielleicht kann bei dieser familiären Vertrauensperson eine Kopie der Verfügung hinterlegt werden?

Inhaltlich muss sich Hildegard zu vielem Gedanken machen und zu manchem Stellung beziehen. Wer hat die Vollmacht? Welche lebensverlängernden Maßnahmen sind auszuschließen? Wie soll das Begräbnis aussehen? All das ist keine leichte Kost. Deshalb ist wichtig, dass die alte Frau sich Zeit lässt. Vielleicht gibt es ja auch jemanden im Bekanntenkreis, der selbst schon eine Patientenverfügung hat und Hildegard mit Rat und Tat zur Seite stehen kann. Das könnte der bald Achtzigjährigen helfen, ihr eigenes Denken und Fühlen zu konturieren.

Das Gespräch über die letzten Wünsche mit einem Menschen außerhalb der Familie ermutigt Hildegard bestimmt, das Thema mit den eigenen Kindern noch einmal aufzunehmen. Wichtig ist, dass sie den Zeitpunkt dafür gut wählt. Es ist sogar empfehlenswert, das Gespräch anzukündigen: »Ich werde in gut einem Jahr achtzig. Da ist es an der Zeit, dem Ende entgegenzusehen. Noch geht es mir ja gut. Aber ich bin keine Verdrängerin, und es ist mein Wunsch, mit euch darüber zu reden. Beim letzten Mal bin ich damit bei euch auf taube Ohren gestoßen. Das kann ich verstehen, das Thema ist für uns alle nicht leicht. Aber wenn es einmal geklärt ist, können wir uns wieder dem Leben zuwenden. Darum ist es mir sehr wichtig, mit euch eine Stunde gemeinsame ungestörte Zeit zu finden für diese letzten Dinge.«

Klare Worte. Die Einbeziehung der erwachsenen Kinder ist wichtig, weil es durchaus auch möglich ist, dass sich aus der Patientenverfügung künftige Aufgaben für die Kinder ergeben, zu denen diese auch die Möglichkeit bekommen sollten, Stellung zu nehmen. Stellen wir uns beispielsweise vor, Hildegard formuliert den Wunsch, dass ihr ältester Sohn nach Möglichkeit beim Sterben dabei sein solle. Dann muss dieser auch die Chance haben, zu sagen, ob er sich diesem Wunsch gewachsen fühlt, und das Vorgehen mit den Geschwistern absprechen. Wir halten das Gelingen eines solchen Gesprächs für sehr wahrscheinlich, weil es durch die ausgefüllte Patientenverfügung enorm versachlicht wird. Das schützt vor Abwehr und übersteigerter Sentimentalität.

Doris hingegen macht genau das gegenteilige Problem zu schaffen: die väterliche Verschlossenheit und die Tabuisierung des eigenen Todes.

Abschied: *»Er tut so, als würde er ewig leben!«*

»Meinem Vater geht es zwar seinem Alter entsprechend – immerhin hat er die achtzig überschritten –, aber doch zunehmend schlechter. Er kommt zurzeit noch allein zurecht, oder besser er lebt allein in seinem Einfamilienhaus, wird aber von mir und der Spitex regelmäßig unterstützt. Sein Herz will einfach nicht mehr. Bei der kleinsten Anstrengung bekommt er sofort Atemnot und ringt richtig nach Luft. Machen kann man nichts mehr, er muss seine Tabletten nehmen und sich so wenig wie möglich belasten. So der Rat des Hausarztes. Aber der kennt meinen Vater schlecht. Immer wieder geht er über seine Grenzen, strengt sich viel zu sehr an und will einfach nicht wahrhaben, wie es um ihn steht. Dabei ist die Lage mehr als ernst, und wir sollten dringend vorsorglich ein paar Sachen besprechen und regeln, falls ihm was passiert. Immerhin gibt's noch meine Schwester in Kanada und einen unehelichen Sohn, zu dem wir aber kaum je Kontakt hatten. Aber man hört es ja immer wieder, im Todesfall stehen dann plötzlich alle auf der Matte. Ich habe mehrfach vorsichtig versucht, meinen Vater wenigstens darauf anzusprechen, sich mehr zu schonen, aber schon da wehrt er vehement ab, und wenn es um die Zukunft geht, schweigt er beharrlich – er meint wohl, er würde ewig leben.«
Doris, 52

Doris befindet sich in einer heiklen Situation. Der Vater sollte sich schonen, seinen körperlichen Einschränkungen Rechnung tragen und das Sterben in sein Leben einbeziehen. Aber genau das tut er nicht. Der alte Herr hat seine ganz eigenen Vorstellungen von seinem Leben. Er neigt auch dazu, über seine Grenzen zu gehen. Offensichtlich kann und will er nicht wahrhaben, wie es um ihn wirklich bestellt ist.

Die Tochter hingegen erwartet von ihrem Vater nicht nur, dass er kürzertritt, sondern auch, dass er langsam bereit ist, ein paar Dinge vorsorglich zu regeln. Natürlich will Doris nicht, dass ihr Vater stirbt. Aber wenn es dann doch ganz plötzlich passiert, möchte sie vorbereitet sein. Sie hat offensichtlich Angst davor, am Ende mit allem allein dazustehen. Und diese Angst hat sie zu Recht, finden wir.

Immer wieder erleben wir Situationen, in denen Familien nach dem Tod eines Elternteils an irgendwelchen Erbschaftsstreitigkeiten zerbrechen. So etwas droht auch in dieser Familie, zum Beispiel durch den unehelichen Sohn. Solche ungeregelten Dinge erschweren die Trauer. Wenn Abschied genommen werden muss, sollte der seelische Prozess nicht unnötig überlagert werden von Unerledigtem, Unklarem und Administrativem.

Wir erfahren nichts darüber, wie Doris die Situation mit ihrem Vater angegangen ist. Offenbar schätzt er es jedenfalls nicht, wenn sie ihm ans Herz legt, sich zu schonen. Er reagiert auch abweisend, wenn sie ein vorsichtiges Gespräch versucht. Es scheint uns: Doris hat nun eigentlich resigniert. Sie reagiert auf die väterliche Abwehrhaltung mit der Vermeidung des noch schwierigeren Themas: Sterben und Tod.

Der alte Herr lässt sich von seiner Tochter nicht in sein Leben dreinreden. Selbst ist der Mann! Auch wenn längst nicht mehr alles so ist wie früher. Ob der Vater für sich allein über sein Lebensende nachdenkt, wird hier nicht klar. Wir fragen uns aber: Warum reagiert er so abweisend? Meint er wirklich, es sei alles nur halb so schlimm? Das glauben wir nicht. Wenn jemand so herzkrank ist, dass er immer wieder unter Atemnot leidet, kann er eigentlich nicht über den Ernst der Lage hinwegsehen. Vielleicht versucht der Mann, die Augen vor den Tatsachen zu verschließen. Aber auf Dauer wird ihm das nicht gelingen. Wir denken: Der alte Mann kann mit seinem Leben, so wie es nun ist, überhaupt nicht umgehen. Möglicherweise will er auf gar keinen Fall seiner Tochter zur Last fallen. Schließlich ist er ein Mann aus der Generation, in der es oberstes Ziel war, sich keine Blöße zu geben und durchzuhalten. Komme, was wolle. Dass er seine Tochter damit zusätzlich belastet, ist ihm wahrscheinlich gar nicht bewusst.

Die Situation ist schwierig. Wir halten erst einmal grundsätzlich fest: Doris' Vater hat das Recht, sein Leben mit der Krankheit so zu gestalten, wie er es für richtig hält. Ein anderes Thema ist aber die Regelung seines Sterbens und des Nachlasses. Wir meinen, hier müsste er dringend dem Wunsch seiner Tochter nachkommen. Was geregelt werden kann, muss geregelt werden. Es ist bei aller Schwäche nicht fair, das alles Doris aufzubürden.

Doris kommt also um ein weiteres Gespräch nicht herum. Dabei ist wichtig, dass sie vermeidet, dem Vater zu sagen, was sie für richtig hält. Sie soll ihn sein Leben leben lassen, wie er es will. Dass sie sich Sorgen macht, hat sie ja bereits kundgetan. Nun soll es ausschließlich um das gehen, was der Tochter in Bezug auf einen möglichen plötzlichen Tod des Vaters auf der Seele brennt. Hier ist es wichtig, den Vater erst mal zu fragen, warum er nicht darüber reden will. Vielleicht ist die Tochter ja einfach die falsche Person. Das gilt es herauszufinden und auch zu berücksichtigen.

So könnte Doris das Gespräch beginnen: »Weißt du, Papa, ich merke immer wieder, dass du mir ausweichst, wenn ich mit dir über die Regelung gewisser Dinge reden möchte. Kannst du mir bitte sagen, woran das liegt? Ich kann mir vorstellen, dass es für dich schwer ist, über all das zu sprechen. Glaub mir, es fällt mir auch nicht leicht. Hast du das Gefühl, es wäre für dich mit jemand anderem einfacher? Wäre es leichter für dich, wenn es beispielsweise ein Notar wäre?« Verneint der Vater die letzte Frage, sollte die Tochter ihm klarmachen, was genau ihr so auf dem Magen liegt. »Ich habe doch auch Angst davor, was dann alles auf mich zukommt, wenn du einmal nicht mehr bist.«

Spürt oder hört sie hier von dem alten Mann, dass er meint, sie werde es schon richtig machen und er sei mit allem einverstanden, kann sie ihre Überlegungen zum Vorgehen mitteilen und schauen, ob er wirklich gleicher Meinung ist. »Bist du denn auch der Meinung, dass … Oder bist du einverstanden, wenn ich das so mache?« So kann der herzkranke Vater intervenieren, wenn ihm etwas missfällt. So muss er aber selbst nicht aktiv werden. Ganz wichtig ist für

Doris die explizite väterliche Erlaubnis und der Auftrag, die gewünschten Regelungen einzuleiten. Entlastend sind für den Ernstfall auf alle Fälle die Verschriftlichung der Abmachungen und die väterliche Signatur.

Gespräche rund um dieses Thema sind immer schwierig. Meist haben die alten Eltern und die erwachsenen Kinder Angst davor. Statt die Angst durch Klärung ein Stück abzubauen, vermeiden sie häufig das Gespräch über das Unausweichliche. So aber wächst das Schreckgespenst. Deshalb wünschen wir Doris und ihrem Vater, dass es ihnen gelingt, auf diese Weise die letzten Dinge zu regeln, so dass auch für sie eine andere Nähe entstehen kann.

Guter Rat und gar nicht teuer:

1. Wenn es um die letzten Dinge geht, muss der Zeitpunkt für das Gespräch sorgfältig gewählt sein. Die Ankündigung des Gesprächsthemas hilft allen Beteiligten, sich innerlich bereitzuhalten für das, was wichtig ist, wenn die Tage gezählt sind.

2. Holen Sie die Leichen aus Ihrem Keller, solange Sie noch leben. Der Mut zur Wahrheit lohnt sich auf lange Sicht gesehen fast immer – für Sie, Ihre Kinder und Kindeskinder.

3. Ungeregeltes erschwert die Trauer. Sie tun Ihren Kindern einen großen und unvergesslichen Liebesdienst, wenn Sie Klarheit schaffen für die Zeit nach Ihrem Tod.

10. Macht und Ohnmacht

Alte Bäume behämmert der Specht am meisten.

Wilhelm Busch

Eine Frau, eben in Pension gegangen, meldet sich in der Quartiers-schule. Sie ist bereit, freiwillig nach Schulschluss als Hausaufgaben-Helferin zu arbeiten.

Eine Oma schenkt ihrer 25-jährigen Enkelin ein rosa umhäkeltes Taschentuch. Darin eingewickelt liegt ein staubiges, verklebtes Parfumfläschchen. Es ist fast leer.

Ein alter Mann erzählt immer wieder von seiner Unersetzlich-keit im Beruf. Seine Kinder und Kindeskinder wissen, dass er eine disziplinierte Arbeitskraft war, und fragen sich, weshalb er immer wieder mit dem »Kram von gestern« anfängt.

Was haben diese drei sehr unterschiedlichen Situationen ge-meinsam? Alle drei Begebenheiten könnten – alterspsychologisch unter die Lupe genommen – ein und denselben Hintergrund haben: den Versuch, mit Machtverlust im Alter umzugehen. Das gelingt den einen besser, den anderen weniger gut.

Der alte Mann, durch den Abschied aus der Arbeitswelt »ent-machtet«, holt sich durch die Erzählungen ein Stück seiner Wich-tigkeit zurück. Die Erinnerung dient ihm möglicherweise als Schutzschild gegen den drohenden Selbstwertverlust: »Wozu tauge ich noch? Bin ich überhaupt noch zu etwas nütze?« Fragen, die die altersfeindliche Leistungsgesellschaft Männern seiner Generation nahelegt. Es liegt also auf der Hand, dass dem alten Mann wenig geholfen ist, wenn ihm seine jüngeren Angehörigen etwas entnervt oder auch gelangweilt entgegnen: »Aber wir wissen doch längst, was du geleistet hast!«

Sinnvoller wäre es, den betagten Vater oder den Großvater bei seiner Kompetenz zu packen, ihn vielleicht da und dort um Unterstützung zu bitten oder auch um Rat zu fragen: »Sag mal, Opa, wie seid ihr früher im Betrieb damit umgegangen, wenn im Team einer partout nicht akzeptiert war?«, oder »Vater, du kennst dich so gut aus mit buchhalterischen Fragen und ich habe viel um die Ohren. Kannst du mir bei der Steuererklärung helfen?« Wir sind sicher, dass die »Früher-als-ich-noch-Geschichten« auf diese Weise verstummen.

Auch Schenken kann Macht bedeuten. Selbst wenn das Schenken eines ausgetrockneten Parfumfläschchens im Taschentuch den Geschmack der Enkelin wahrscheinlich deutlich verfehlt und beides früher oder später diskret »entsorgt« wird, versetzt sich die Oma damit in die starke Position der Gebenden. Was in den Augen der 25-Jährigen und ihrer Eltern vielleicht unter der Kategorie »Altersgeiz« abgebucht wird, kann in Tat und Wahrheit der Versuch sein, sich aus einer Position der Ohnmacht zu befreien. So verstanden kann es für die Oma wichtig sein, dass sich ihre Enkelin hintergründigere Gedanken macht und fragt: Was kann mir die Oma eigentlich noch geben? Was von ihrem Wissen von früher möchte ich auch haben? Was von ihrem Können möchte ich auch erwerben? Vielleicht ist es ein Rezept, mit dem ich auf der nächsten Party Furore mache. Vielleicht ist es ein Buchtipp oder ein Reisevorschlag. Es gibt viele Möglichkeiten.

Die Frau, die sich bei der Quartiersschule meldet, stellt kostenlos ihre Hilfe zur Verfügung. Wer hilft, kann nicht ohnmächtig sein. Wer hilft, bewirkt etwas. Ein kleiner Junge kapiert plötzlich die schriftliche Division, ein anderer begreift den Unterschied von Perfekt und Imperfekt, ein Mädchen ist froh, dass die ältere Dame für Ordnung sorgt, wenn sie wegen ihrer Krakelschrift gehänselt wird. Pensionierte sind heute gesünder und besser ausgebildet als früher. Viele von ihnen wollen tätig sein und den Generationenvertrag mit neuen gesellschaftlichen Aufgaben erfüllen. Für diese Menschen ist Freiwilligenarbeit ein guter Weg, sich »nützlich« zu machen. Und das Beste daran: Geholfen ist damit nicht nur den anderen, sondern auch ihnen selbst. Macht und Ohnmacht sind besser austariert.

Paul B. Baltes' großes **K, die Kompensation,** spielt in allen drei Geschichten eine Rolle. Allerdings ist das **S, die Selektion,** darin unterschiedlich erfolgreich. Wahrscheinlich wird die freundliche Helferin an der Schule mehr Anerkennung und Wertschätzung bekommen als die Oma mit dem verfehlten Geschenk und der alte Mann mit seinen verklärenden Erinnerungen an den früheren Arbeitsalltag. Und was das große **O, die Optimierung,** angeht, zeigen diese drei Beispiele, dass auch die erwachsenen Kinder oder die Enkel daran beteiligt sein können. Optimierung gelingt durch sie, wenn sie es schaffen, die alten Menschen bei ihren Ressourcen »zu packen«. Das **SOK-Modell**, ein Modell, das »Erfolgreiches Altern« auf den Punkt bringt, haben wir im 5. Kapitel »Entlastung und Überforderung« näher erläutert.

Die Asymmetrie der Macht durchzieht die Eltern-Kind / Kind-Eltern-Beziehung. Vor allem im Zeitraum von der Geburt bis zur Volljährigkeit und dann wieder gegen das Lebensende hin spielt sie eine sehr große Rolle. Am deutlichsten zeigt sich diese Asymmetrie beim Baby, das schreit und darauf angewiesen ist, dass jemand kommt, um es zu nähren, zu säubern und zu beruhigen. Oder beim Aufstand eines Zwerges im Supermarkt, der unbedingt einen Lutscher haben möchte, ihn aber nicht bekommt.

Die Schieflage von Macht zeigt sich ganz alltäglich beim Verbieten und Gewähren, beim Loben und Tadeln, beim Belohnen und Strafen, bei der An- und Abwesenheit, beim Ja und Nein und immer wieder auch beim Umgang mit Geld. In den mittleren Lebensjahren rückt das Thema meist eher in den Hintergrund.

Das ändert sich später, wenn die alten Eltern nachlassen, schwächer werden oder gar erkranken. Dann kehren sich die Machtverhältnisse um. Die einst so abhängigen Kinder werden nun zu den Machthabern. Und die einst so mächtigen Eltern geraten nun unter Umständen in die schwache Position der abhängigen Ohnmächtigen.

So zumindest sehen das viele. Wir sehen es aus drei Gründen etwas anders:

1. Macht und Liebe sind ein schwieriges Gespann. Um Liebe aber geht es idealerweise in der Beziehung zwischen Eltern und Kindern. Wir ziehen deswegen den Begriff der Verantwortung dem Begriff der Macht vor.
2. Es ist längst nicht immer so eindeutig, wie die Macht verteilt ist. Eine hinfällige hochbetagte Mutter, die kategorisch keine Hilfe annehmen will, ist ebenso mächtig wie der zweijährige Knirps im Supermarkt mit seinem großen Trotzauftritt.
3. Für uns ist, auch wenn es um »Macht und Ohnmacht« geht, das Modell von Margret Blenkner hilfreich und wegweisend. Es schlägt vor, die Machtasymmetrie der späten Jahre mit »filialer Reife« und »parentaler Reife« zu kultivieren.

Im 1. Kapitel, »Alte Rollen und neue Wege« erläutern wie das Konzept der **filialen Reife** detailliert. Wir halten es für sehr hilfreich, wenn es um Wege zu einem besseren Miteinander von erwachsenen Kindern und betagten Eltern geht. Es ist ein probates Mittel gegen sinnlose Machtkämpfe und aufreibende Machtspiele. Filiale Reife bedeutet: Wenn das erwachsene Kind merkt, dass seine Eltern an Überlegenheit, Kompetenz, Sicherheit und Stärke einbüßen, verändert sich etwas unwiederbringlich in der Kind- Eltern-Beziehung. Wenn das längst erwachsene Kind diese letzte Stufe in der Entwicklung der »Kinderrolle« durchlaufen hat, ist es fähig, die Verantwortung für seine Eltern zu übernehmen. Die filiale Reife bedeutet einen bewussten, manchmal von einer **filialen Krise** begleiteten Abschied von der Kindheit. Die meisten von uns kommen zwischen vierzig und fünfzig in diese Situation. Der Abschied vom gewohnten Miteinander ist nicht einfach. Die Stufe der filialen Reife bedeutet für die Kinder nun eine eher gebende Position. Allerdings sollte sie nie in Selbstaufgabe gipfeln, wie auch der Titel dieses Buches deutlich macht: »Ich kann doch nicht immer für dich da sein!«

Die **parentale Reife** hingegen entspricht eher der Fähigkeit, Gaben anzunehmen. Wir sind im 7. Kapitel, »Geben und Nehmen«, näher darauf eingegangen. Parentale Reife ist das Gegenstück zur filialen Reife, die betagten Eltern müssen nun die filiale Verantwortung akzeptieren lernen. Der Wunsch alter Menschen, in ihren sozialen Beziehungen einen reziproken Austausch zu pflegen, muss bei vermehrter Abhängigkeit dem Erlernen neuer Austauschformen weichen. Die Balance von Geben und Nehmen muss also wieder neu gefunden werden. Vielleicht liegt sie in der Summe der gemeinsamen Jahre. Jedenfalls beinhaltet der zunehmende Machtverlust der alten Menschen sowohl für die Eltern als auch für die erwachsenen Kinder eine anspruchsvolle Entwicklungsaufgabe. Diese kann, wenn sie gut gelöst wird, in **filiale und parentale Reife** münden. Einfacher gesagt: in einem guten Miteinander von erwachsenen Kindern und betagten Eltern. Dafür müssen die starren Macht/Ohnmacht-Strukturen überwunden werden.

Genau an diesem Punkt scheinen Frank und sein Vater noch uneins zu sein:

Macht- und Potenzverlust: *»Ich brauche doch keine Hilfe, es geht ganz gut allein!«*

»Mein Vater ist ein richtiger Erfolgsmensch. Besser gesagt: Er war es. Ein Banker mit viel Erfolg, hohem Einkommen und vielen Mandaten. Ein Mann von Welt, würde man sagen. Nun seit der Pensionierung aber merke ich, dass er nicht loslassen kann. Immer und überall betont er, wie sehr er im Unruhestand sei. Wie wenig Zeit er immer noch habe. Aber: Das stimmt nicht! Er hat alle Zeit der Welt. Klar hat er da und dort noch kleine Mandate. Aber sonst ist es aus mit dem großen Managertum. Aus mit den drei Telefonanrufen gleichzeitig. Aus mit: heute hier, morgen fort. Nur: Er gesteht es sich nicht ein! Ich glaube, er fällt langsam in eine Sinnkrise. Vielleicht in eine Erschöpfungsdepression. Jedenfalls scheint er regelrecht ins Nichts zu fallen. Wenn meine Mutter ihn darauf anspricht, wehrt er ab. Wenn ich mit ihm das Gespräch suche – immerhin bin ich Arzt –, wechselt er schnell das Thema. »Danke, es geht ganz gut allein, ich brauche keine Hilfe.«
Frank, 41

Frank beobachtet seinen unruhigen Vater im Ruhestand. Er stellt dabei fest, dass er sich anders verhält als erwartet. Statt kürzerzutreten, tut sein Vater so, als sei er ständig ausgebucht. Dabei, so meint sein Sohn, hat er doch alle Zeit der Welt! Der alte Herr gesteht sich anscheinend nicht ein, dass er nicht mehr so gefragt ist wie früher. Er hält am Alten fest. Offenbar fällt es ihm schwer, »weniger mächtig« zu sein. Sein Sohn sieht ihn vorausschauend bereits in eine Sinnkrise rutschen. Die Erschöpfungsdepression ist dann auch nicht mehr weit, meint er. Gesprächsangebote des Sohnes werden mit einem »Danke, es geht gut allein!« ausgeschlagen.

Es ist verständlich, dass Frank sich Sorgen macht. Allerdings haben wir hier zum einen den Eindruck, dass der Sohn, vielleicht durch seinen beruflichen Hintergrund, schon »die Flöhe husten« hört. Denn nur weil jemand zu Beginn des Ruhestandes nicht sofort zugeben kann, dass er plötzlich viel mehr Zeit zur Verfügung hat, stürzt er ja noch nicht gleich in eine Sinnkrise mit Erschöpfungsdepression. Zum anderen gibt es da vielleicht auch einen gewissen Machtanspruch des Sohnes, wenn er ins Feld führt, dass er immerhin Arzt sei. Welche Ansprüche verbindet Frank mit seinem Beruf? Sollte es dem Vater deshalb etwa leichter fallen, mit dem Sohn über seine Situation zu reden? Oder muss er seinen Rat deswegen ernster nehmen? Das wäre ein Trugschluss. Frank ist nämlich in allererster Linie der Sohn und nicht der Arzt des Vaters. Er sollte wissen: Der Prophet gilt nichts im eigenen Land! Möglicherweise wäre es erfolgversprechender gewesen, wenn er sich dem Vater auf eine andere, ganz und gar unprofessionelle Art genähert hätte.

Es scheint nämlich, als sei der neue Alltag für den Pensionierten in der Tat nicht ganz einfach. Gerade für gefragte, erfolgreiche und mächtige Menschen ist das Ausscheiden aus der Arbeitswelt meist sehr einschneidend. Dieser Schritt muss zuerst akzeptiert und dann auch verarbeitet werden. Das dauert seine Zeit und ist nicht so »mir nichts, dir nichts« zu bewältigen. Auch im 14. Kapitel, »Zeit und Geld«, ist unter »*Ruhestand: Die Tage sind so leer!*«, einiges darüber zu lesen. Wenn Franks Beschreibung zutrifft und sein Vater wirklich vorgibt, ständig beschäftigt zu sein, obwohl er alle Zeit der Welt hat, zeigt das, dass die neue Situation doch schwierig für ihn ist. Er hat offensichtlich zum Mittel der Verdrängung und Verleugnung gegriffen, um mit der Veränderung in seinem Leben klarzukommen. Nur ja nicht hinschauen! So tun, als sei alles beim Alten! Und schon gar nicht dem Filius gegenüber zugeben, wie es in ihm wirklich aussieht!

Ob das die richtige Strategie ist, darüber lässt sich sicher diskutieren. Zunächst jedoch hat Franks Vater diese Strategie gewählt. Noch gelingt es ihm nicht, die Gesprächsangebote seiner Frau und des Sohnes anzunehmen. Gegenüber beiden Personen erlebt der Manager in Rente eine enorme Veränderung seines Rollenverständnisses und damit auch einen großen Machtverlust. Da kann die implizite Autorität des Arztsohnes gerade kontraproduktiv wirken.

Neue Machtverhältnisse erschüttern die Balance. Das erfordert einen ganz besonders sensiblen Umgang mit den Menschen, die an Macht verlieren. Wir raten Frank deshalb, zunächst einmal geduldig und verständnisvoll abzuwarten. Wir raten, einfach da zu sein und nichts zu tun. Frank analysiert intellektuell, wie sich das Leben seines Vaters verändert hat und welche medizinischen Konsequenzen sich daraus ergeben könnten. Emotional scheint er weniger beteiligt zu sein. Er erwartet dabei zu viel von seinem Vater. Wenn er nun bemerkt, dass der Vater abwehrt, sollte er solche Gespräche nicht weiter forcieren. Mehr vom Gleichen, wenn es nichts fruchtet, ist selten sinnvoll.

Vielleicht bleibt er in viel besserem Kontakt mit seinem Vater, wenn er ihn auf die verbleibenden Mandate anspricht. »Erzähl mal, Vater, wie läuft es da?« Ein Gespräch von Mann zu Mann und keines vom Arzt zum vermeintlichen Patienten. Ein Gespräch auf Augenhöhe statt eines in steiler Machtasymmetrie. Nicht nur für Frank, sondern ganz grundsätzlich gilt: Die gewählte Bewältigungsstrategie eines Menschen ist zu respektieren! Für Frank heißt das: Es wäre falsch, das »Gerüst« seines Vaters zu demontieren, um ihm die Realität vor Augen zu führen. Es ist eine Realität, die der erfolgsverwöhnte Mann im Moment nicht nur nicht sehen will, sondern wahrscheinlich auch nicht sehen kann. Es schmerzt noch zu sehr.

Frank sollte sich darauf verlassen, dass sein Vater selbst irgendwann »auf die Welt kommt«. Dann ist der richtige Zeitpunkt, um ihn in Gesprächen zu unterstützen. Vielleicht ist ein väterlicher Seufzer das Tor zu einer tieferen Begegnung. Frank könnte dann sagen: »Ich höre dich seufzen, Papa. Ich kann mir ungefähr vorstellen, wie einschneidend sich der Alltag für dich verändert hat. Aber du weißt das besser. Magst du mir davon erzählen?« Wenn der Vater dann immer noch ausweicht oder gar abwehrt, gilt es, das zu respektieren. Respektieren heißt respektieren. Es ist nie und nimmer ein trotziger Rückzug nach dem Motto: »Wer nicht will, der hat schon. Dann soll er doch alleine wursteln!«

Wenn es Frank gelingt, seinen Vater so zu respektieren, wie er nun mal ist, und ihn auch in seinen Stärken anzusprechen, kommt irgendwann möglicherweise der Zeitpunkt der Öffnung. Aber wann das ist, bestimmt der alte Herr!

Um den verleugneten Machtverlust und ungebetene Einmischung geht es auch in Renates Geschichte. Wenn auch auf eine ganz andere Weise:

Verleugnung: *»Sie gibt es einfach nicht zu!«*

»Wenn ich mit meiner Mutter rede, versteht sie mich fast nicht mehr, aber nein, ein Hörgerät würde sie sich partout nicht anschaffen! Mein Vater ist auch ein bisschen so. Auch er will alles allein machen und regeln, auch wenn es eindeutig über seine Kraft geht. Er ist 85, aber er lässt sich nicht helfen. Letzte Woche hatten wir ein Familienfest. Es gab wirklich viel zu tun, aber sie sind beide so stur. Ich bin dann – um sie zu entlasten – in die Küche gegangen und habe mal angefangen, das Kaffeegeschirr abzuwaschen und aufzuräumen, während die anderen noch in froher Runde beim Kaffee saßen. Was, meinen Sie, war das Ende vom Lied? Meine Mutter war eingeschnappt, statt sich bei mir zu bedanken. Ich bin fassungslos.«
Renate, 54

Es ist für Renate nicht einfach zu verstehen, warum ihre Hilfe nicht mit Dank quittiert wird. Sie lässt uns wissen, dass ihre Eltern wegen einiger Alterserscheinungen eingeschränkt sind. Die Mutter hört schlecht, will aber kein Hörgerät. Der Vater will alles alleine erledigen, obwohl es offensichtlich über seine Kräfte geht. Sie illustriert uns die Verhältnisse anhand eines Familienfestes. Renate hatte gespürt, dass das Ganze ziemlich viel für ihre Eltern war, und ist ihnen ungefragt zur Hand gegangen. Sie hat sich still in der Küche zu schaffen gemacht, um ihre Mutter zu entlasten und ihr damit vielleicht sogar eine Freude zu bereiten. Stattdessen ist die alte Dame eingeschnappt. Ihr Dank für die geleistete Arbeit bleibt aus. Aus Renates Sicht ist das ärgerlich. Sie hat es gut gemeint. Sie war doch einfühlsam!

Das stimmt alles. Und trotzdem hat die Tochter einiges nicht bedacht: Erstens hat sie nicht gefragt, ob ihre Hilfe willkommen ist. Zweitens hat **sie** entschieden, welche Hilfe für die alte Mutter gut ist. Vielleicht wäre es für die hörbehinderte Mutter nämlich eine viel größere Hilfe gewesen, wenn sie sich um die Gäste gekümmert hätte und die alte Frau sich in aller Ruhe in ihre Küche hätte zurückziehen können.

Wechseln wir die Perspektive. Wie könnte diese Geschichte aus der Sicht der alten Eltern aussehen? Sehr wahrscheinlich spüren die beiden selbst, dass langsam alles schwieriger und aufwändiger für sie wird. Aber sie möchten, wie wir alle, autonom und unabhängig sein. Nur ja keine Hilfe annehmen! Alles selbst im Griff haben! Renates Eltern gehören doch der Generation der Pflichterfüllenden an!

Wir haben im 2. Kapitel, »Autonomie und Pflichtgefühl«, darüber geschrieben, wie schwer es für diese »MAN-Generation« ist, klein beizugeben, sich mal nicht durchzubeißen, koste es, was es wolle. Pflichten wollen erledigt werden! Und nun kommt die eigene Tochter und nimmt einem das Zepter einfach aus der Hand? Nein, das geht zu weit. Grund genug, eingeschnappt zu sein.

Renate könnte die Lage ganz entscheidend entspannen, wenn sie in vergleichbaren Situationen einfach fragen würde: »Was kann ich tun? Ich möchte euch gerne unterstützen. Was wäre für euch hilfreich?« So können die Eltern selbst bestimmen, was ihnen tatsächlich Entlastung bringt. Solange die Eltern nicht dement sind, wissen sie in der Regel sehr wohl, was für sie gut ist. Wenn erwachsene Kinder diese Tatsache missachten, laufen sie Gefahr, die Rollen umzukehren. Das sollte auf keinen Fall passieren.

Ganz konkret auf das Familienfest im Elternhaus bezogen, würden folgende Sätze von filialer Reife zeugen: »Das geplante Fest rückt jetzt näher. Ich stelle mir vor, dass es da eine Menge vorzubereiten gibt, und am Tag des Festes selbst ist wohl auch einiges zu tun. Gibt es da etwas, das ich euch abnehmen könnte?« So bliebe die Autonomie der Eltern gewahrt. Sie fühlten sich in der eigenen Wohnung nicht entmachtet, und die Rollen würden nicht durcheinandergeraten.

Wir beobachten solche Missverständnisse und unerfüllte Erwartungen zwischen erwachsenen Kindern und ihren Eltern sehr häufig. Deshalb gleich noch eine ähnliche Geschichte.

Unerfüllte Erwartungen: *»Ein Danke wäre ein Danke!«*

»Ich reiße mir täglich ein Bein aus. Denn eines will meine Mutter nicht: ins Heim. Und irgendwann habe ich ihr versprochen, dass sie das auch nie muss. Ich würde das auch nicht wollen. Aber nun bin ich auch sechzig und voller Rheuma. Da tut es weh, und da tut es weh. Überall, wenn ich ehrlich bin. Aber ich lass mir nichts anmerken. Ich helfe, wo ich kann. Und wo es nottut. Und es gibt viel zu tun. Meine Mutter kriegt ja nichts mehr so ganz auf die Reihe. Aber Ordnung muss sein. Da muss ich durch. Auch wenn sie da ganz anderer Meinung ist und findet, ich soll mich nicht so anstrengen. Sie brauche nicht so viel. Ihr sei es egal, wenn etwas herumliege. Ich aber finde, man soll nicht lockerlassen. Auch nicht, wenn man alt ist. Dann erst recht nicht. Also tue ich, was ich kann, oder eben mehr, als ich eigentlich kann. Augen zu und durch. Und

nie höre ich einen Dank. Aber ein Danke wäre ein Danke. Und ein Danke
wäre gut gegen Rheuma, glaube ich.«
Gabrielle, 60

Gabrielle hat anscheinend nicht nur ziemlich klare Vorstellungen
von Ordnung, sie weiß auch genau, wie Dankbarkeit auszusehen
hat. Sie ist selbst durch ihr Rheuma deutlich angeschlagen. Dennoch tut sie, nach eigener Aussage, für ihre Mutter, was sie kann.
Versprochen ist versprochen! Mutter will nicht ins Heim, also wird
sie von ihrer Tochter unterstützt. So weit, so gut, könnte man sagen.
Tapfer! Gradlinig! Verlässlich! Eine Frau, ein Wort!

Doch nach und nach wird das Ganze Gabrielle zur Last. Sie
spürt ihre Grenzen. Dennoch hält sie an ihrer Entscheidung fest.
Sie wirkt pingelig ordentlich und macht wohl auch manchmal mehr
als nötig. Die 88-jährige Mutter scheint ihre Tochter entlasten zu
wollen und stellt weniger hohe Ansprüche an Ordnung und Sauberkeit. Aber nichts da! Nur nicht »lockerlassen«! Erst recht nicht
im Alter! Wir würden Gabrielle gerne fragen, wann man denn
eigentlich lockerlassen darf.

Bei all ihren preußischen Prinzipien erwartet die Rheuma-
geplagte auch eine Ration Dankbarkeit für all die Opfer, die sie
bringt. Doch die bleibt aus. Man kann verstehen, dass das die Tochter enttäuscht. Dennoch muss Gabrielle auch sehen, was sie da
eigentlich tut. Sie hat sich im gesunden Zustand für etwas entschieden: Ihre Mutter soll nicht in ein Heim. Jetzt sieht die Lage aber
ganz anders aus. Gabrielle ist selbst krank und mit sechzig ja auch
nicht mehr die Jüngste. Trotzdem macht sie starr weiter wie bisher:
Augen zu und durch. Dabei macht sie sich keine Gedanken darüber, wie sich die Mutter dabei fühlt. Ist ihr überhaupt nach Dankbarkeit zumute bei der Strenge, die ihre Tochter an den Tag legt?
Sind diese Bedingungen denn überhaupt noch zufriedenstellender
als der Alltag in einem guten, sorgfältig ausgewählten Heim? Über
den großen Schritt aus den eigenen vier Wänden ins Heim erfahren
Sie mehr in Kapitel 11: »Nachlassen und Neuanfang« und auch im
Kapitel 12: »Schuld und Schuldigkeit«.

Wir stellen uns vor, dass es für die alte Mutter weder leicht noch angenehm ist, so zu leben. Sie muss ständig mit ansehen, wie ihre Tochter sich für sie abarbeitet und über die eigenen Kräfte hinausgeht. Die alte Frau wird nicht gehört, wenn sie ihre Tochter bittet, weniger zu tun und auch mal fünf gerade sein zu lassen. Wir wissen nicht, ob Gabrielle ihrer Mutter direkt sagt, dass man sich auch im Alter nicht gehen lassen sollte. Vielleicht gibt sie es ihr auch nur wortlos zu verstehen. So oder so: Die Betagte ist gehörig unter Druck und sicher auch voller Gewissensbisse.

Vermeintliche Undankbarkeit auf der einen Seite, ein schlechtes Gewissen auf der anderen – das sind ungute Gefühle für eine so gut gemeinte Situation. In den Augen der Nachbarn sieht das alles vielleicht ganz toll aus: Schön, wie sich die Tochter kümmert! Trotz der rheumatischen Schmerzen! Aber hinter den Kulissen kriselt es wahrscheinlich ziemlich.

Deswegen braucht Gabrielle dringend Entlastung. Das heißt ja nicht gleich, dass sie ihr Versprechen nicht mehr halten kann und die Mutter in ein Heim muss. Es gibt Zwischenlösungen: Hilfsdienste wie Putzpersonal, ambulante Pflegedienste oder Ähnliches, die ihr gewisse Dinge abnehmen können. Heute sind die Entlastungsangebote für pflegende Angehörige auch stundenweise vielfältiger als allgemein bekannt. Gabrielle muss sich informieren. Dafür sind Internet, Caritas oder die Pro Senectute gute erste Anlaufstellen. Nebst diesen ganz praktischen Dingen aber scheint uns für Gabrielle ebenso wichtig, dass sie an ihrer Haltung arbeitet, sowohl an der Haltung ihrer alten Mutter gegenüber als auch zu sich selbst. Sicher ist es löblich, diszipliniert zu sein. Und es ist wichtig und richtig, bei Rheuma in Bewegung zu bleiben. Aber ein bisschen Genuss darf sein! Und vielleicht ist ein bisschen Lockerlassen auch gut gegen Rheuma! Wir wünschen Gabrielle, dass es ihr gelingt, etwas weniger streng mit sich und den anderen zu sein. Das wird nicht einfach für sie. Vielleicht braucht sie dafür therapeutische Unterstützung. Ob sie es schafft, nicht nur zu helfen, sondern selbst Hilfe anzunehmen?

Zum Schluss dieses Kapitels eine kleine Erfolgsgeschichte zur gelungenen Balance von Macht und Ohnmacht.

Geben und Nehmen: *»Er hilft mir, zu helfen!«*

»Irgendwie wird mein Vater immer besser, je älter er wird. Vielleicht könnte ich auch sagen: weiser, freier und ruhiger. Seit einer misslungenen Hüftoperation ist er ziemlich stark gehbehindert und verlangsamt. Er braucht also meine Hilfe. Ich selbst bin aber als alleinerziehende Mutter von zwei halbwüchsigen Kindern auch immer wieder am Anschlag. Nun haben wir einen Superdeal, meine Kinder, mein Vater und ich. Zweimal die Woche nämlich gehe ich zu ihm, mache die Wohnung sauber, kaufe ein und koche ein paar Kleinigkeiten vor. So drei Stunden etwa. Die Kinder kommen nach der Schule zu ihrem Großvater, spielen eine Runde Schach, und dann büffelt er mit Louis Lateingrammatik, und Lena hilft er in Mathe. Er war nämlich früher Lehrer und hat immer noch ein Flair für das Vermitteln von kniffligen Dingen. Während er meinen Kindern hilft, kann ich ihm in aller Ruhe helfen. Danach essen wir zusammen, reden dies und das, und alle sind zufrieden. Allen ist geholfen. Meine Kinder schreiben bessere Noten, ich bin weniger gestresst mit ihrem Schulalltag, und mein Vater hat eine aufgeräumte Wohnung, ein paar leckere Dinge im Kühlschrank und das beglückende Gefühl, nicht nutzlos und einfach nur belastend zu sein. Er hilft mir, zu helfen. Ich finde das großartig. So etwas muss man einfach weitersagen.«
Lisa, 42

Vielleicht hört sich die Geschichte von Lisa für den einen oder anderen idealisiert oder unrealistisch an. Aber wir wissen, dass es sie gibt. Es gibt sie, die kleinen Wunder im Miteinander von erwachsenen Kindern, ihren Kindern und den alten Eltern. Wir wollen sie nicht verschweigen. »Good News« sind für uns keine »Bad News«, sondern beispielhafte Schritte im vorbildarmen Neuland. Es ist gut, dass Lisa ihre Geschichte »weitersagt«.

Sicher passen Defizite und Ressourcen nicht überall so gut zusammen wie in Lisas Familie. Nicht jeder Vater war Lehrer und kann die Aufgabenhilfe für die Enkel übernehmen. Aber in jeder Familie gibt es Möglichkeiten für einen kreativen Tauschhandel. Man muss sie suchen und finden wollen! Dazu braucht es immer wieder auch ein bisschen Abstand vom gewohnten Alltag, eine ehrliche Situationsanalyse und Mut zum Experiment. Zweimal die Woche »das Familiengefüge zum Großvater zu verlagern«, um ihm zu helfen und sich selbst helfen zu lassen, ist sicher nicht die erstbeste Lösung, die einem einfällt, wenn die Eltern Hilfe und Unterstützung benötigen. Aber Lisas Geschichte zeigt, dass es sich lohnt, querdenkerisch zu sein. Wir möchten alle dazu ermutigen, nach ganz eigenen Wegen zu suchen, diese zu finden und auch umzusetzen.

Guter Rat und gar nicht teuer

1. **Respekt heißt manchmal, »nichts zu tun«. Das bringt für erwachsene Kinder oft Gefühle der Ohnmacht mit sich. Das ist nicht angenehm. Sie abzuwehren bedeutet aber häufig ungebetene und somit fruchtlose Einmischung in das Leben der alten Eltern.**
2. **Hilfe wird nicht immer als Hilfe empfunden. Die Autonomie der Eltern ist gewahrt, wenn s i e bestimmen können, was für s i e wirklich hilfreich ist. Es bewahrt sie auch vor dem Gefühl der Ohnmächtigkeit.**
3. **Es ist für alte Eltern nie hilfreich zu sehen, dass sich ihre Kinder ihretwegen überfordern. Entlastung entlastet beide Seiten.**
4. **Haben Sie Mut, das Ungewöhnliche, das Neue zu wagen! Vielleicht werden Sie mit einem kleinen Wunder belohnt! Vielleicht erweist sich das Experiment auch als Irrweg, doch eine Erfahrung ist es allemal. Und aus Erfahrungen wird man klug.**

11. Nachlassen und Neuanfang

> **Alt sein ist ja ein herrlich Ding,**
> **wenn man nicht verlernt hat,**
> **was anfangen heißt.**
> *Martin Buber*

Martin Buber wurde selbst überdurchschnittlich alt. 1965 starb er 87-jährig nach einem erfüllten Leben, einem Leben voller Gelehrsamkeit und Weltläufigkeit, voller Krieg und Hoffnung, voller Abschiede und Neuanfänge. Der in Wien geborene Sohn großbürgerlicher jüdischer Eltern lernte früh »anzufangen«: Schon mit vier musste er ins Haus der Großeltern umziehen, weil seine Eltern sich scheiden ließen. Er studierte in Lemberg und Wien, Leipzig, Berlin und Zürich, lehrte in Deutschland, Italien, der Schweiz und Israel, war Religionsphilosoph und Ethiker, Sozialpsychologe, Literat und vieles mehr. Bescheiden sagte er trotz all seines Erfahrungsschatzes und seines Wissens: »Ich habe keine Lehre, ich habe nur das Gespräch!«

Zwei Weltkriege haben ihn immer wieder zum Neuanfang gezwungen. Und doch scheint ihm der Optimismus als Lebenshaltung erhalten geblieben zu sein: »Alt sein ist ja ein herrlich Ding, wenn man nicht verlernt hat, was anfangen heißt.« Martin Buber, der Pionier des interreligiösen Dialoges, nutzte die letzten sieben Jahre seines langen Lebens, um sein Werk zu ordnen, bevor er sich zum letzten großen Neuanfang aufmachte. Doch einen ersparte er sich: Er starb zu Hause, anstatt in ein Heim überzutreten.

Dieser Neuanfang lässt sich kaum schönreden. Er ist belastend und einschneidend. Er wirkt bedrohlich und wird deswegen von den meisten so lange wie möglich hinausgeschoben. Die Schwere dieses »Anfangens« lastet nicht nur auf dem alten Menschen, der seine gewohnten vier Wände verlassen muss, sondern auch auf denjenigen, die mit ihm verbunden sind: den Lebenspartnern oder den erwachsenen Kindern.

Für den Betagten bedeutet dieser Neuanfang meist zunächst vor allem eines: Abschied.

Abschied von den vertrauten Kleinigkeiten des Alltags, von einem Teil der Selbstständigkeit, von einem Teil der Selbstbestimmung und von einer Lebensphase.

All das tut weh. Besonders schmerzlich ist der Gedanke: »Das hier ist das Vorzimmer zum Tod. Das ist meine letzte Station. Von hier aus werde ich weggetragen werden. Und zwar durch die Hintertür.«

Wissenschaftliche Untersuchungen zeigen, dass es sich oft um sehr diffuse Ängste vor dem Heim handelt: »Man will einfach nicht ins Heim. Punkt.« Das hat auch mit dem beschriebenen Umstand zu tun, dass der Einzug in ein Heim in der Regel den Wechsel in jene Lebenswelt darstellt, in der man dann auch sterben wird. Der Heimeintritt ist also immer auch eine Konfrontation mit dem Tod. »Partir, c'est toujours mourir un peu« – das französische Sprichwort, nach dem jeder Abschied auch ein kleiner Tod sei, trifft in dieser Lebenssituation ganz besonders zu. Um dem zu entrinnen, wird im Alltag zu Hause so manches in Kauf genommen: Isolation, Überforderung, zuweilen sogar beginnende Verwahrlosung.

In seinem bewegenden Buch »Wohin mit Vater?« schreibt Anonymus, ein Journalist, der über seine Erfahrungen als erwachsenes Kind berichtet und unerkannt bleiben möchte: »Das Wort ›allein‹ kann man nicht steigern, dachte der Sohn, und er fand das falsch. Natürlich, der Vater da oben in seinem Zimmer, der ist allein, ganz allein. Und wir hier im Wohnzimmer sind zu viert. Aber eigentlich sind wir trotzdem unendlich allein. Weil es keine Lösung gibt und keine Hilfe. Weil wir einen Ausweg finden müssen, den es offenbar nicht gibt. Mag der Vater auch noch ein bisschen mehr allein sein.«

»Mehr allein« sind alte Menschen, die nicht in die Entscheidung mit einbezogen sind, was mit ihnen passiert. Wenn die Krankheit entscheidet oder die Umstände. Wenn andere für sie entscheiden. Und doch ist auch für diese anderen der Entscheid meist sehr schmerzlich. »Es geht dabei um Freiheit beziehungsweise um Aufgabe der Freiheit, es geht um Liebe, Sorge und Schuldgefühl, es geht aber auch um Wut, um stille und laute Verzweiflung und oft genug um Streit in der Familie«, schreibt Anonymus in »Wohin mit Vater?«. Wohin mit Mutter? Wohin mit Vater? Allein die Frage ist grausam. Und doch ist sie oft not-wendig, im wahrsten Sinne des Wortes.

Die Geschichten in diesem Kapitel erzählen davon. Auch im 12. Kapitel, »Schuld und Schuldigkeit« ist von der Schwere dieses Übergangs für die erwachsenen Kinder die Rede.

Martin Bubers kluger Satz »Ich habe keine Lehre, ich habe nur das Gespräch!« könnte für diesen großen Schritt aus der vertrauten Umgebung in die Pflegeinstitution wegweisend sein. Es ist den betagten Eltern nämlich wenig geholfen mit besserwisserischen Kommentaren wie: »Das muss nun sein. Das gehört halt zum Leben. Es ist für alle gleich. Es ist die einzige Lösung! Es wird schon gehen. Andere schaffen das auch. Du hast ja schon ganz anderes gemeistert.« Diese Sätze zielen meist an den besorgten Herzen der alten Menschen vorbei. Sie entsprechen aber auch kaum den wahren Gefühlen ihrer erwachsenen Kinder. Deshalb ist es wichtig, das ehrliche Gespräch zu wagen, dem Wirklichen Raum zu geben, sich die Dinge von der Seele zu reden, zu weinen und zu schweigen. Das ändert nichts an den Tatsachen, aber die Tatsachen werden erträglicher durch diese Art des Gesprächs.

Fast macht es nun den Anschein, als sei der Eintritt in ein Heim ein ganz natürlicher Preis für das Erreichen der **4. Lebensphase: die Phase der Pflegebedürftigkeit.** Die Altersforschung räumt zwar ein, dass in dieser Altersphase einige Menschen nicht mehr in der Lage sind, selbstständig ihren Haushalt zu bewältigen. Diese Einschränkung kann durch körperliche Gebrechen gegeben sein, häufig sind es auch hirnorganische Störungen wie Demenz, die Hilfe und Pflege nötig machen. Doch längst nicht alle Betagten sind auf Unterstützung oder Pflege angewiesen. Immerhin knapp **zwei Drittel der Fünfundachtzigjährigen und Älteren leben**

selbstständig zu Hause und kommen mit leichten Anpassungen gut allein zurecht. Das korrigiert das Schreckensszenario »Überalterung«. Noch nie zuvor waren nämlich alte Menschen so lange so gesund wie heute! Was für ein zivilisatorischer Fortschritt!

Gute Nachrichten von der Forschungsfront gibt es aber auch für das Drittel der Menschen, die im hohen Alter auf professionelle Hilfe in einem Heim angewiesen sind. Wenn der schmerzliche Abschied vom vertrauten Alltag zu Hause erst einmal geschafft ist, kann der Neuanfang unerwartete Zufriedenheit und eine Verbesserung der Lebensqualität mit sich bringen. So hat Ueli Mäder, Soziologe an der Universität Basel, in einer empirischen Untersuchung im Kanton Basel-Stadt festgestellt, dass Heime oft zu Unrecht einen derart schlechten Ruf haben. Er und sein Forschungsteam kamen zu folgenden Schlüssen:

> Die Mehrheit der befragten Männer und Frauen fühlen sich im Heim nach einer Übergangszeit von etwa drei Monaten wohl.

> Die professionelle Pflege wird überwiegend positiv beurteilt.

> Der körperliche und auch der psychische Gesundheitszustand vieler Menschen verbessern sich nach dem Heimeintritt beträchtlich. Einige Betagte blühen regelrecht auf. Sie ernähren sich wieder regelmäßig und angemessen und sie sind nicht mehr isoliert. Ihre Tage haben wieder Abwechslung und Struktur.

> Auch bei gesundheitlich sehr beeinträchtigten alten Menschen verbessert sich die Situation oder stabilisiert sich zumindest.

> Als besonders entlastend empfinden viele Heimbewohner die Befreiung von den Haushaltspflichten und die gewonnene Sicherheit durch die Rund-um-die-Uhr-Betreuung. Dieses Gefühl der gewonnenen Sicherheit und des Schutzes löst auch in vielen Fällen die Angst vor dem Autonomieverlust auf.

> Die Beziehungen zu den Angehörigen verbessern sich. Sie sind nicht mehr durch die Versorgung und die daraus entstehenden Konflikte belastet.

214

Diese erfreulichen Forschungsergebnisse aus Basel werden von anderen Untersuchungen bestätigt. Besonders wichtige Beiträge zur Lebenszufriedenheit in Pflegeheimen leisten objektive Faktoren wie die Ausstattung der Pflegezimmer, die Gestaltung der Aufenthaltsbereiche, die Alltagsstruktur und die Kommunikationsmöglichkeiten.

Subjektive Faktoren, die sich auf das Wohlbefinden auswirken, sind vor allem Autonomie und Selbstständigkeit sowie die Möglichkeit für jeden Einzelnen, die noch vorhandenen Ressourcen zu nutzen.

Wie findet man also ein gutes Pflegeheim? Noch gibt es keinen »Guide Michelin für Betagte«. Es gibt verschiedene Checklisten für Pflegeheime. Die wohl ausführlichste findet man es beim Bundesministerium für Familie, Senioren, Frauen und Jugend unter »Auf der Suche nach einem Heim«. Die Adresse: www.bmfsfj.de. Aber bekanntermaßen ist Papier geduldig, und Hochglanzprospekte mit lächelnden Alten in luxuriösen Lounges sind noch lange keine Qualitätsgarantie. Der beste Test sind die eigenen Sinne.

Wir empfehlen einen unangemeldeten Besuch und das Gespräch mit Heimbewohnerinnen und Angehörigen. Wie wirken die Menschen im Heim? Sind sie gepflegt und ordentlich gekleidet? Riechen sie angenehm? Sitzen sie apathisch in den Gängen oder ist Lebendigkeit zu spüren? Wie sehen die Möbel aus? Sind sie auf die Bedürfnisse der Betagten ausgerichtet? Haben die Menschen persönliche Dinge bei sich in den Zimmern? Das würde bedeuten, dass Individualität kultiviert wird. Ganz wichtig ist auch der Umgangston: Wie sprechen die Pflegenden mit den Bewohnern? Werden die Betagten mit ihrem Namen angesprochen? Wird mit den Betagten wie mit kleinen Kindern gesprochen? Wie sprechen die Professionellen miteinander? Welcher Sprache bedient sich die Heimleitung? Ist es der Jargon der Pflegeindustrie oder ist es die Sprache des Herzens? Wo mit innerer Wärme gesprochen wird, ist Menschlichkeit im Allgemeinen tonangebend. Wir sind ganz mit Anonymus einverstanden, wenn er schreibt: »Deshalb ist es bei allen

Schwierigkeiten im Grunde doch ganz einfach, das richtige Heim zu erkennen: Wo Menschen gut zueinander sind, da ist ein gutes Heim.«

Nach dem ersten persönlichen Eindruck können diese Fragen hilfreich sein, um eine Entscheidung zu konturieren:

❯ Welches sind die Leitgedanken der Institution?
❯ Wie ist die ärztliche Betreuung im Heim geregelt? Kann der eigene Hausarzt beibehalten werden?
❯ Gibt es Einzel- und Mehrbettzimmer?
❯ Kann meine Mutter oder mein Vater auch bei zunehmender Pflegebedürftigkeit in diesem Zimmer bleiben?
❯ Darf sie / er eigene Möbel mitbringen?
❯ Gibt es im Heim Besuchszeiten oder kann ich meine Mutter / meinen Vater besuchen, wann ich will?
❯ Wenn meine Mutter / mein Vater medizinische Hilfe benötigt, muss sie / er dann ins Spital verlegt werden?
❯ Werden die persönlichen Bedürfnisse (z.B. wie spät zu Bett gehen oder früh aufstehen) berücksichtigt?
❯ Wann und wie sind die Mahlzeiten, kann z.B. der Zeitpunkt des Frühstücks selbst bestimmt werden?
❯ Ist die Verpflegung ausgewogen und wird auf die verschiedenen Krankheiten (z.B. Diäten) Rücksicht genommen?
❯ Welche Beschäftigungsmöglichkeiten gibt es im Heim?
❯ Wie sieht die Zusammenarbeit mit den Angehörigen aus?

Wann immer es möglich ist, sollten die alten Mütter und Väter bei der Wahl ihrer nächsten Bleibe ein gewichtiges Wort mitreden können. Es ist nämlich erwiesen, dass ihre Partizipation an der Planung und Entscheidung dieses oft notwendigen Schritts ein bedeutsamer Faktor für ihre spätere Zufriedenheit im Heim ist. Deshalb ist das rechtzeitige Gespräch mit ihnen so wichtig. Ruhe und Besonnenheit bei der Auswahl mildert zudem den Schrecken, der so häufig von diesem Übergang ausgeht. Schnelles Agieren nach einem Notfall erschwert den Neuanfang. Es ist wichtig zu wissen, dass man sich für den Fall der Fälle auf eine provisorische Warteliste eintragen lassen kann. Durch diese Vorsorgemaßnahme entsteht gegenüber dem Heim keinerlei Verpflichtung.

Wie wichtig diese Vorsorgemaßnahme sein kann, illustriert die Geschichte von Anna:

Eintritt ins Heim: *»Ich hatte so gehofft, das bliebe mir erspart.«*

»Jetzt habe ich wohl keine Wahl mehr. Wie ein Blitz traf mich dieser Schlaganfall. Als ich begriff, was passiert war, lag ich bereits im Krankenhausbett und spürte meine linke Körperhälfte nicht mehr. Ein furchtbares Gefühl: So wollte ich nicht mehr leben, aber das Sterben kommt leider nicht einfach nach Wunsch. Mutlos ließ ich mich therapieren. Physiotherapie hier, Ergotherapie da, alles im Wechsel. Und langsam erwachte in mir wieder der Wunsch, nach Hause gehen zu können. Mein alter Ehrgeiz stachelte mich an, und die ersten kleinen Fortschritte kamen mit der Zeit: Bald konnte ich den linken Arm schon wieder ziemlich gezielt bewegen. Aber für die Entlassung nach Hause ist das nicht gut genug. Ohne Rollstuhl geht eben nicht mehr viel bei mir! Da haben alles Üben und all mein Ehrgeiz nicht viel geholfen! Die Ärzte haben mir nun auch mitgeteilt, dass sich wohl keine entscheidende Verbesserung mehr einstelle und sie mich auch nicht länger hier behalten können. ›Austherapiert‹ nennt man das, glaube ich. In mir brach die Welt zum zweiten Mal zusammen. Meine Wohnung ist nicht rollstuhlgängig. Sie schlugen mir vor, einen Termin mit der Sozialarbeiterin und meiner Familie zu machen, um einen Platz in einem Pflegeheim zu suchen. Ins Pflegeheim? Wie viel muss ich noch ertragen? Mein Lebtag hat mich diese Vorstellung abgestoßen, ich will nicht in diese Gemäuer, lieber sterbe ich.«
Anna, 82

Anna ist furchtbar verzweifelt. Das ist sehr verständlich. Ein Schlaganfall ist immer ein harter Schlag. Danach ist nichts mehr, wie es vorher war. Wie muss es wohl sein, nur noch die Hälfte von sich unter Kontrolle zu haben, nur noch die Hälfte seines Körpers zu spüren?

Wir verstehen, dass aus dieser Erschütterung erst einmal der Wunsch erwächst, lieber tot zu sein. Anna schafft es aber dann doch, sich wieder aufzurappeln. Ihr Ziel ist es, wieder nach Hause gehen zu können. Die therapeutischen Bemühungen fruchten, Anna schafft es, gewisse Fähigkeiten zurückzuerobern. Aber die Rückeroberung reicht nicht für die Rückkehr in die eigenen vier Wände. Und im Krankenhaus kann die teilweise gelähmte Frau auch nicht länger bleiben.

Nun kommt genau das auf sie zu, was sie immer vermeiden wollte: der Umzug ins Pflegeheim! Anna wehrt sich innerlich dagegen, sie sieht vielleicht alte graue Gemäuer vor ihrem inneren Auge. Da will sie nicht gefangen sein! Da will sie nicht leben! Lieber will sie sterben. Die alte Frau weiß aber selbst, dass der Tod nicht auf Wunsch kommt.

In einem Familiengespräch mit der Sozialarbeiterin des Spitals soll nun Annas Zukunft geplant werden. Anna scheint ihren Ehrgeiz nicht mehr mobilisieren zu können. Dabei wäre es gerade jetzt so wichtig, dass sie nicht resigniert, sondern dass sie das, was auf sie zukommt, so weit wie möglich mitgestaltet.

Diese Situation ist auch für die Angehörigen nicht einfach. Auch sie müssen sich mit etwas ganz Neuem und Belastendem auseinandersetzen. Anna beschreibt ihre Familie nicht genauer, aber wir gehen davon aus, dass es sich in erster Linie um ihre Kinder handelt. Für sie ist die Krankheit und Behinderung ihrer Mutter ebenfalls ein Schock. Wenn auch auf eine ganz andere Art. Auch für sie ist es schwer, für die freiheitsliebende Mutter einen geeigneten Pflegeplatz zu suchen. Sie sehen ihre Verzweiflung, sie spüren ihren Todeswunsch, sie blicken in ihre traurigen Augen. Wir können uns vorstellen, dass sie von Gewissensbissen geplagt sind. Wieso übernehmen wir nicht die Pflege? Haben wir nicht genug Platz? Gäbe es keine private Lösung? Sollten wir uns nicht viel stärker engagieren? Das sind Fragen, die selten ohne Ambivalenz beantwortet werden können. Ja schon, aber vielleicht doch, heißt der belastende Tenor. Wir kennen dieses Lied. Im folgenden Kapitel, »Schuld und Schuldigkeit«, ist noch mehr über dieses Thema zu lesen.

Was können wir raten? Schnell Gesagtes und schwer Getanes: Zunächst gibt es nichts anderes, als die Tatsache des aktuellen Gesundheitszustandes zu akzeptieren. Das tut weh und dauert eine Weile. Selbstverständlich muss nun die zukünftige Wohn- und Lebenssituation geklärt werden. Ein Familiengespräch ist ein gutes Vorgehen. So kommen erst einmal alle Beteiligten auf den gleichen Wissensstand. Wichtig ist einfach, dass Anna ausreichend zu Wort kommt und dass alle anderen sich auf ihr Tempo einlassen können. Anna ist zwar sehr beeinträchtigt, aber im Kopf ist sie klar. Nichts darf also über ihren Kopf hinweg entschieden werden. Deswegen ist Anna nun auch gefordert. Es ist schön, wenn es ihr gelingt, ihre verbleibende Autonomie zu nutzen, um sich Gehör zu verschaffen.

Positiv ist: In dieser Zeit der Qual bleibt eine Wahl – wenn die Alternativen auch beschränkt sein mögen. Anna und ihre Lieben können nun beginnen, verschiedene Institutionen zu besichtigen. Die Vielfalt der Möglichkeiten hängt vom Angebot vor Ort und von den Ressourcen der Familie ab. Wir empfehlen kleine Stippvisiten in den jeweiligen Heimen zusammen mit der Mutter. Wir empfehlen, sich einfach einmal zum Dessert in die Cafeteria zu setzen, die Atmosphäre zu erspüren, andere Senioren zu beobachten und sich vorzustellen, man wäre nun für länger da. Das gibt neben Hochglanzprospekten mit vielen Versprechungen noch einmal einen anderen, zusätzlichen Eindruck. Bei diesen Stippvisiten zählt vor allem Annas Gefühl. Auch wenn die Frage schmerzt: In welcher Umgebung sieht sie sich am ehesten? Was braucht sie, um diesen Schritt machen zu können? Was hilft ihr im Sinne Bubers, noch einmal »anfangen« zu können?

Dann muss entschieden und der Umzug vorbereitet werden. Es gilt nun Abschied zu nehmen vom eigenen Zuhause. Falls Anna das möchte, wäre es schön, wenn sie noch einmal in ihre Wohnung zurückgehen könnte. Auch wenn diese nicht rollstuhlgängig ist, ist das sicher für dieses eine, so wichtige Mal machbar. Vielleicht kann man Anna auf einen Stuhl setzen, und zwei kräftige Männer tragen sie so die Treppe hoch. So kann die Schlaganfallpatientin vor Ort noch einmal schauen, was sie mitnehmen möchte, und vielleicht auch, wem sie was überlassen möchte. Das sind ausgesprochen schwierige und sensible Momente. Hier gilt es mit liebevoller Achtsamkeit auf die Bedürfnisse der Mutter Rücksicht zu nehmen. Vielleicht möchte sie einen Moment allein sein. Vielleicht muss man den Versuch abbrechen, weil die Situation zu schwierig wird. Was immer auch passiert: Annas Gefühle haben oberste Priorität. Das gilt auch für den Einzug ins Heim. Es geht nicht darum, Dinge, die schwierig sind, schönzureden, um sich selbst zu entlasten: »Aber schau doch mal, die schöne Aussicht!« Oder: »Die sind aber doch alle so nett hier!«

Um mit dem Gelehrten Martin Buber zu sprechen: »Es gibt keine Lehre, es gibt nur das Gespräch.« Das wirkliche Gespräch. Da geht es darum, schwierige, negative Gefühle erst einmal zuzulassen. Wer anfangen können will, muss ja dafür zunächst aufhören können. Große Abschiede sind immer schmerzhaft. Wenn der Schmerz wirklich sein darf, gibt es, wenn wir Glück haben, nach einer gewissen Zeit wieder Raum für Heiterkeit. Wir hoffen es für Anna und ihre Familie.

Was für ein Glück, wenn die unvermeidlichen Verluste im Alter zur Kreativität und Aufmüpfigkeit führen, wie bei Thea:

Kreativität: *»Dann bestelle ich einfach den Pizzaservice.«*

»Andere Menschen waren mir ein Leben lang wichtig. Zusammensitzen und über Gott und die Welt diskutieren, dazu ein guter Tropfen Wein oder ein feiner Kaffee – Sie wissen ja, essen hält Leib und Seele zusammen. Ich habe Freundschaften und Bekanntschaften immer sehr gepflegt und habe mit großer Freude Gäste bei uns empfangen und bewirtet. Da war mir also nichts zu viel! Das waren Zeiten! Herrlich. Leider kann ich das heute alles nicht mehr. Die ganze Vorbereitung und das Durcheinander nachher – dazu fehlen mir einfach die Kräfte. Ich bin immerhin ja auch schon fast achtzig. Und so sind die Begegnungen mit anderen seltener und seltener geworden in letzter Zeit. Ich spüre, wie ich das vermisse. Man dreht sich so schnell nur um sich selber! Ja und

so kam mir plötzlich eine Idee: Wieso muss ich denn alles selber machen und wieso muss mein Sozialleben verebben, nur weil ich die Gäste nicht mehr alleine so bewirten kann wie früher? Das ist doch nicht zwingend! Ja und so habe ich dann letzte Woche eine nette Runde eingeladen und all meinen Gästen lachend die Speisekarte des nächstgelegenen Pizzaservice vorgelegt. War das eine Gaudi, bis wir nur alle gewählt hatten! Capricciosa oder doch nur Margherita? Ai Funghi oder Calzone? Con Rucola oder eher mit Parma – oder doch alles zusammen? Nach der Qual der ungewohnten Wahl waren auch die Gespräche ausnehmend heiter und ungezwungen, und als der junge Mann mit seinem Kartonstapel klingelte, war die Freude groß. Ich wage es kaum zu sagen, aber wir aßen aus dem Karton. Wie die Jungen heutzutage. Es war einfach herrlich. Nicht nur für mich. Auch für meine Gäste. Ich glaube, wir Alten müssen uns hie und da etwas einfallen lassen und vor allem über den eigenen Schatten springen. Es gibt nämlich auch Feste ohne Tafelsilber und gestärkte Servietten!«
Thea, 79

Glückwunsch, Thea! Das ist eine gelungene Anpassung an die veränderten Lebensumstände, die das Alter mit sich bringt. Thea zeigt vorbildlich, wie es mit kreativen Lösungen gelingen kann, nicht auf soziale Kontakte verzichten zu müssen. Geselligkeit, Genuss, Gespräche und ausgelassene Runden, die sie in Perfektion bewirtet hat, haben ihr viel bedeutet. Aber dafür reichen ihre Kräfte nun nicht mehr aus. So wird es stiller und einsamer in Theas Zuhause.

Aber dann wird ihr bewusst, dass das sehr schade ist. Sie möchte nicht auf das verzichten, was ihr immer so wichtig war. »Not macht erfinderisch«, dieses alte Sprichwort trifft in Theas Fall zu. Und so kommt Thea zu der Einsicht, dass sie eigentlich gar nicht auf das Schöne verzichten muss, nur weil sie die Arbeit nicht mehr allein bewältigen kann. Gedacht, getan! Sie lädt ihre Gäste ein und präsentiert ihnen ohne Wenn und Aber und ganz selbstbewusst die Speisekarte des Pizzaservice. Vielleicht ist es die Selbstverständlichkeit, mit der Thea das tut, die die Gäste überzeugt, sich auf diese andere, neue Art der Geselligkeit einzulassen. Jedenfalls scheint es eine lustige Runde geworden zu sein, die es sogar genoss, aus Kartons zu essen.

Auch das ist ein Neuanfang auf eine ganz ungewohnte Art und Weise. Loslassen von lang gelebten Konventionen kann ebenfalls ein wichtiger Schritt zu einem zufriedenen und erfolgreichen Alter sein. Wir stellen uns vor, dass Theas Beispiel Schule machen könnte, hat sie doch das **SOK**-Modell, das wir im 5. Kapitel vorgestellt haben, erfolgreich auf ihre Lebenssituation angewandt. Sie hat ausgewählt, was ihr wirklich wichtig ist. Das ist ihr **S** für Selektion. Die Bestellung beim Pizzaservice ist ihr **K** wie Kompensation, die ihr erlaubt hat, das Zusammensein mit den Gästen im Sinne einer **O**ptimierung der aktuellen Situation genießen zu können. Schön, wenn es so gut gelingt!

Bernadettes Vater, von dem die nächste Geschichte handelt, ist ein weiteres Beispiel für eine gelungene Anpassung an veränderte Lebensverhältnisse.

Verlust des Ehepartners: *»Seit Mutter tot ist, lebt Vater noch mal auf!«*

»Eigentlich hatten wir Kinder lange den Eindruck, dass die Ehe unserer Eltern ganz gut funktioniert hat. Unser Verhältnis zum Vater war eher etwas distanziert. Er war halt weniger da und hat sich auch nicht so um uns vier Mädels gekümmert. Wir hatten auch immer ein bisschen das Gefühl, dass er unsere Mutter dominiere, und haben uns dann natürlich ganz auf ihre Seite geschlagen. Erst viel später mussten wir einsehen, dass er es mit ihr auch nicht einfach hatte. Während er immer neue Interessen entwickelte, vor allem auch nach der Pensionierung, verweigerte sie einfach alles. Sie nahm kaum je an etwas teil und begleitete ihn nur in Ausnahmefällen auf eine Wanderung oder zu einem Vortrag. Kommt dazu, dass es ihr körperlich, aber auch geistig schneller schlechter ging als ihm. So war sie auf seine Hilfe angewiesen, und so steckte er wieder seine Interessen und Bedürfnisse zurück. Sicher haben wir versucht, ihn zu entlasten. Aber die Hauptlast hatte doch er zu tragen. Bis zu ihrem letzten Atemzug hat er sie zu Hause gepflegt und begleitet. Nach Mutters Tod waren wir erst besorgt, dass er in ein Loch fallen könnte. Aber das ist glücklicherweise nicht passiert. Im Gegenteil: Er ist richtig aufgeblüht. Er unternimmt wieder viel mehr, geht seinem Hobby, dem Wandern, wieder nach und hat sich sogar in einer Wandergruppe eingeschrieben und dort neue Bekanntschaften geschlossen. In letzter Zeit ist auch auffällig häufig der Name Marianne gefallen. Mein Vater macht jetzt einen richtig zufriedenen Eindruck.«

Bernadette, 49

Bernadette und ihre Schwestern können von Glück reden, dass es ihrem Vater so gut gelungen ist, sein Leben in die Hand zu nehmen. Aber auch Bernadette gelingt etwas, das alles andere als selbstverständlich ist. Sie schafft es mit zunehmendem Alter, die Ehe ihrer Eltern anders zu beurteilen. Nachdem sie sich als Mädchen immer eher mit der Mutter solidarisiert hatte, kann sie nun, als bald Fünfzigjährige, erkennen, dass die Situation für den Vater gar nicht so einfach war. Sie erkennt, dass er jahrelang viele seiner Bedürfnisse zurückgestellt hat. Auch in der langen Zeit, als er die Mutter bis zu ihrem Tod pflegte, war für seine Wünsche wenig Platz.

Diese Korrektur der Sicht der Dinge ist ganz entscheidend dafür, dass Bernadette nun mit Freude zusehen kann, wie ihr Vater nach dem Tod der Mutter aufblüht und sein Leben wieder anders und aktiv gestaltet. Er ist ein veritabler Lebensunternehmer! Viele erwachsene Kinder können mit solchen Veränderungen schlecht umgehen und empfinden sie als Verrat am verstorbenen Elternteil.

Bernadette hingegen freut sich, den Vater so zufrieden zu sehen. Hat sie ihm das eigentlich schon gesagt? »Papa, es freut mich sehr, dich so zu erleben! Du unternimmst so viel! Du bläst nicht einfach Trübsal. Wie hast du Mamas Tod denn eigentlich verwunden? Woher nimmst du all die Kraft? Erzähl mir doch von dir, und wenn du magst, auch von Marianne!« Wir sind überzeugt, dass auf diese Weise nicht nur der Neuanfang im Leben des Witwers weiterhin glückt, sondern auch die Beziehung zu seiner Tochter Bernadette vertieft und bereichert werden kann.

Ein großer Neuanfang ist auch die Pensionierung. Oft ist der Schritt in den Ruhestand mit einer Krise verbunden. Bei Saras Eltern sieht die Krise so aus:

Pensionierung: *»Seit mein Vater nicht mehr arbeitet, kriselt es bei meinen Eltern!«*

»Mein Vater hat immer nur gearbeitet, das war sein Leben. Und immerhin hat er es auch ziemlich weit gebracht. Er ist stolz auf seinen Erfolg und vor allem auch darauf, dass seine Frau nie arbeiten gehen musste, sondern sich in Ruhe um Haushalt und Kinder kümmern konnte. Jetzt ist er Rentner, den ganzen Tag hat er plötzlich frei und weiß nicht recht, was er mit sich anfangen soll. Ständig nörgelt er an meiner Mutter herum. Ich habe den Eindruck, die beiden haben eine echte Ehekrise. Es würde mich ehrlich gesagt nicht wundern, wenn er sich bald nach einer Jüngeren umsehen würde. Dann könnte er sich nämlich wieder interessant und jugendlich fühlen. Aber es wäre natürlich schlimm – ich darf gar nicht daran denken, was das für meine Mutter bedeuten würde. Manchmal bin ich drauf und dran, beide auf die Situation anzusprechen, und dann denke ich wieder: Das steht uns Kindern nicht zu.«

Sara, 42

Mit der Pensionierung beginnt eine Lebensphase, die längst nicht für alle den lang ersehnten Neubeginn darstellt. Häufig folgt darauf eine Phase der Orientierungslosigkeit. Manchmal auch eine veritable Krisenzeit. Im Kapitel 14, »Zeit und Geld«, lesen Sie mehr zu diesem Thema.

Sara beobachtet die Veränderung bei ihrem Vater aus der Ferne. Sie weiß, wie viel sein Beruf ihm bedeutet hat, und spürt förmlich seine Leere. Sie erkennt, dass es ihm nicht gelingt, die neu gewonnene Zeit und Freiheit sinnvoll für sich zu nutzen. Stattdessen hält er sich mehr als nötig in der Nähe der Mutter auf und nörgelt an ihr herum. Sara befürchtet sogar, dass er sich nach einer jüngeren Partnerin umsehen könnte, um sich wieder besser zu fühlen. Sie sieht die Ehe ihrer Eltern in Gefahr und fragt sich, ob sie als Tochter dieses Thema ansprechen darf. Sara ist in dem Dilemma, sich auf der einen Seite verantwortlich zu fühlen und auf der anderen Seite die Grenzen, die es zwischen Eltern und Kindern geben sollte, einhalten zu wollen.

Die Tochter zeigt auf diese Weise eine respektvolle, reife Haltung. Es ist gut, dass Sara nicht nach dem Hauruck-Prinzip vorgeht: »Einer muss das Thema jetzt mal auf den Tisch bringen, und wenn es niemand von euch wagt, tu ich es halt!« Aber: In ihrer Angst um die Ehe ihrer Eltern geht die Tochter möglicherweise ein Stück zu weit. Nur weil der Vater nach seiner Pensionierung in eine Krise gerät und mehr als sonst an der Mutter auszusetzen hat, heißt das noch lange nicht, dass er sich eine jüngere Partnerin sucht.

Für den Frischpensionierten beginnt etwas Neues, vielleicht Unerwünschtes und lange Verdrängtes. Der Beruf war für ihn sehr bedeutsam. Durch ihn fühlte er sich wichtig. Er war wer. Er hatte eine Aufgabe, und seine Tage waren ausgefüllt. Seine Frau und er hatten unterschiedliche Verantwortungsbereiche und Freiräume, doch nun ist plötzlich alles anders. Nun hat er seine wichtige Rolle verloren und fühlt sich überflüssig. Seine Frau aber geht nach wie vor ihrem gewohnten Alltag nach. Das ging schon immer ohne ihn und ginge auch weiterhin ganz gut alleine.

Aber nun ist von einem Tag auf den anderen mehr räumliche und zeitliche Nähe da. Erstmals sieht Saras Vater, was seine Frau den ganzen Tag lang tut und wie sie es tut. Es scheint, als würde der frischgebackene Rentner sich sagen: »Wenn ich schon nichts mehr tun kann, dann kann ich immer noch beurteilen, ob du alles richtig machst!« Sicher ist das keine gute Kompensation des Machtverlustes, aber verständlich ist es schon. Saras Vater muss sich im Alltag und in der Ehe neu positionieren. Was ihm dabei helfen könnte, ist ein offenes Gespräch. Das ist allemal besser als leise Vermutungen und Befürchtungen.

Sara hat vermutlich recht mit ihrem Zögern, die Ehekrise offen anzusprechen. Wir empfehlen ihr, stattdessen mit beiden Eltern über den veränderten Alltag ins Gespräch zu kommen. »Mama, sag einmal, wie geht es dir, seit Papa nicht mehr ins Geschäft geht? Was ist jetzt für dich anders als zuvor? Woran musst du dich gewöhnen? Was wünschst du dir von der neuen Form der Gemeinsamkeit? Was befürchtest du? Hast du Pläne?«

Es ist für Sara wohl leichter, mit Mutter und Vater erst einmal getrennt zu sprechen. »Papa, du warst ja ein richtiger Macher, ein Arbeitstier, wie erlebst du nun diesen krassen Wechsel? Wie geht es dir, wenn du aufwachst und den Tag vor Augen hast? Wie geht es dir mit Mama? Wie geht es dir mit dir? Was kannst du nun tun, was früher nie möglich war? Was wünschst du dir? Was befürchtest du? Was kann ich dazu beitragen, dass du deinen Ruhestand so richtig genießen kannst?«

Es ist gut möglich, dass sich Saras Verdacht auf eine Ehekrise durch diese beiden Gespräche erhärtet. Wenn die Eltern offen antworten oder auch Signale senden, dass die neue Situation sie eigentlich überfordert, kann Sara fragen, was sie für sie tun könnte. Sie kann die Eltern auch ermutigen, sich Hilfe bei einer Paartherapeutin zu suchen, um den gemeinsamen Schritt in eine neue Lebensphase zu meistern. Gleichzeitig können wir Sara aber auch beruhigen: Kommt Zeit, kommt häufig auch Rat! Im Durchschnitt brauchen Paare ein Jahr, um die große Veränderung zu bewältigen. Danach pendelt sich in der Regel alles wieder ein. Mit diesem Wissen kann die Tochter ihren Eltern auch ein bisschen Mut machen, sich Zeit für diese Anpassung zu nehmen und einander mit Geduld zu begegnen.

Guter Rat und gar nicht teuer

1. **Vermeiden Sie falsche Versprechungen, wenn es um den Heimeintritt geht. Ganz besonders die Worte »Nie« und »Immer« sind oft nicht zu verwirklichen. Das Leben richtet sich oft nicht nach unseren Plänen.**

2. Vertrauen Sie bei der Wahl eines Pflegeheimes vor allem Ihren Sinnen und hören Sie gut auf die Wünsche Ihrer alten Eltern.

3. Kommt Zeit, kommt oft auch Rat. Große Übergänge im Leben sind nicht im Eiltempo zu meistern.

4. Pflegen Sie das offene Gespräch über die wirklich wichtigen Dinge. Vermeiden Sie den Trost über »die Dinge hinweg«!

5. Feiern Sie gelungene Anpassungsleistungen!

12. Schuld und Schuldigkeit

> **Die wirkliche Liebe beginnt,**
> **wo keine Gegengabe erwartet wird.**
> *Antoine de Saint-Exupéry*

Der Erfinder des »Kleinen Prinzen«, Antoine de Saint-Exupéry, hat hohe Ansprüche, wenn er den Beginn der wirklichen Liebe dort ansiedelt, wo keine Gegengabe erwartet wird. Er postuliert damit wohl ein Liebesideal. Die Lebenswelt von erwachsenen Kindern und ihren Eltern sieht meist weniger erhaben aus. Sie ist durch den Versuch gekennzeichnet, die Balance von Geben und Nehmen zu halten. Dieser Balanceakt hat mit Verantwortung und Zuständigkeit zu tun. Mit Dankbarkeit und Schuldigkeit. Mit Vergangenem und Gegenwärtigem. Mit dem Verhältnis der Kräfte. Mit Absprache und Verbindlichkeit. Mit Vertrauen und Geborgenheit. Mit Zuneigung und auch Liebe, wenn auch in weniger romantischer Unbedingtheit, als der französische Romancier und Flieger es gerne hätte.

Wenn die Beziehungswaage ausgeglichen ist, herrscht meistens Friede. Aber das ist ein seltener Zustand. Häufiger anzutreffen ist die Schieflage. Das Gleichgewicht des Gebens und Nehmens ist gestört, und schon ist das Alarmsystem »Schuldgefühl« zur Stelle.

Wer kennt sie nicht, die inneren Imperative? »Ich sollte doch!« »Ich kann doch nicht!«, »Man muss einfach!«, »Es geht doch nicht!« Gebetsmühlenartig stören solche Sätze den Seelenfrieden und das Gewissen beißt. Gewissensbisse entstehen immer dann, wenn wir gegen Normen, Konventionen oder Gebote verstoßen. Die wichtigsten Quellen unserer Wertmaßstäbe sind die eigenen Eltern, die Kultur, in der wir aufwachsen, der Zeitgeist, die Geschlechternorm und auch die Religion. Allein ein rein gedanklicher Verstoß gegen die herrschenden Wertmaßstäbe kann ausreichen, um den eigenen Seelenfrieden empfindlich zu stören: Ein »Wenn das nun nicht bald ein Ende hat mit Mutter, dann muss sie einfach ins Heim!« oder ein »Wenn Vater nur bald stürbe!« einer überforderten Tochter oder der Gedanke »Mir ist die Karriere wichtiger als das Wohlergehen der Eltern!« sind wohl Sätze, die Bisswunden hinterlassen. So auch die Gedanken der alten Eltern wie »Ich falle meiner Tochter nur noch zur Last!« oder »Mein Sohn ist mir eigentlich nicht willkommen!«.

Solche Gedanken bringen störende Schuldgefühle mit sich. Aber die gehören nun mal zur »Condition humaine«. Wer ist schon perfekt? Wir lassen uns immer wieder etwas zu Schulden kommen oder bleiben etwas schuldig. Schuldgefühle sind Anlass zur Selbstbefragung oder Selbstbehauptung, zur Kursänderung oder Linientreue, zu Selbstvorwürfen oder zur Rechtfertigung, zur Wiedergutmachung oder Selbstbestrafung, zur Entschuldigung oder zum Rückzug, zum Gespräch oder hier und da auch zur Beichte. Oft sind Schuldgefühle janusköpfig: Manchmal rauben sie einem den Verstand, manchmal bringen sie einen zur Räson. Seismografisch sind sie allemal.

Innere Anzeichen von Schuldgefühlen sind Gefühle der Reue, ein dumpfes Unbehagen, Angst und Sorge, immer wiederkehrende Gedankenschlaufen, Bedrücktheit, Getriebenheit und möglicherweise auch Gefühle der Einsamkeit. Aber auch Wut und Aggression können auftreten, ganz besonders dann, wenn die Schuldgefühle verdrängt werden, weil es unerträglich scheint, schuldig geworden zu sein. Schuld sind dann oft die anderen! Diese seelischen Schatten bleiben selten ohne körperliche Antwort: Verspannungen, Bauchweh, Kopfschmerzen, Schlafstörungen und Appetitverlust sind häufig äußere Zeichen für die inneren Umtriebe. Auch im Verhalten machen sich Gewissensbisse bisweilen bemerkbar: Die Schuld wird verleugnet, es wird gezweifelt, gegrübelt, in Frage gestellt und kompensiert. Manche betäuben die inneren Nager mit Alkohol oder Tabletten. Wieder andere tun heimlich Buße.

Schuldgefühle, Schuldigkeit und Schuld sind riesige psychologische Themen. Um nicht im großen Komplex zu versinken oder gar verloren zu gehen, beschränken wir uns auf zwei Arten der Schuldgefühle: **die angemessenen** und **die unangemessenen.**

Angemessene Schuldgefühle entstehen durch einen faktischen Verstoß gegen Normen, Gebote und Konventionen. Gesamtgesellschaftlich gesehen sind sie sehr sinnvoll und notwendig, eine wichtige Ingredienz jeder Zivilisation. Sie helfen, Unrecht zu verhindern, und fordern bei einem Regelverstoß zur Wiedergutmachung auf, denn sie sind verbunden mit wirklicher Schuld oder Verantwortung. In Kapitel 9, »Letzte Wünsche und neue Nähe«, war schon vom Segen der Entschuldung, Versöhnung und Wiedergutmachung im Falle von realer Schuld und angemessenen Schuldgefühlen die Rede. Angemessene Schuldgefühle sind leicht vermeidbar, indem man Verbote einhält und Gebote, Regeln und Normen beachtet.

Komplizierter ist es mit unangemessenen Schuldgefühlen. Sie gründen fast immer auf zwei Fehlerquellen: einerseits auf dem **Beurteilungsfehler** und andererseits auf dem **Normfehler.**

Wenn jemand einen Beurteilungsfehler macht, schätzt er seinen Anteil an der Wirkung einer Sache nicht richtig ein. Beurteilungsfehler können beispielsweise durch folgende Fragestellungen zu einem Sachverhalt entlarvt werden:

> Habe ich es absichtlich getan oder ist es unbeabsichtigt geschehen?
> Hätte ich es verhindern können?
> Hätte ich die Folgen meiner Handlung voraussehen können?
> Sind meine Handlungen aus Druck und Not entstanden?
> Hatte ich eigentlich eine Wahl?
> Wer außer mir war beteiligt?

Nehmen wir an, Sie rufen Ihre alte gebrechliche Mutter an. Sie freut sich so über dieses Klingeln im stillen Haus, dass sie hastig zum Telefon eilt und dabei stürzt. Die Folge des Sturzes ist gravierend. Ihre Mutter zieht sich einen Beckenbruch zu. Sind Sie nun schuld an diesem bedauerlichen Unfall?

Klar, hätten Sie nicht angerufen, wäre das alles nicht passiert! Aber: Sie haben alles andere als eine Verletzung beabsichtigt. Sie wollten mit Ihrer Mutter sprechen, ihr von Ihrem Alltag erzählen und hören, wie es ihr geht. Sie konnten nicht ahnen, was Ihr Anruf für Folgen haben würde. Und hätten Sie auf den Anruf verzichtet, hätten Sie Ihrer Mutter eine mögliche Abwechslung versagt. Wenn Sie sich am Beckenbruch schuldig fühlen, unterliegen Sie einem klassischen Beurteilungsfehler. Mitgefühl mit der mütterlichen Verletzung ist adäquat. Selbstvorwürfe und Gewissensbisse sind es nicht.

Ein **Normfehler** liegt vor, wenn überzogene oder gar falsche Maßstäbe an eine Situation angelegt werden. Der Normfehler lässt sich entdecken, wenn folgenden Fragen auf den Grund gegangen wird:

❯ Ist meine Norm überhaupt lebbar?
❯ Woher stammt meine innere Messlatte?
❯ Ist meine hohe Norm auf diese konkrete Situation übertragbar?
❯ Was genau ist der Geltungsbereich für meine verinnerlichte Norm?

Nehmen wir an, Sie gehen davon aus, dass Sie rund um die Uhr für Ihren greisen und gebrechlichen Vater da sein müssen, weil er Ihnen, als Sie klein und abhängig waren, ebenfalls das Leben gesichert hat. Nehmen wir weiter an, dass in Ihrer Familie das Gebot herrscht, immer und überall füreinander da zu sein. Das klingt schön. Und es ist liebenswert. Aber ist das auch wirklich lebbar? Schließlich haben Sie noch eine eigene Familie mit pubertierenden Kindern, die auch viel von Ihnen erwarten. Sie sind in den Wechseljahren und dadurch mit einer neuen Lebensperspektive konfrontiert. Manchmal fühlen Sie sich ausgepowert, denn auch im Beruf gilt es, viel zu leisten. Nun fühlen Sie sich dauernd schuldig, weil Sie »nicht und nirgendwo genügen«: bei der Pflege des alten Vaters nicht, im Zusammensein mit den Kindern nicht, im Beruf nicht, geschweige denn in der Zuwendung zum ebenfalls geforderten

Ehemann! Also schuften und schuften Sie und schlafen chronisch zu wenig. Trotzdem: Die hohe Norm bleibt immer noch unerreicht, denn sie entspricht nicht dem menschlichen Maß und schon gar nicht Ihrer Lebenssituation. Ihre Schuldgefühle sind also unangemessen, denn sie unterliegen einem Normfehler.

Um die inneren Nager auszuschalten, muss eine lebbare Norm für das gute Miteinander in der Familie gefunden werden. Das bedeutet Abbau des hohen Ideals. Vielen Menschen mit einem ausgeprägten Über-Ich fällt das schwer. Sie hören mehr auf die Norm als auf das Leben. Hilfreich könnte jedoch der Gedanke sein, dass einem gebrechlichen alten Vater mit einer erschöpften, abgehetzten und mit sich selbst stets unzufriedenen Tochter weniger geholfen ist als mit einer Frau, die sich zu helfen weiß und mit ihm gemeinsam Unterstützung sucht. So kann er wiederum sein Schuldgefühl loslassen: Nur meinetwegen ist mein Kind so sehr belastet! Das wären dann zwei Fliegen mit einer Klappe. Ein Volltreffer also.

Das gelingt längst nicht immer. Harald beispielsweise hat einen sehr hohen Anspruch. Er hat viel gegeben und erwartet nun, dass ihm alles zurückgegeben wird. Mit dieser Vorstellung ist er nicht allein:

Anspruch: *»Wir haben uns früher auch Zeit genommen!«*

»Ich stelle mir das Leben vor wie ein Kreis. Früher haben wir alles gegeben für unsere Kinder. Zeit. Geld. Aufmerksamkeit. Nun sind wir nicht mehr auf der starken Seite. Aber wir haben unsere Kinder stark gemacht. Und nun könnten sie doch alles zurückgeben. Uns bei sich aufnehmen, statt uns einmal in ein Heim in fremde Hände abzuschieben. Uns umsorgen, nachdem wir sie umsorgt haben. Für uns Zeit haben, nachdem wir uns früher so viel Zeit genommen haben. Sodass sich der Kreis schließt. Am Ende.«
Harald, 86

Haralds Einstellung hat wenig mit Saint-Exupérys Liebesideal zu tun: »Die wirkliche Liebe beginnt, wo keine Gegengabe erwartet wird.« Im Gegenteil, Harald rechnet auf: Was haben wir gegeben und was bekommen wir dafür? Damit seine Rechnung am Ende aufgeht oder – wie er es ausdrückt – damit sich der Kreis schließt, sollten die erwachsenen Kinder ihm gleich viel Zeit, Geld und Aufmerksamkeit zurückgeben, wie die Eltern einst ihnen gegeben haben. Der alte Vater möchte von seinen Kindern umsorgt, ja sogar betreut werden. Er will nicht in fremde Hände gegeben werden. Das ist nicht gerade bescheiden. Seine Sicht der Dinge gleicht einer Austauschtheorie. Das, was ich investiere, möchte ich am Ende auch zurückbekommen.

Bei allem Verständnis dafür, dass alte Eltern lieber von Familienmitgliedern unterstützt werden möchten und dass der Schritt in ein Pflegeheim für viele sehr schwierig ist, müsste sich Harald auch mal in die Situation seiner Kinder hineinversetzen. Aber kennt er ihren Alltag wirklich? Uns scheint bezeichnend, dass er darüber gar nichts erzählt. Der alte Herr scheint zu der Garde zu gehören, die meint zu wissen, wie das Leben funktioniert, und die nicht bereit ist, darüber zu diskutieren. Dabei wäre es so wünschenswert, die eigenen Haltungen immer wieder neu überdenken zu können und im Gespräch mit den Kindern Möglichkeiten und Wünsche abzugleichen. Wenn er seine Erwartungen so apodiktisch formuliert, muss er mit zweierlei rechnen: Entweder erntet er Widerstand bei seinen Kindern oder er erzeugt bei ihnen so viel Druck, dass sie nur aus Pflichtgefühl Unterstützung leisten.

Mit solch einem fordernden Vater haben es erwachsene Kinder nicht leicht. Seine Erwartungshaltung macht die freundliche Abgrenzung und das Abwägen der eigenen Ressourcen gegen die Bedürfnisse des Vaters nicht einfach. Und wenn er immerzu aufrechnet, was er alles für sie getan und auf welche Dinge er möglicherweise verzichtet hat, um ihnen eine gute Ausbildung zu ermöglichen, sind Schuldgefühle bei den Kindern sicherlich nicht weit.

Die Frage ist: Sind diese Schuldgefühle auch angemessen? Wie sieht die Norm aus, die sich dahinter verbirgt? Und nach wessen Beurteilung richten sie sich? Wir haben ja deutlich gemacht, dass

Schuldgefühle längst nicht immer berechtigt und oft schlechte Ratgeber sind. Sie führen nicht selten zur »Aufopferung«, die für beide Seiten ungut ist. Auch die komplette Abwendung vom Vater kann eine Folge seiner Anspruchshaltung sein. Wenn man meint, den Wünschen sowieso nicht gerecht werden zu können, fällt die totale Verweigerung manchmal leichter als ein ständiges Doch-nicht-genügen und die dazugehörigen, immer wiederkehrenden Gewissensbisse. Beides gehört nicht zu einem guten Miteinander von alten Eltern und ihren erwachsenen Kindern.

Harald ist dringend aufgerufen, seine Meinung in Ruhe zu überdenken. Er muss einsehen, dass das Erziehen von Kindern nicht mit dem Pflegen alter Eltern verglichen werden kann. Es kann in den späten Jahren nicht um ein Zurückzahlen von empfangenen Leistungen gehen. Die Kinder haben sich durch die frühere Fürsorge nicht bei ihren Eltern verschuldet. Sie haben einfach empfangen, was zur Kinderrolle und zur elterlichen Pflicht gehört. Es gibt weder eine Rückgabepflicht noch ein Rückforderungsrecht. Eltern-Kind-Beziehungen sind nicht einfach so aufzurechnen.

Kindererziehung und Altenpflege sind zwei Paar Stiefel. So müsste auch Harald einsehen, dass das Schöne an der Kinderbetreuung ist, zu sehen, wie die Kleinen zunehmend selbstständiger werden. Alte Eltern hingegen werden immer abhängiger. Der Betreuungsaufwand steigt kontinuierlich. Kinder entlässt man irgendwann ins Leben. Bei der Pflege alter Eltern hat man hingegen immer den drohenden definitiven Verlust vor Augen. Das sind schwerwiegende Unterschiede. All das könnte sich Harald vergegenwärtigen und so zu einer verständnisvolleren Haltung gegenüber seinen Kindern gelangen.

Natürlich sind wir der Meinung, dass es richtig und schön ist, wenn erwachsene Kinder sich um ihre schwächer werdenden Eltern kümmern. Doch das darf zum einen nicht zur Pflicht werden und muss zum anderen immer für beide Seiten stimmen. Ob und wie erwachsene Kinder Unterstützung leisten wollen, ist immer auch abhängig von der Qualität der Beziehung, die diese über ein ganzes Leben zu den Eltern hatten.

War Harald wirklich ein zugänglicher Vater? Konnte er auf die Bedürfnisse seiner Kinder eingehen? War er für sie da, wenn sie der Schuh drückte? Auch darüber sollte der alte Herr nachdenken, bevor sich ein Kreis schließen kann. Dann kann er das Gespräch mit den Kindern suchen und vorsichtig anfragen, ob und welche Unterstützung sie ihm geben können und möchten. Ob ihm dieser Schritt gelingt? Wir wünschen es ihm und seinen Kindern, von denen wir in dieser Geschichte so wenig erfahren und uns deswegen auch nicht detaillierter über mögliche Lösungen der Situation äußern können.

Zu einem guten Miteinander gehören Verzeihen, Nachsicht und Klärung. Manchmal gibt es aber auch Unverzeihliches. Wie beispielsweise in Sandras Geschichte.

Versöhnung: *»Ich kann das nicht verzeihen!«*

»Mein Stiefvater ist krank, todkrank, Prostatakrebs mit vielen Metastasen. Ausgerechnet dort hat es ihn erwischt! Ausgerechnet an seiner Männlichkeit geht er zugrunde! Irgendwie passt das schon. Geschieht ihm recht! Sie merken schon, ich bin geladen. Er hat mich und meine Schwester nämlich jahrelang sexuell ausgebeutet. Als es ans Licht kam, war ich zwölf, meine Schwester zehn. Er hat die Sache verharmlost. Damals in den Siebzigerjahren konnte man das noch. Es gab all die Informationen noch nicht, die es heute gibt. Er ist einfach ungeschoren weggekommen. Nie hat er sich bei uns entschuldigt. Meine Mutter hat auch mehr oder weniger zu ihm gehalten. Oder genauer gesagt: Sie hat ihm verziehen. Vorausgesetzt, dass es nie mehr vorkommt. Und es kam dann auch nicht mehr vor. Glücklicherweise. Aber die Wunden sind da bei mir und Melanie. Wir beide haben Mühe mit Männern, Mühe mit unserem Körper, Mühe mit unserem Selbstwertgefühl. Deswegen sind wir auch immer wieder in Therapie. Ich war kürzlich an einem ›Forgiveness-Weekend‹. Da lernte man vieles über den Sinn von Vergebung für sich selbst. Erst leuchtete mir das ein. Aber nun ein paar Tage später spüre ich: Ich kann das nicht verzeihen.

Ich kann ihm nicht die Hand geben. Auch wenn er auch gute Seiten hat. Ich kann es nicht!«

Sandra, 50

Sandras Stiefvater hat sich wirklich schuldig gemacht an den beiden Mädchen. Sexuelle Ausbeutung gehört zu den schwersten Verletzungen. Der Stiefvater hat die kindliche Abhängigkeit ausgenutzt, um seine Lust auf Macht und Unterwerfung zu befriedigen. Sicher hat er die beiden Mädchen auch einem Schweigegebot unterworfen. Auch das wiegt schwer. Dazu kommt, dass bei ihm, wie bei den meisten Sexualtätern in der Familie, das Unrechtsbewusstsein zu fehlen scheint. Jedenfalls hat er sich nie bei seinen Opfern entschuldigt. All das hat schwere Folgen.

Die heute Fünfzigjährige beschreibt die Wunden, die dieser Missbrauch bei ihr hinterlassen hat und die noch immer nicht verheilt sind. Sie hat Schwierigkeiten im Umgang mit Männern. Vertrauensvolle Beziehungen einzugehen fällt nach der großen Vertrauensverletzung in der Kindheit sehr schwer. Das Verhältnis zum eigenen Körper ist gestört, und die Auswirkungen auf das Selbstwertgefühl sind gravierend. Auch wenn Therapie Linderung verschafft, so bleiben doch Narben, und die traumatischen Erlebnisse werden in bestimmten Situationen immer wieder aktualisiert. Sicher hat auch das Verhalten der Mutter einen Einfluss. Immerhin ist sie ihrem Partner trotz allem nicht von der Seite gewichen. Sie hat ihm verziehen. Und möglicherweise fühlt Sandra sich darum von ihr verraten. Aber darauf gehen wir später noch ein.

Sandra kann nicht verzeihen. Deswegen besuchte sie ja ein »Forgiveness Wochenende«. Uns scheint fast, Sandra fühle sich ein wenig schuldig dafür, dass sie dem Täter nicht verzeihen kann. Permanente Schuldgefühle sind ganz typisch für die Opfer sexueller Gewalt. Auch typisch ist, dass betroffene Frauen ihre Gefühle zuweilen sehr viel weniger wichtig nehmen als die anderer Menschen. Deswegen ermutigen wir Sandra sehr, sich und ihr Inneres ganz aufmerksam wahrzunehmen und sich selbst keinen Zwang anzutun. Wir denken, dass ihr Hass auf den Stiefvater gemäßigter werden kann, wenn sie sich selbst wichtiger nimmt und sich erlaubt, »dem Versöhnungsideal« nicht – oder jedenfalls noch nicht – zu entsprechen.

Sie unterliegt nicht einem Normfehler. Sie ist auf dem richtigen, das heißt auf dem eigenen Weg. Das Opfer von einst ist aktiv geworden und hat versucht, mit Hilfe einer Therapie die alten Wunden anzusehen und heilen zu lassen. Sandra redet über das, was sie in diesem Zusammenhang beschäftigt, und tabuisiert ihre Gefühle nicht. Das vermindert den inneren Druck. So kann der Hass vielleicht eines Tages einem Gefühl der Distanz dem alten kranken Mann gegenüber weichen, der einst so mächtig war. Wir wünschen es Sandra.

Und was ist mit Sandras Stiefvater? In dieser Geschichte äußern wir uns ganz bewusst nicht zu seiner Lage. Sexueller Ausbeutung und ihren Spätfolgen ist nämlich aus unserer fachlichen Überzeugung heraus nicht mit systemischer Sichtweise beizukommen. Wir können und wollen uns nicht in einen Täter hineinversetzen. Wir argumentieren bewusst parteiisch für das betroffene, erwachsene Kind.

Allerdings fragen wir nach der Mutter: Hat sie ihren Töchtern gegenüber das Unrecht angesprochen? Wie sieht sie das Leiden ihrer Mädchen? Drängt sie sie dazu, mehr Fürsorge und Zuneigung für den alten Stiefvater aufzubringen? Zeigt sie Verständnis für die tiefen Ressentiments ihrer Töchter? Ist sie überhaupt noch zugänglich? Lebt sie noch? All das erfahren wir nicht. Aber danach zu fragen ist wichtig, denn häufig fühlen sich sexuell ausgebeutete Kinder von ihren Müttern ebenso verraten und im Stich gelassen wie von denjenigen, die sie missbraucht haben. Wir gehen davon aus, dass auch das ein wichtiges therapeutisches Thema für Sandra ist.

Ein ganz anderes Problem beschäftigt Teresa. In ihrer Geschichte spielen kulturelle Normen eine zentrale Rolle:

Kulturunterschied: *»Das gehört doch einfach zum Leben.«*

»In den Fünfzigerjahren sind wir aus Italien nach Deutschland gekommen. Mein Mann fand eine gute Stelle als Textilverkäufer. Ich war zu Hause mit den drei Kindern. Wir waren mit wenig zufrieden. Wir sparten Geld für unsere Eltern. Man gibt ja alles für die Familie. Man will, dass es für alle gut ist. ›Ti voglio bene‹ heißt eben nicht nur ›Ich liebe dich‹. Es heißt auch: ›Ich will für dich das Gute.‹ Für meine Tochter scheint es nur ›Mi voglio bene‹ zu geben. Sie schaut nur für sich. Ihre Karriere ist ihr wichtiger als die alten Eltern. Sie hat nur einmal die Woche Zeit für einen Besuch. Ansonsten ist sie beschäftigt mit Beruf, Freunden, Fitness und Reisen. Sie ist Architektin. Wir sind stolz auf sie. Aber sie? Ich glaube, sie hat gar nicht realisiert, wie viele Opfer wir gebracht haben, damit sie es einmal so weit bringen kann. Dass Kinder für ihre alten Eltern da sind, das gehört doch aber einfach dazu? Oder nicht?«
Teresa, 75

Teresa gehört wohl zu den ersten Immigranten in Deutschland. Sie kamen aus Italien in der Hoffnung, sich selbst ein besseres, luxuriöseres Leben ermöglichen zu können und die Familie zu Hause im Süden zu unterstützen. Alles, was übrig blieb oder entbehrt werden konnte, und das wird bei einer fünfköpfigen Familie und nur einem Verdiener nicht unbedingt viel gewesen sein, wurde den Eltern geschickt. Das war die Norm. Es ging immer um die ganze Familie und nicht so sehr um den Einzelnen.

Jetzt sieht die Situation anders aus. Teresas Tochter verhält sich nicht nach dieser Norm. Obwohl sie in der Nähe ist, hat sie nur einmal die Woche Zeit für einen Besuch bei den Eltern. Ansonsten geht die Tochter ihrem Beruf und ihren eigenen Interessen nach. Ihre Mutter erlebt das als Egoismus. Sie erwartet nach allem, was sie für ihre Kinder geopfert hat, etwas anderes. Sie möchte, dass ihre Kinder für die alten Eltern da sind. Was sie wohl damit meint? Möchte sie mehr Besuch? Benötigt sie in gewissen Dingen Unterstützung? Oder geht es einfach darum, dass die Kinder die Eltern so wichtig nehmen sollen, wie die Eltern früher sie?

Die 75-jährige Italienerin legt kulturelle Normen an, die zeitlebens für sie gegolten haben. Für ihre Tochter, die in einer anderen Gesellschaft in einer anderen Zeit und mit einem anderen Geschlechterrollenvorbild groß geworden ist, gilt eine andere Norm: Sie hat zwar italienische Eltern, aber sie ist in Deutschland groß geworden. Im Unterschied zu ihrer Mutter hat sie eine gute Ausbildung genossen und übt einen interessanten und anspruchsvollen Beruf aus. Und daneben gibt es noch Hobbys und Freunde, sich selbst und selbstverständlich auch die Eltern. Für diese nimmt sie sich einmal die Woche Zeit. Wir gehen zunächst davon aus, dass das ihren Möglichkeiten und ihrer Überzeugung entspricht. Die Eltern sind ihr nicht egal – das zeigt sie mit ihren regelmäßigen Besuchen.

Es ist nicht klar, ob sie überhaupt weiß, dass ihre Mutter mehr oder noch anderes von ihr erwartet. Jedenfalls spürt sie diese Erwartungen entweder zurzeit noch nicht, oder sie möchte oder kann sie nicht erfüllen. Sollte sie aber doch bereits unterschwellig spüren, dass sie in den Augen der Mutter nicht genügend tut, sind die Gewissensbisse sicher bereits da.

Das ist nicht gut. Eine Klärung ist notwendig. Zunächst sollte Teresa bei sich selbst anfangen. Wir raten ihr, ihre Einstellung zu überdenken. Im Grunde genommen geht es um Ähnliches wie in Haralds Geschichte in diesem Kapitel: Eltern-Kind-Beziehungen folgen nicht dem Kalkül »Was ich dir gegeben habe, kann ich jetzt als Rückzahlung erwarten«. Zudem muss sich Teresa vergegenwärtigen, dass der Generationen- und der Kulturunterschied die Norm des familiären Miteinanders sehr verändern. Das Leben der Mutter und das der Tochter unterscheiden sich sehr.

Teresa darf zu Recht stolz auf ihre Architektentochter sein, die im »neuen Land« gut Fuß gefasst hat. Und schließlich muss Teresa sich die Frage stellen, ob sie je offen mit ihrer Tochter über ihre mütterlichen Erwartungen gesprochen hat. Wir gehen nicht davon aus, und deshalb legen wir ihr ein solches Gespräch ans Herz, sofern sie nach reiflicher Überlegung immer noch der Meinung ist, dass ihre Tochter intensiver für sie da sein sollte. Da wir Teresas gesundheitlichen Zustand nicht kennen, können wir nicht beurteilen, wie viel Hilfe sie tatsächlich im Alltag benötigt.

Wenn Teresa das Konfliktgespräch sucht, raten wir ihr, weder mit einer Forderung zu beginnen noch ins Feld zu führen, was sie alles einst für ihre Tochter und auch für ihre Eltern in Italien getan hat. Erfolgversprechender ist es, die eigenen Bedürfnisse klar zu formulieren und danach einfach der Tochter zuzuhören. Was meint sie dazu? Da es um eine wichtige Sache geht, empfehlen wir, das Gespräch vorher anzukündigen: »Es ist schön, dass du jede Woche Zeit für uns findest. Wenn du nächste Woche kommst, möchte ich gerne etwas Wichtiges mit dir besprechen.« Eine Woche später dann könnte Teresa so beginnen: »Weißt du, unsere Situation hier zu Hause hat sich in der letzten Zeit verändert. Ich bin mir nicht sicher, ob du das auch bemerkt hast, aber mir fallen bestimmte Dinge immer schwerer. Auch wenn ich es nur ungern zugebe, glaube ich, dass ich jetzt doch langsam ein bisschen Unterstützung brauche. Kannst du dir vorstellen, mir das eine oder andere abzunehmen? Ist das zusätzlich zu deinen Besuchen möglich? Oder wie wollen wir das machen? Ich weiß, du bist sehr beschäftigt und hast ein Leben, das ganz anders ist, als meines war. Deshalb sage mir ganz offen, wie du das siehst.«

So ein Einstieg ins Gespräch verläuft nicht auf der Schuldschiene und lässt der Tochter Freiraum, ehrlich zu antworten. Sie gerät nicht unter Druck und lässt sich damit nicht aus schlechtem Gewissen zu etwas hinreißen, was sie eigentlich gar nicht leisten will und kann. So können Teresa und ihr Kind hoffentlich zu neuen Ufern aufbrechen.

Wir haben schon mehrfach darauf hingewiesen, dass sich die Erwartungen der alten Eltern, besucht, betreut und auch gepflegt zu werden, vor allem an die weiblichen Nachkommen richten. Wenn keine Töchter da sind, sind meist die Schwiegertöchter »an der Reihe«. Bei Nadine ist das so.

Schwiegertochterkonflikt: *»Wie soll ich mit meinem Schwiegervater zurechtkommen?«*

»Also, dass die Betreuung der Eltern mit dem eigenen Älterwerden auf einen zukommt, ist, glaube ich, langsam jedem bewusst. Und irgendwie gehört das ja auch zu der Aufgabe der erwachsenen Kinder. So wie es früher zur Aufgabe der Eltern gehörte, die Kinder zu erziehen und zu schützen. Ja, vielleicht nicht ganz genauso, aber ähnlich. Aber gilt das auch für angeheiratete Eltern? Für Schwiegereltern? Mein Schwiegervater ist auf Unterstützung angewiesen. Er lebt alleine. Die Eltern meines Mannes sind schon lange geschieden. Nun bin ich die nächste weibliche Verwandte des alten, stark gehbehinderten Mannes. Aber ich fühle mich nicht wirklich zuständig, obwohl mein Mann mich sehr um Unterstützung bittet und mir auch Mut macht, es zu versuchen. Ehrlich gesagt, die Nähe zu meinem Schwiegervater strengt mich an. Wir haben früher nie sehr viel miteinander zu tun gehabt, und er gab mir auch immer zu spüren, dass ich nicht seine Wunschschwiegertochter war. Er hätte nämlich gerne eine Tochter aus besserem Hause gehabt. Und nun wäre ich plötzlich doch gut genug.«
Nadine, 38

Auch Nadine hat eine Portion Schuldgefühle in ihrem Gepäck. Wir hören ihre leisen Zweifel. Sie spürt ganz gut, dass die Nähe zum Schwiegervater sie anstrengt, und sie lässt dieses unpopuläre Gefühl auch zu. Die alte Geschichte des »Nicht-Genügens« als Schwiegertochter kommt wieder hoch und macht ihr den Zugang zum gehbehinderten Vater ihres Mannes noch schwerer. Nadine ist in einer Zwickmühle. Auf der einen Seite findet sie es richtig, dass erwachsene Kinder für die alten Eltern sorgen. Sie sieht die Bedürftigkeit des Schwiegervaters und spürt ihr Pflichtgefühl. Sie hört auch die Bitte ihres Ehemannes, seinen Vater zu unterstützen. Auf der anderen Seite ist der alte Herr nicht ihr Vater, sondern »nur« der Schwiegervater. Also fühlt sie sich weniger zuständig. Aber sie ist die einzige Frau in seinem Umfeld. Wir fragen: Welche Norm ist hier wirksam, wenn Nadine das Gefühl hat, dass ihr Geschlecht Grund genug sei, diese Unterstützung auch schuldig zu sein?

Erschwerend kommt hinzu, dass die beiden bis dahin nicht das beste Verhältnis hatten. Nadine war in den Augen des Vaters nicht ganz die Richtige für den Sohn, nun aber soll es ihr recht sein, für den alten Herrn da zu sein? Ihr Beispiel zeigt eine simple Wahrheit ganz deutlich: Die Qualität der späten Beziehung hängt wesentlich von der Qualität der früheren Beziehung ab. Das aber heißt nicht, dass Beziehungen nicht verändert und verbessert werden können.

Der alte Herr hat es auch nicht leicht. Er ist auf Hilfe angewiesen. Für diese Hilfe scheint niemand anders in Frage zu kommen als seine Schwiegertochter. Vielleicht erinnert er sich daran, sie nicht immer ganz fair behandelt zu haben. Umso schwieriger ist es für ihn jetzt, ausgerechnet sie um Hilfe bitten zu müssen. Vielleicht bereut er das, was früher war. Vielleicht aber hält er nach wie vor nicht viel von der Frau seines Sohnes. Wie auch immer, die Situation ist ziemlich ungünstig für ein gutes Miteinander. Sich pflegen zu lassen erfordert viel Vertrauen, viel Nähe und auch Toleranz. Ob der alte Herr Nadine das alles entgegenbringen kann? Will er das überhaupt? Bei diesen Fragen kommt Nadines Mann ins Spiel. Er bittet seine Frau um Unterstützung. Ob das mit dem Vater so abgesprochen ist?

Es gibt einen Weg aus dieser Sackgasse. Erst einmal liegt der Ball bei Nadine. Sie muss sich ernsthaft fragen, was sie eigentlich will und was ihre Beweggründe sind. Ist es der verletzte Stolz, der sie NEIN sagen lässt? Ist es das schlechte Gewissen, das sie zu einem JA drängt? Wo genau steht sie? Wenn sie das für sich geklärt hat, kann sie mit ihrem Mann offen reden und ihn möglicherweise um Verständnis für ihre Entscheidung bitten. Und dann ist es seine Aufgabe, nach einer Lösung zu suchen, die sowohl für seine Frau als auch für seinen Vater stimmig ist. Wir sind überzeugt, dass es sie gibt.

Guter Rat und gar nicht teuer

1. Befragen Sie Ihre inneren Normen, bevor Sie in die Welt von Schuld und Schuldigkeit abtauchen!

2. Es gibt tiefgehende Verletzungen in der Kindheit, die auch das späte Miteinander sehr erschweren oder gar verunmöglichen können. Diese traurige Wahrheit anzuerkennen ist auch eine Leistung. Es gibt keine Versöhnungsnorm.

3. Machen Sie sich selbst nicht zum Maß aller Dinge! Andere Menschen entwickeln eigene Wertvorstellungen, und die gilt es auch zu respektieren.

4. Es ist immer besser, persönliche Bedürfnisse zu formulieren, als Forderungen zu stellen! So wird das Gespräch freier, und die Lösungen fallen kreativer aus!

13. Verbundenheit und Grenzen

> **Und wenn ein Mensch stirbt,**
> **dann stirbt mit ihm sein erster Schnee**
> **und sein erster Kuss und sein erster Kampf.**
> **All das nimmt er mit sich.**
>
> *Jewgeni Jewtuschenko*

Eine alte Frau sagt ganz beiläufig zu ihrer Tochter: »Es ist dann schon gut, wenn mal alles vorbei ist.« Die beiden Frauen sitzen am Küchentisch und bereiten das Osterfest für die Familie vor. »Aber Mama«, sagt die Tochter, »schau doch aus dem Fenster! Alles grünt. Alles blüht.« Dann sagen die Frauen eine Zeit lang nichts mehr.

Ein weit gereister Sohn bringt seinem alten Vater eine Seidenkrawatte von einer Geschäftsreise in Bangkok mit. »Ach Lutz, so was Exklusives lohnt sich doch für mich nicht mehr!«, sagt der alte Mann und legt das Geschenk achtlos zur Seite. »Vater, du lässt dich gehen!«, antwortet der Sohn gekränkt. Schweigen.

Auf der Fahrt in die Berge sagt ein alter Mann im Fond des geräumigen Familien-Van: »Ich glaube, das ist das letzte Mal, dass ich Eiger, Mönch und Jungfrau sehe.« »Ach Papa, mach keinen Ärger!«, witzelt der Schwiegersohn am Steuer und pfeift ein Wanderlied: »Lustig ist das Zigeunerleben!«

Diese drei Geschichten erzählen alle von den Schwierigkeiten erwachsener Kinder, die beiläufigen Botschaften über das Sterben und den Tod der Eltern wahr- und aufzunehmen. Die Sätze voller »noch« und »nicht mehr« werden zwar gehört, meistens aber bleiben sie unbeantwortet. Zumeist werden sie übertüncht oder überhört, ignoriert oder abgewehrt und mit vielen anderen Wörtern zugedeckt. Das ist verständlich.

Auch wenn jeder Knirps schon weiß, dass alle Menschen einmal sterben müssen, und auch wenn der Tod heute mehr zur Sprache kommt als früher, so macht doch das Unwiderrufliche, das Endgültige an diesem Übergang hilflos und immer wieder auch sprachlos.

Ganz besonders dort, wo die Bindung stark ist, tut der Verlust weh. Wen wundert es also, wenn gerade zwischen Eltern und ihren Kindern das Gespräch über das Lebensende so erschwert ist. Den Kindern gehen mit dem Tod der Eltern Wurzeln verloren. Es ist ihr endgültiger Abschied von der Kindheit. Verloren ist das »Elternhaus«. Die Kinder rücken ins vorderste Glied der Generationenkette, nun werden sie die Nächsten sein. Vielen gibt das ein Gefühl von Verlassenheit und Schutzlosigkeit.

Wenn die alten Eltern sterben, geht auch viel Wissen verloren. Die Menschen, die sich an längst Vergangenes erinnern konnten, sind nun nicht mehr da. Mit ihnen gehen auch Rituale verloren. Die Feste werden anders gefeiert, und der familiale Zusammenhalt verändert sich. Dieser vielschichtige Verlust ist radikal. Kein Wunder also, dass wir uns vor dem ernsthaften Gespräch über das Unabänderliche, den Tod, scheuen.

Die Fähigkeit zum Gespräch über die letzten Dinge aber scheint uns wesentlich für das gute Miteinander in später Zeit. Statt den Frühling zu beschwören und damit symbolisch den Tod abzuwehren, könnte die Tochter zu ihrer Mutter sagen: »Gut, wenn dann mal alles vorbei ist? Ich höre, was du sagst, Mama. Erzähle mir von deinem Lebensgefühl, wenn du magst!« Statt dem Vater vorzuhalten, er lasse sich gehen, könnte der dynamische Sohn auch sagen: »Hey Papa, sag mal, was meinst du eigentlich mit ›lohnt sich nicht mehr‹?« Auf der Ferienfahrt in die Berge wäre auch denkbar, dass der Lenker auf das muntere Wanderlied verzichtet und stattdessen entgegnet: »Oh, das klingt nach Wehmut. Sag, Papa, wie fühlt sich das Leben an, wenn man denkt, dass man das letzte Mal Eiger, Mönch und Jungfrau sieht?« So könnte eine Antwort ohne Ausweichmanöver klingen. So könnten alternative Sätze zum Landesüblichen lauten. Es sind Wege ins Neuland.

Wichtig für diese Reise ist das Zuhören. Gehört zu werden ist ein menschliches Glück. Das bleibt so bis zuletzt. Ganz besonders dann, wenn es um Wesentliches geht. Für diese Wege ins zuweilen bedrohliche Neuland braucht es Wegzehrung. Sie besteht aus hilfreichen Sätzen, die dem Schrecken den Stachel ziehen, die die eigene Hilflosigkeit und Überforderung in einem erträglichen Maß halten. Diese Sätze können heißen:

» Wie meinst du das?
» Was beschäftigt dich?
» Was möchtest du mit mir besprechen?
» Was wäre dir wichtig?
» Wie fühlst du dich, wenn du das sagst?

Auch Eigenes darf gesagt sein. Niemand muss den Herkules mimen, wenn es um den Tod geht. Sätze über die eigene Seelenlage können auch hilfreich sein, das Gespräch über den großen Abschied zu vertiefen:

» Ich weiß gar nicht, was ich nun sagen soll …
» Es ist für mich schwer, daran zu denken, dass du einmal sterben wirst.
» Das trifft mich nun sehr, wenn du das so sagst …
» Es macht mir Angst, wenn du so sprichst, und doch …

Nun ist das Thema nicht mehr unterm, sondern auf dem Familientisch. Was für eine Errungenschaft! Vielleicht ist das der Beginn einer familiären und ganz modernen »Ars moriendi«. Ars moriendi heißt so viel wie die Kunst des Sterbens. Als Ars moriendi wurden im Spätmittelalter Erbauungsschriften bezeichnet, die die christliche Vorbereitung auf den Tod lehren, um das Himmelreich zu erlangen. Geprägt von den damals grassierenden Seuchen und der Angst vor einem unvorbereiteten Tod schrieb Johannes Gerson zu Beginn des 15. Jahrhunderts die ersten Unterweisungen im guten Sterben. Ein Standardwerk über den guten Umgang mit der Endlichkeit, dem viele andere Schriften zu diesem Thema folgten. Modernere Philosophen und heutige Lifestyle-Experten gehen davon aus, dass das wirkliche »Savoir vivre«, die Lebenskunst, ganz eng mit dem alltäglichen Gewahrsein der Endlichkeit zusammenhängt. So ist zu verstehen, dass in unserer Zeit der lateinische Imperativ »Carpe diem!« wieder ein Comeback hat. Carpe diem – pflücke den Tag!

Wenn ein Thema erst einmal auf dem Tisch ist, fällt es leichter, das Gespräch fortzusetzen. Vielleicht gelingt es erwachsenen Kindern und ihren Eltern, etwas Sicherheit darin zu gewinnen, aber leicht wird es wohl trotzdem nie. Zu schwer wiegt das Thema. Auch dann, wenn es ganz konkret wird:

> Wie wünschst du dir zu sterben?
> Wo willst du sterben?
> Wer soll an den letzten Tagen da sein?
> Was möchtest du von mir, wenn es zu Ende geht?
> Wie soll deine Beerdigung aussehen?
> Wo soll sie stattfinden?
> Was liegt dir sonst noch sehr am Herzen?

Das Zuhören bleibt auch in diesen Fortsetzungs-Gesprächen das Wichtigste. Zuhören heißt aber nicht immer gehorchen. Es kann sein, dass die letzten Wünsche der alten Eltern die erwachsenen Kinder überfordern. Wenn sich eine betagte Mutter von ihrer sechzigjährigen Tochter wünscht, dass diese bei ihrem Ableben dabei ist, darf die Tochter sagen: »Mama, ich würde dir diesen Wunsch gerne erfüllen, aber ich fürchte mich vor dem Moment und weiß noch nicht, ob ich das kann.« Wenn ein alter Vater sich von seinem jüngsten Sohn wünscht, er möge ihn in aller Stille und Heimlichkeit beisetzen lassen, dann darf der Sohn auch einbringen: »Ich höre, was du sagst, Papa, und dein Wunsch ist sicher begründet. Aber ich weiß auch, dass deine Kinder aus der ersten Ehe ebenfalls den Wunsch haben, in einem Ritual von dir Abschied zu nehmen. Kannst du dir einen Abschied im Kreise der ganzen Familie denn gar nicht vorstellen?«

Das sind heikle Widerworte, und sie sollten mit Bedacht gewählt sein. Aber sie sind wichtig. Abschied ist immer ein Beziehungsgeschehen. Besonders der größte aller Abschiede sollte für beide Seiten stimmig sein: für den Sterbenden und die Hinterbliebenen. Und es gilt auch: Wünsche sind Wünsche, das gilt auch für die letzten. Es sind keine Befehle. Darum trägt dieses Kapitel die Überschrift: Verbundenheit *und* Grenzen.

Der große Verhaltensforscher Konrad Lorenz hat in einem ganz anderen Zusammenhang die Komplexität der menschlichen Kommunikation einmal folgendermaßen dargestellt:

>*»Gedacht ist noch lange nicht gesagt.*
>*Gesagt ist noch lange nicht gehört.*
>*Gehört ist noch lange nicht verstanden.*
>*Verstanden ist noch lange nicht einverstanden.«*

Diese Kette der menschlichen Verständigung zu kennen scheint uns auch hilfreich, wenn es um die Sprachfindung für die letzten Dinge geht.

Wir meinen, dass beispielsweise Luzia ganz gut zur Sprache bringen kann, was sie in der Konfrontation mit ihrer todkranken Mutter erlebt:

Vermächtnis: *»Versprichst du mir das wirklich?«*

»Meine Mutter sagt, sie fühlt ihn kommen, den Tod. Das sagt sie einfach so. Für mich ist das ganz schwierig. Es macht mich tieftraurig, dass sie dabei ist, Abschied zu nehmen von dieser Welt. Ich fühle mich von Mama regelrecht verlassen. Sie ist noch jung, aber sie hat Krebs im ›finalen Stadium‹, wie die Ärzte, ohne mit der Wimper zu zucken, sagen. Gestern bat sie mich um einen Gefallen, der meine Kräfte fast überstieg. Sie bat mich nämlich, ihr hoch und heilig zu versprechen, dass an der Beerdigung niemand in Schwarz kommen sollte, dass die Beerdigung ein Fest werden sollte, an dem alle zusammenkommen,

um ihr Leben zu feiern. Sie bat mich, es an nichts fehlen zu lassen. Großzügig war meine Mutter immer. Das wollte sie auch nach ihrem Tod sein. Natürlich werde ich ihre letzten Wünsche, so gut ich kann, erfüllen. Aber es ist für mich zu schwer, vor ihrem Tod schon an das Danach zu denken. Und manchmal geht es doch auch ein wenig um mich, ihre einzige Tochter. Und nicht nur um ihre Krankheit und ihr Sterben. Oder etwa nicht?«
Luzia, 35

Luzia hat recht. Ganz sicher geht es auch um sie. Luzia ist noch jung, sie scheint »das finale Stadium« noch nicht richtig zu erfassen, noch nicht wirklich zu begreifen. Während sie noch hadert, ist ihr die Mutter bereits einen großen Schritt voraus. Das überfordert die Mittdreißigerin im Moment. Sie fühlt sich verlassen, wenn ihre Mutter sich langsam verabschiedet und konkret ihre Beerdigung plant.

Das Versprechen, das die Sterbende ihrer Tochter abverlangt, dafür zu sorgen, dass niemand in Schwarz kommt, ist zum jetzigen Zeitpunkt zu viel für die junge Frau. Sie spürt zwar die Bereitschaft, alles nach den Wünschen der Mutter zu erledigen, aber so ganz konkret möchte sie noch nicht an das Danach denken. Luzia versteht zwar die Wünsche und Bedürfnisse der sterbenden Mutter, aber die stehen im Moment im Widerspruch zu ihren eigenen. Sie möchte nämlich, dass die Mutter bleibt. Sie will sie noch nicht gehen lassen, und in logischer Konsequenz ist sie auch nicht bereit, über die Beerdigung zu sprechen. Wir verstehen das und sagen: Ganz sicher sollen auch Luzias Wünsche und Bedürfnisse Platz haben.

Wenn wir uns aber der Mutter zuwenden, so ist die Rücksichtnahme auf die Wünsche und Befindlichkeit ihrer Tochter eine ebenso große Herausforderung. Eine solche Diagnose entgegennehmen zu müssen und ohne Hoffnung auf Heilung oder Besserung zurückzubleiben ist unbeschreiblich schwer. Die todkranke Frau weiß nicht, wie viel Zeit ihr genau noch bleibt. Sind es Monate? Wochen? Tage? Ein Wettlauf mit der Zeit, die Dinge drängen. Luzias Mutter kann eigentlich nicht auf den »richtigen Augenblick« warten. Sie hat keine Zeit zu verlieren. Alles, was sie jetzt nicht tut, kann vielleicht schon bald nicht mehr getan werden. Und so kommt es zum großen Wunsch an die Tochter, diese solle ihr »hoch und heilig« versprechen, dass es ein heiteres Abschiedsfest geben möge. Ein letzter Wunsch, eine letzte Möglichkeit, bei den Hinterbliebenen ein Bild zu hinterlassen: keine düstere Trauergemeinde und viel Großzügigkeit. Ein Vermächtnis.

So gesehen haben Mutter *und* Tochter recht. Eines ist sicher, der große Abschied muss immer für beide stimmen: für den, der geht, aber auch für den, der zurückbleibt. Wie aber schafft man es, dass es für beide stimmig ist? Luzia und ihre Mutter sind in ihrem Prozess des Abschieds verschieden weit.

Diese Situation ist häufig, geradezu klassisch: Während für den sterbenden Menschen die Dinge schon weit gediehen sind, möchten die Angehörigen noch am Weg zurück ins Leben festhalten. Es liegt auf der Hand: Das macht ein Miteinander zu diesem Zeitpunkt sehr schwer. Und genau dieses Schwere gilt es zu wahrzunehmen und vielleicht auch offen anzusprechen. »Mama, ich merke, dass du mir ein Stück voraus bist. Du scheinst die Tatsachen akzeptiert zu haben. Ich bin noch nicht so weit. Ich möchte dir eigentlich gern versprechen, alles so zu machen, wie du es dir wünschst. Aber ich kann noch nicht mit dir über das ›Danach‹ reden. Es macht mich so verzweifelt.«

So ist das Schwere in Worte gefasst. Möglicherweise ist es für Luzia hilfreich, sich so ausdrücken zu können, und es wird dadurch ein wenig leichter. Vielleicht kann die Tochter dieser schweren Belastung auch etwas Positives abgewinnen? Vielleicht gelingt es ihr zu sehen, wie groß das Vertrauen ihrer Mutter in sie ist. Und zu wissen, was der Mutter am Ende wichtig war, und einiges oder gar viel davon verwirklicht zu haben hilft in der Zeit nach dem Tod sehr. Es erleichtert die Trauer. Luzia muss im Abschiedsschmerz nicht mehr darüber nachgrübeln, wie Mutter es wohl gewollt haben könnte, denn sie kennt ihre letzten Wünsche. Wir ermutigen die Tochter, das Drängen der Mutter zu verstehen.

Wichtig ist aber auch, dass Luzia sich selbst ernst nimmt und in sich hineinfühlt, wie sie ihr Jetzt gestalten möchte und kann. Was gibt ihr in dieser Zeit Kraft? Mit wem kann sie über ihre tiefsten Gefühle sprechen? Was ist ihr wichtig in diesen Tagen des Abschieds? Möchte sie ihre Mutter in den Tod begleiten? Möchte und kann sie ihre Hand halten, wenn sie zum letzten Mal ausatmet?

Diese Klärung ist sehr schwierig, wenn die Gefühle durcheinanderpurzeln. Aber wo eine erste Klärung gelingt, erhellt sich das Dunkle zumindest ein wenig. Doch auch ein guter Abschied bleibt immer ein Abschied. Das tut weh. Wir wünschen Luzia gutes Abschiednehmen und Geduld mit sich in der Zeit der Trauer.

Es ist ein Naturgesetz: Alle Kinder verwaisen früher oder später. Besonders schwierig ist es, wenn sich diese Gesetzmäßigkeit verkehrt. So zum Beispiel bei Martha:

Verlust des eigenen Kindes: *»Das ist doch die verkehrte Natur!«*

»Es war an Ostern. Im letzten Jahr. Der Frühstückstisch war gedeckt. Die Ostergeschenke für die Enkel versteckt. Meine Kinder und Schwiegerkinder pünktlich. Alles wunderbar. Welch eine Wiedersehensfreude! Es ist ein so seltenes Glück, alle beieinander zu haben. Die einen leben in Deutschland, die anderen in Italien und ich mittendrin in der Schweiz. Da kommt man nicht so oft zusammen. Um das Fest festzuhalten, hat mein Sohn ein kleines Video gedreht. Als Erinnerung für später, sagte er. Und kaum hatte er es gesagt, brach er zusammen und war tot. Einfach so. Herzschlag, aus. Mit 51! Aus heiterem Himmel. Und alle waren wir da. Und niemand konnte ihm mehr helfen. Statt Auferstehungsfest Abschied auf immer! Seither bin ich auch wie tot. Es ist so sinnlos, noch da zu sein. Ich mit 78, gesund und munter und er …? Ich habe mein Kind überlebt! Das ist doch die verkehrte Natur! Ich hätte alles gegeben, mit ihm zu tauschen. Irgendwie habe ich auch das Gefühl, nicht das Recht zu haben, noch am Leben zu sein!«
Martha, 78

Martha prüft das Leben schwer. Der Verlust des eigenen Kindes ist wohl eines der schmerzlichsten Dinge, die einem das Leben als Aufgabe stellen kann. Alles war doch so voller Freude. Endlich ein gemeinsames Osterfest! Und ausgerechnet der Sohn, der alles als Erinnerung für später auf einem Video festhält, stirbt nur Augenblicke später an einem Herzinfarkt. Martha musste das mit ansehen und konnte nichts tun für ihr Kind. Wie ohnmächtig muss sie sich gefühlt haben! Sie musste ihren Sohn einfach gehen lassen. Seitdem fühlt sich Martha wie tot. Sie ist leer, etwas von ihr ist mit dem Sohn gestorben. Die Natur sieht nicht vor, dass Eltern ihre Kinder überleben. Die alte Mutter hat nun das Gefühl, kein Recht mehr auf ihr eigenes Leben zu haben. Da nutzt kein gutes Zureden, da gibt gar nichts mehr Trost oder Halt. Die Verzweiflung scheint uferlos. Ein unbegreifliches Schicksal für eine Mutter.

Nur: Martha ist auch nicht damit geholfen, wenn sie sich selbst das Recht abspricht, noch am Leben zu sein. Natürlich ist sie in tiefer Trauer. Aber sie ist am anderen Ufer, sie ist im Leben. Uns scheint dieses Sprichwort für die Situation der verzweifelten alten Mutter hilfreich: »Du kannst die schwarzen Vögel der Trauer nicht daran hindern, über deinem Kopf zu kreisen, wohl aber daran, sich in deinem Haar Nester zu bauen!«

Wir haben in diesem Buch immer wieder die Perspektiven gewechselt. Die Welt auch mit den Augen des anderen zu sehen, um einander besser zu verstehen und nach Lösungsmöglichkeiten zu suchen. Das ist ein Prinzip für das gute Miteinander. Ein Empathie-Training. Dieser Perspektivenwechsel ist in Marthas Geschichte so einfach nicht möglich. Aber vielleicht hilft es Martha, sich vorzustellen, was ihr Sohn ihr sagen würde, wenn er ihr Leid sehen könnte. Was würde er ihr sagen, wenn er hörte, dass sie meint, kein Recht mehr auf das Leben zu haben? Was würde er ihr antworten, wenn sie ihm sagte, sie sei auch tot? Würde er sie bestätigen? Oder würde er sie bitten, ihr Leben zu leben, auch um seinetwillen? Würde er ihre Schuldgefühle für angemessen halten oder würde er sie entlasten? In einem Gespräch mit vertrauten Menschen oder auch ganz für sich allein könnte Martha diesen Fragen nachgehen und nachspüren. Wir wünschen Martha viel Kraft für ihre Trauer, viel verständnisvolle Menschen und schöne Begegnungen, die sie zurückführen in ihr Leben. Denn das Leben geht weiter, auch wenn fast alles anders ist als zuvor.

Die nächste Geschichte, die Geschichte von Markus, zeigt, wie wesentlich der Perspektivwechsel für eine verständnisvolle Beziehung ist. Es ist eine Geschichte des Gelingens:

Späte Klärung: *»Jetzt sehe ich es plötzlich mit deinen Augen.«*

»Mein Gott, habe ich meinen Vater verachtet! Lange Zeit habe ich kein gutes Haar an ihm gelassen. Er war ja auch kaum je einmal da, wenn er gebraucht worden wäre. Am ersten Schultag: Papa hat zu tun. Auf der Notfallstation nach dem Unfall: Papa kann nicht kommen. Bei der Examensfeier: Papa ist im Ausland. Dabei hätte ich ihn so gerne mehr gesehen! Nun ist er alt, sehr alt. Und kein gefragter Mann mehr. Die Pensionierung ist schon ein Vierteljahrhundert alt. Als ich unlängst mit ihm im Schneckentempo durch unseren Stadtpark schlenderte, nahm ich allen Mut zusammen und sagte ihm, dass er mir verdammt noch mal sehr oft gefehlt hatte. Und er? Er blieb stehen und sah mich an. Da sah ich, dass er Tränen in seinen Augen hatte. ›Ich habe euch auch oft sehr vermisst. Ich fühlte mich auch oft sehr allein. Allein mit der großen Verantwortung, all das Geld zu verdienen für die Frau, die Kinder, das große Haus, die guten Schulen.‹ Dann gingen wir still weiter. Plötzlich sah ich unseren Familienalltag nicht mehr nur mit meinen Kinderaugen, sondern auch mit seinen Vateraugen. Und weg war der ganze Groll. Demnächst, das habe ich mir vorgenommen, werde ich ihm danken für das, was er für mich und meine Geschwister getan hat.«
Markus, 61

Markus spürt noch immer, dass ihm der Vater oft gefehlt hat. Immer gab es etwas, das wichtiger war als er. Das schmerzt ein Kinderherz. Auch wenn inzwischen viel Zeit vergangen ist, ein bisschen von diesen enttäuschten Gefühlen ist noch immer da. Markus steht zu seinem »inneren Kind« und schiebt seine Gefühle nicht beiseite mit Totschlagphrasen wie »Lass doch die alten Geschichten ruhen«. Im Gegenteil: Der Sohn geht sogar noch einen Schritt weiter und sucht das Gespräch mit seinem alten Vater. Markus ist das geschickt angegangen: Statt dem betagten Mann Vorwürfe zu machen, hat er von seinen eigenen Gefühlen gesprochen. Er hat seinem Vater gesagt, wie sehr er ihn oft vermisst hat, wie wichtig seine Anwesenheit für ihn gewesen wäre. Es leben die Ich-Botschaften! Prompt hört der Vater die Botschaft, er fühlt sich nicht angeklagt. Nun kann er von *seinem* Ich sprechen, die eigenen Gefühle äußern. Er darf weinen und mitteilen, wie sehr auch er seine Familie in vielen Momenten vermisst hat. Die Verantwortung, das Geld für die Familie zu verdienen, lastete oft schwer auf seinen Schultern. Aber er wollte ein guter Vater sein, der seinen Kindern eine entsprechende Ausbildung finanzieren kann und der Familie Sicherheit und Wohlstand bietet.

Da wendet sich das Blatt. Nun sieht Markus seinen Vater mit »neuen Augen«. Nun vermag er seine Kindheit von einer anderen Warte aus zu sehen, und kann sich mit seiner eigenen Geschichte versöhnen. Mehr noch: Er will seinem Vater danken, für all das, was er für ihn und seine Geschwister getan hat.

Was für ein Glück, wenn Beziehungen so geklärt werden können! Markus' Geschichte sollte zu drei Dingen ermutigen: Erstens geben Sie immer wiederkehrenden alten Gefühlen von Verletzung und Versäumnis Raum. Zwar lässt sich Wichtiges vorübergehend verdrängen, es meldet sich aber bestimmt wieder durch die Hintertür. Zweitens ist es nie zu spät, mit den alten Eltern über schwierige Dinge zu sprechen. Im Gegenteil, vieles kann spät gut und gelassen geklärt werden. Es kann beide Seiten versöhnen und den großen Abschied erleichtern. Und drittens empfiehlt es sich, wenn der Mut und die Worte für ein heikles Beziehungsgespräch mit den alten Eltern noch fehlen, zunächst einmal den Perspektivenwechsel im Kopf zu versuchen. Wie hat die Situation wohl damals für meinen Vater oder meine Mutter ausgesehen? Was waren möglicherweise ihre Motive? Hätte es Alternativen zu ihrem Handeln gegeben? Mit diesen Fragen durch die Brille des anderen zu sehen kann helfen, Geschehenes besser zu verstehen und einander offener und gelassener zu begegnen.

Von Versöhnung handelt auch Brittas Geschichte. Auch die ist wie die Geschichte von Markus Beispiel für ein gelungenes Miteinander:

Befriedung: *»Jetzt teilen wir das Wesentliche.«*

»Es war ein langes Hin und Her, bis nun meine Mutter endlich eingewilligt hat, den Schritt in das Pflegeheim zu tun. Es ging einfach nicht mehr. Mit ihren 94 Jahren war sie einfach überfordert mit der eigenen Körperpflege, dem Haushalt, dem Einkaufen, der Post und so. So richtig krank ist sie ja nicht, aber einfach etwas alt und gebrechlich. Altersschwach, wie sie selber immer sagt. Ich selbst wollte sie ja auch nicht einfach abschieben. Deshalb war das Hin und Her auch bei mir da. Leider. Nun sage ich mir: Hätten wir das doch früher getan! Denn jetzt teilen wir das Wesentliche. Statt uns über faulende Blumen in der Vase und über übergelaufene Milch auf dem Herd in die Haare zu kriegen, ist jetzt Raum für richtige Gespräche über das Leben und Sterben, über das, was war, was ist und sein wird. Wir reden auch ganz offen über ihr Sterben und über ihre Vorstellung von ihrem Begräbnis. Denn nun fällt der Haushalt weg, und für ihre Körperpflege ist professionell gesorgt. Sie sieht auch wieder viel netter aus und riecht immer so frisch. Erst war ich sehr skeptisch, aber nun bin ich froh, dass ich sehr viel an die Fachfrauen im Heim abgeben kann. Und meiner Mutter geht es gut. Und mir auch. Besser jedenfalls.«
Britta, 70

Brittas Geschichte zeigt, dass das Schreckgespenst »Heim« sehr wohl auch zu einem Segen werden kann. Wir haben in Kapitel 11 bereits viel darüber geschrieben, wie schwierig der Schritt in eine Institution sein kann. Studien zeigen aber, dass hier mit Vorurteilen gründlich aufgeräumt werden muss.

Britta selbst ist bereits siebzig Jahre alt. Da sind Pflege und Betreuung der 94-jährigen Mutter sicher auch immer wieder überfordernd. Trotzdem: Es war ein langes Hin und Her, bis das »Ja zum Heim« errungen war. Die Mutter wollte dort nicht hin, obwohl sie spürte, dass ihre Kräfte nachließen. Die Tochter ihrerseits wollte die Mutter nicht einfach »abschieben«. Sie hätte sich sehr schuldig gefühlt, wenn sie etwas über den Kopf ihrer Mutter hinweg entschieden hätte. Britta sagt uns nicht, wie es dann schließlich doch zum Abschied aus den eigenen vier Wänden gekommen ist. Aber sie schildert, wie gut diese Entscheidung den beiden letztendlich getan hat. Nun teilen die beiden Frauen wieder das Wesentliche. Keine faulenden Blumen in der Vase, keine übergelaufene Milch auf dem Herd und auch keine unangenehmen Gerüche »vergiften« ihr Miteinander. Schluss mit dem Alltagskram!

Nun haben sie Zeit füreinander. Nun haben sie Zeit für wirkliche Gespräche und können sich ganz anders begegnen. Britta beschreibt sehr schön, wie unverhofft das alles für sie gekommen ist, wie sie selbst zunächst auch skeptisch war.

Große Umstellungen gelingen selten von heute auf morgen. Sicher brauchten auch Britta und erst recht ihre betagte Mutter Zeit, um Vertrauen in die Institution und das Personal zu gewinnen. Nun aber sieht die Tochter, wie gepflegt ihre Mutter aussieht, seitdem die Körperpflege von Profis übernommen wird. Sie spürt, dass es ihrer Mutter gut geht, und das tut auch ihr gut. Und doch: Ist da nicht doch noch ein »Restposten Schuldgefühle«? Wir hören ihn in den drei Sätzen: »Und meiner Mutter geht es gut. Und mir auch. Besser jedenfalls!« So richtig gut geht es der Tochter anscheinend doch noch nicht. Bleibt möglicherweise doch der Hauch eines Gefühls zurück, die Mutter abgeschoben zu haben, den Pflichten als gute Tochter nicht gerecht geworden zu sein? Das kommt sehr häufig vor. Alles wendet sich zum Guten, und doch zwickt es in der Seele. Es sind tiefverwurzelte Normen, die alten Kindern in Brittas Situation manchmal das Leben schwer machen. Britta braucht Geduld mit sich. Manchmal hilft es auch, sich mit anderen Angehörigen zu treffen und über all das zu reden. In manchen Heimen gibt es zu diesem Zweck Angehörigengruppen. Wir sind davon überzeugt, dass Britta und ihre Mutter es richtig gemacht haben.

Guter Rat und gar nicht teuer

1. Reden ist Gold, Schweigen ist Silber. Das ruhige Gespräch über die letzten Dinge ist sehr wertvoll. Wagen Sie das Sprechen über das, was immer noch zu viele sprachlos macht!

2. Abschiede sind Beziehungsgeschichten. Sie betreffen die Gehenden und die Bleibenden. Deswegen sind die Wünsche beider Parteien wichtig. Ganz besonders, wenn es kein Wiedersehen mehr gibt.

3. Letzte Wünsche sind auch nur Wünsche. Sie sind niemals Befehle. Sagen Sie es, wenn Ihnen ein Wunsch unerfüllbar scheint.

4. Die Bewältigung von Abschieden braucht viel Zeit. Lassen Sie sich nicht durch die Hektik unseres Alltags zur Ungeduld mit Ihrem Inneren verleiten. Die Seele passt nicht in ein Hamsterrad!

14. Zeit und Geld

> **Mit 60 beginnt man jung zu sein –**
> **und dann ist es zu spät.**
>
> *Pablo Picasso*

Wer Pablo Picasso beim Wort nimmt und einigermaßen rechnen kann, kommt zum Schluss, dass der spanische Maler genau 32 Jahre lang »jung« war. Er lebte von 1881 bis 1973 und begann also nach Adam Riese im Jahre 1941, »jung« zu sein. Damals tobte in Europa der Zweite Weltkrieg. Picasso konnte malen, was er wollte. Er war längst weltberühmt und war doch auch immer wieder ein Anfänger. Er beendete eine Ehe und begann eine neue Liebe, er wurde Vater und betätigte sich politisch. Nie schwächelte sein Alterswerk, sagen namhafte Kunsthistoriker.

»Man ist so jung, wie man sich fühlt«, das sagen auch viele, die Picasso in puncto Schaffenskraft und Eskapaden, Berühmtheit und Reichtum kaum das Wasser reichen können. Keiner sagt das unter dreißig und wenige unter vierzig. Im fortgeschrittenen Lebensalter dann hilft der Satz über den Verlust der Jugendlichkeit hinweg: die ersten grauen Haare, die ersten Falten, die Midlife-Crisis, die Wechseljahre und später dann die Pensionierung. Diese Aussage zum Selbsttrost ist nicht falsch. Das biologische Alter ist das eine, die Einstellung dazu etwas ganz anderes. Und doch gibt es ganz bestimmte Wegmarken, die zum Innehalten zwingen und zuweilen eine Krise mit sich bringen. So eine Wegmarke ist zum Beispiel der Übergang von der Berufstätigkeit zur Pensionierung.

Der Zeitpunkt dafür ist recht willkürlich gewählt. Bismarck legte sich auf das 65. Lebensjahr fest, das war im vorletzten Jahrhundert: 1882 führte er die Altersrente für seine Beamten ein. In dieser Zeit allerdings wurde nur ungefähr jeder Zwanzigste überhaupt älter als 65 Jahre. Die Lebenserwartung ist im vergangenen Jahrhundert von durchschnittlich 50 Jahren auf rund 76 bei den Männern und 82 bei den Frauen angestiegen. Wer heute den so genannten Ruhestand antritt, hat noch durchschnittlich zwei bis drei Jahrzehnte Lebenszeit vor sich. Das ist eine Perspektive voller Superlative:

Noch nie war die Nachberufszeit so lang wie heute, noch nie waren Pensionierte so gesund wie heute, noch nie waren Pensionierte so gebildet wie heute, noch nie hatten Pensionierte so viel Geld wie heute, und noch nie hatten so viele Pensionierte noch lebende Eltern. Noch nie also waren so viele Pensionierte auch noch Kinder.

Vieles ist also neu für die jungen Alten. Der Übergang vom meist stark fremd- zum weitgehend selbstbestimmten Leben hat zwei Seiten. Auf der einen Seite gibt es Gewinne, auf der anderen Seite finden sich die Verluste. Dass die Zeit so frei gestaltet werden kann, empfinden die meisten Rentner als Gewinn. Ebenso die Möglichkeit, dass nun vieles, was zuvor zurückstehen musste, jetzt wichtig werden darf: die Beziehung zu den Enkelkindern, die Pflege der Partnerschaft und die Vertiefung von Freundschaften, die Lust aufs Lesen, die Möglichkeit langer Reisen, die Vertiefung in Hobbys und andere Leidenschaften.

Verloren geht bei vielen Menschen um die sechzig eine soziale Rolle, eine Funktion. Wer es im Beruf zu etwas gebracht hat, muss nun an Prestige und an Identitätssicherheit einbüßen. Keiner erwartet mehr Leistung. Plötzlich ist man nicht mehr gefragt, alles ist plötzlich so privat. Die Tage verlieren in der Regel an Struktur, und die Kontakte werden spärlicher. Man muss nichts mehr, man darf nur noch. Dadurch fallen auch Entwicklungsanreize weg.

Es ist die Zeit des »Nicht mehr« und gleichzeitig des »Noch nicht«. Man ist nicht mehr jung und noch nicht alt. Man arbeitet nicht mehr, aber gehört noch nicht zum alten Eisen. Man muss nichts mehr tun, aber man sollte noch nicht die Hände in den Schoß legen.

Die Schwelle von der Erwerbstätigkeit in den Ruhestand ist ein großer Übergang. Ganz besonders in einer Gesellschaft, in der gemeinhin gilt: »Ich arbeite, also bin ich!«

Viele nehmen diese Klippe ohne Stolpern. Für andere kommt es zur Krise. So oder so, drei Dinge sind bei jedem großen Übergang gegeben:

1. Die soziale Rolle verändert sich
2. Die Beziehungen verändern sich
3. Das Selbst verändert sich

Der Weg in den Ruhestand ist ein Weg ins Neuland. Vor einem guten Vierteljahrhundert, als die Eltern pensioniert wurden, war vieles nämlich noch anders. Als Angehörige der Pflichtgeneration, also Menschen, die das WIR großschrieben, haben sie diesen Schritt schicksalsergebener getan als ihre Kinder, die Angehörigen der ICH-Generation, denen Selbstbezug, Selbstbefragung und Selbstverwirklichung zum Lebensprinzip wurde. In der Regel haben die alten Eltern nicht mit so vielen Jahren »danach« gerechnet, auch wenn es dann doch viele wurden. Ihre Kinder hingegen wissen ganz genau, dass sie mit statistischer Wahrscheinlichkeit noch eine Lebenszeit vor sich haben, die länger ist als ihre Kindheit und Jugend zusammengenommen. Und angesichts des bewährten Lebensprinzips der ICH-Generation soll diese Zeit nicht einfach verstreichen, sondern gestaltet werden. Das muss nun nicht gleich den »Unruhestand« bedeuten. Vielleicht bedeutet es, dass, wer altershalber aus dem Unternehmen ausscheidet, nun zum Lebensunternehmer werden kann!

Dieser Übergang ist nicht »gratis« zu haben. Ob er gelingt, hängt auch davon ab, wie die früheren Brücken des Lebens gemeistert wurden: Einschulung, Pubertät, Lehrabschluss oder Abitur, Abschied vom Elternhaus, Berufseinstieg, Partnerschaft, Elternschaft und Verwaisung. So gesehen können wir bei der Pensionierung bereits auf einen vielfältigen Erfahrungsschatz zurückgreifen und auch aus vergangenen Fehlern lernen. Und doch: Auch der Schritt in die nachberufliche Zeit kann Turbulenzen mit sich bringen wie Stress, Gefühlschaos, Ängste und Orientierungslosigkeit. Es gibt viele Möglichkeiten, diesen Übergang zu verpatzen. Man kann im Alten, Ge-

wohnten stecken bleiben. Man kann sich in der neuen Freiheit ver-
irren. Man kann zu viel ans andere Ufer retten wollen oder zu vieles aufgeben. Man kann das Älterwerden leugnen oder frühzeitig
vergreisen. Hilfreich könnte dieser Dreisprung sein:

1. **Ein Ende finden:** Jeder Neuanfang beginnt mit einem Ende.
   Der bisherige Alltag, die Gewohnheiten und Aufgaben müssen
   nicht nur äußerlich, sondern auch innerlich beendet und abgeschlossen werden. Abschiedsrituale sind für diesen Schritt sehr
   hilfreich.
2. **Sich neu orientieren:** Wendepunkte sind Chancen zur Kurs-
   korrektur und zur persönlichen Weiterentwicklung. Dazu brauchen die meisten Menschen eine Auszeit. In dieser Zeit geht es
   darum, sich klar zu werden, wie und wohin es weitergehen soll.
   Gespräche mit vertrauten Menschen helfen bei dieser Wegsuche
   häufig.
3. **Das Neue beginnen:** Unbelastet von »Unerledigtem« und mit
   neuen Zielen kann nun die persönliche Entwicklung vorange-
   trieben und ein Neuanfang gemacht werden. Dabei kann ruhig
   auch einmal etwas schiefgehen. Was neu ist, muss erprobt werden dürfen. Nun ist auch genügend Zeit für Umwege. Die haben
   es in sich, »denn sie erhöhen die Ortskenntnis«, wie ein berühm-
   ter Zenmeister einmal lehrte.

Ursula aus unserem nächsten Beispiel ist mitten im Strudel des
Übergangs gefangen, dabei hatte sie sich so gesehnt nach der »Zeit
mit viel Zeit«.

Ruhestand: *»Die Tage sind so leer!«*

»Wie sehr habe ich mir gewünscht, Zeit zu haben! Zeit für mich, Zeit
für ausgiebige Lektüre, Zeit für meinen um fünfzehn Jahre älteren Mann,
Zeit für unsere vier Enkel, Zeit für lange Reisen und Ausflüge. Wie sehr
habe ich mich gesehnt nach Ruhe! Wie sehr habe ich die Tage gezählt
bis zum Ruhestand! Und nun, wo er da ist, erdrückt mich die Ruhe

schier. Die Tage sind so leer! Früher, als ich noch Schulleiterin war, war ich voll programmiert! Immer war etwas zu tun, zu klären, zu schlichten und zu erarbeiten! Und nun ist alles nur freiwillig. Keiner wartet mehr auf mich. Und ich bin irgendwie wie die Tage: leer. Ausgepowert. Wenig Lust zu fast nichts. Für die Zeitung reicht es gerade. Aber die Bücher liegen ungelesen auf dem Nachttisch. Von Reisen keine Spur. Gestern der Ausflug auf unseren Hausberg, das kam mir schon vor wie eine Expedition. Und die Enkel? Die würden den Tag schon füllen. Aber meine beiden Töchter haben mir unlängst zu verstehen gegeben, dass ich früher auch selten Zeit für die Enkelkinder hatte und die nun nicht plötzlich einfach so zu mir wollten. Nur weil ich nun Zeit habe. Eine harte Nuss für eine Pädagogin.«

Ursula, 64

Was Ursula beschreibt, ist klassisch. An der Schwelle zum Ruhestand befindet sich die erfolgreiche Berufsfrau in einer Übergangskrise. Sie hat sich so gefreut auf die neue Freiheit, nun aber sieht alles ganz anders aus. Statt Freiheit ist da nur Leere. Eigentlich sollten diese angefüllt sein mit Reisen, ausgiebiger Lektüre, gemeinsamen Unternehmungen mit dem Ehemann und den Enkeln. So war es jedenfalls geplant. Nun richtet sich die Realität aber nicht nach dem Plan. Die Bücher bleiben ungelesen, die Ausflüge sind zu anstrengend, und die Enkel bleiben fern. Ursula ist nicht mehr so gefragt! Das ist nicht leicht zu verkraften.

Die sonst so lebenskompetente Frau hat offenbar den Schritt in die nachberufliche Zeit unterschätzt. Ausschließlich die positiven Aspekte hatte sie im Auge. Die Pädagogin wollte Neues in Angriff nehmen und Zeit haben für Hobbys und Beziehungen. Das sind sehr gute Pläne. Nur darf ob all der Planung eine Tatsache nicht vernebelt werden: Die Pensionierung ist ein Bruch im Lebenslauf, ein kritisches Lebensereignis, das eine tiefgreifende Umstellung erfordert. Denn äußere Faktoren wie diese beeinflussen das Selbstwertgefühl. Ein Problem zeigt Ursulas umwerfend klare Schilderung sehr genau: Für die junge Rentnerin fällt nun eine Quelle der Anerkennung und Selbstbestätigung weg. Sie sagt am Schluss ja selbst – eine harte Nuss für eine Pädagogin. Sie sagt nicht: »Das ist nicht leicht für eine Großmutter!« Daran sieht man, wie sehr sie sich immer noch über ihren Beruf definiert. Kein Wunder also, dass sich Ursula noch schwertut mit dem neuen Lebensabschnitt.

Die leeren Tage beunruhigen sie. Früher war ihre Zeit durchstrukturiert, und sie kam mit vielen Menschen zusammen. Diese Begegnungen fehlen nun.

Es hört sich vielleicht etwas streng an, aber aus Sicht der Töchter ist es verständlich, dass ihre Kinder nun nicht auf Abruf zur Großmutter gehen wollen. Ursulas Töchter finden, ihre Mutter habe sich wohl das eine oder andere Mal zu wenig um die Enkel gekümmert. Das könnte den Töchtern – gerade bei dem Beruf der Mutter – bitter aufgestoßen sein. Möglicherweise haben sie sich gedacht: »Für die anderen Kinder hat sie immer Zeit, aber für ihre eigenen Enkel nicht!« Nun kommt die Quittung.

Außerdem scheinen die beiden nicht wirklich zu wissen, in welcher Situation sich ihre Mutter befindet. Nachdem sie sie so lange als tüchtige Berufsfrau erlebt haben, hat in ihren Gedanken eine mütterliche Krise wohl kaum Platz. Ob Ursula ihnen Einblick in ihr Seelenleben gewährt hat, wissen wir nicht. Aber sollte sie mit ihnen nie offen über ihre Situation gesprochen haben, kann sie auch kein Verständnis erwarten.

Für die frischgebackene Rentnerin ist es nun an der Zeit, das Leben neu anzupacken. Dazu gehört, erst einmal zu akzeptieren, was der Ausstieg aus dem Berufsleben alles mit sich bringt. Das sind eben nicht nur Gewinne, sondern auch Verluste. Das zu verarbeiten kostet Kraft und Energie. Da kann einem schon einmal die Puste ausgehen, beispielsweise bei einem Ausflug auf den Hausberg! Des Weiteren steht Ursula vor der Aufgabe, sich in ihrem sozialen Beziehungsnetz neu zu positionieren. Nun ist sie vor allem »Person« und nicht mehr vor allem »Funktion«. Sie ist Ursula, und nicht mehr in erster Linie die Schulleiterin, die Pädagogin!

Damit steht Ursula auch vor der Herausforderung, ihrem Alltag nach und nach eine neue Struktur zu geben, da der Beruf das nicht mehr regelt. Sie könnte sich fragen: Wie viel Zeit nehme ich mir wofür? Wie setze ich meine Prioritäten? Wofür muss immer Zeit sein? Was gibt mir Schwung? Was macht mich müde? Was erfüllt die Leere? Was möchte ich ganz regelmäßig tun? Eine Sofortlösung gibt es dabei nicht. Große Anpassungsleistungen können sich über Jahre hinziehen.

Auch die Situation mit den beiden Töchtern ist zu klären. Wir ermutigen Ursula, ein offenes Gespräch mit ihnen zu wagen und sie teilhaben zu lassen an den Suchbewegungen, die sich für sie aus der neuen Lebensphase ergeben. »Wisst ihr, es tut mir weh, dass ich die Enkelkinder so wenig sehe. Ich habe das Gefühl, da ist etwas nicht gut. Vielleicht nehmt ihr es mir übel, dass ich manchmal einfach nicht zugänglich war, als ihr um eine großmütterliche Entlastung froh gewesen wärt. In dieser Zeit war ich aber selbst auch sehr gefordert. Wie hätten wir es besser machen können? Ich möchte das Ungute mit euch klären und schauen, wie wir das Versäumte nun, da mein Alltag so anders ist, auf eine gute Art nachholen könnten.«

Auch bei geglückter Klärung: Ursula darf nicht erwarten, dass bei ihren Enkeln das Bedürfnis nach Kontakt gleich stark ist wie bei ihr. Aber auch das kann sich mit der Zeit verändern.

Zuweilen können auch die finanziellen Veränderungen, die das Älterwerden mit sich bringt, zum Problem werden, wie in der Geschichte von Rosi. Im Leben ihrer Eltern dreht sich nun im Alter vieles ums Geld:

Geiz: *»Sie dreht jeden Euro zehnmal um.«*

»Meine Eltern haben wirklich genügend Geld. Sie haben immer sparsam gelebt, und so ist doch einiges zusammengekommen. Aber geizig sind sie eigentlich nie gewesen. Aber jetzt, seit mein Vater im Krankenhaus liegt, wird jeder Cent mehrfach umgedreht. Vor kurzem hatte meine Mutter sogar eine Eiweißvergiftung, weil sie ein Stück Fleisch, das wohl nicht mehr ganz frisch war, nicht wegwerfen oder der Katze verfüttern wollte. Jeder Papierschnipsel wird von beiden Seiten beschrieben. Alles wird behalten und gesammelt. Die Wohnung wird immer voller und kleiner. Es hat den Anschein, als hielten sie einfach an allem fest. Als ich ihr neulich den Vorschlag gemacht habe, sie solle sich doch wieder mal ein schönes Kleid kaufen oder sich sonst etwas gönnen, das ihr Freude macht, bekam ich zur Antwort, sie wolle unser Erbe nicht verpulvern und sie sei allein deshalb so sparsam. Aber glauben Sie mir, für mich ist das eher Geiz.«

Rosi, 59

Rosi erlebt ihre Eltern nun anders, als sie sie lange kannte. Sie sagt, sie seien immer sparsam gewesen und hätten sich keinen großen Luxus geleistet. Aber jetzt nimmt das Ganze Formen an, die für die Tochter nicht mehr nachvollziehbar sind. Jeder Euro wird mehrfach umgedreht, Zettel werden mehrfach benutzt, und alles wird aufgehoben, für den Fall, dass man es noch einmal gebrauchen könnte. Sogar verdorbene Lebensmittel werden auf Kosten der eigenen Gesundheit noch verwertet.

Rosi macht sich verständlicherweise ernsthaft Sorgen. Das geht ihr zu weit, und sie macht ihrer Mutter den Vorschlag, sich doch auch mal etwas zu gönnen. Die Begründung, dass die Mutter das Erbe nicht verpulvern möchte, hält Tochter Rosi für fadenscheinig. Aus ihrer Sicht ist die Mutter einfach geizig geworden. Obwohl Rosi berichtet, dass sie diese Veränderung vor allem seit dem Krankenhauseintritt ihres Vaters beobachtet, stellt sie keinen Zusammenhang zwischen der Sparsamkeit und der veränderten Lebenssituation der Eltern her. Rosi scheint auch nicht nachgefragt zu haben, was der Grund für das Verhalten der Mutter sei, sondern ihr ungefragt vorgeschlagen haben, ein neues Kleid zu kaufen oder sich sonst etwas Schönes zu gönnen.

Die Mutter weist diesen Vorschlag mit dem Einwand zurück, sie wolle das Erbe nicht verpulvern. Den Kindern etwas von dem zu hinterlassen, was man im Leben zusammengespart hat, ist ihr wichtig. Sie sollen es einmal besser haben! Das ist ein Grundgedanke, der viele alte Menschen beschäftigt und dem sie versuchen, gerecht zu werden. Sie sehen es gewissermaßen als elterliche Pflicht an, sparsam zu haushalten. Bei Rosis Mutter hat Sparsamkeit wohl immer schon eine Rolle gespielt. Wie soll sie da im Alter plötzlich in der Lage sein, den Schalter umzulegen und sich so mir nichts, dir nichts ein neues Kleid zu kaufen? Auch sich selbst etwas gönnen will gelernt sein.

Wir meinen aber, dass hier möglicherweise noch etwas anderes hinzukommt. Der Mann ist im Krankenhaus. Wir erfahren nicht, wie ernst es um ihn steht, aber wir wissen, dass Gesundheits- und Pflegekosten enorm hoch sein können. Wir kennen die weit verbreitete Angst alter Menschen, irgendwann nicht mehr in der Lage zu sein, für sich selbst aufzukommen. Es reicht, wenn man damit leben muss, körperlich von anderen abhängig zu sein. Aber zusätzlich finanzielle Hilfe annehmen zu müssen, das möchte keiner gerne. Ist das nicht ein möglicher Grund für die scheinbar übertriebene Sparsamkeit von Rosis Mutter?

Vielleicht geht Rosi beim Lesen dieser Zeilen ein Licht auf. Vielleicht kann sie den »Altersgeiz« ihrer Mutter nun in einem anderen Licht sehen. Das wäre eine gute Gesprächsbasis. In diesem Gespräch haben Ratschläge zunächst keinen Platz, zentral sollten die töchterlichen Gefühle sein. Rosis Sorgen sind nämlich nicht unberechtigt. Sparsamkeit für spätere Jahre und für das Erbe der Kinder in allen Ehren, aber der Verzehr von verdorbenen Lebensmitteln muss wirklich nicht sein!

»Mutter, wie geht es dir eigentlich, seit Vater im Krankenhaus ist? Was beschäftigt dich? Gibt es etwas, das dir Sorgen macht? Kann ich dabei etwas für dich tun? Weißt du, mir fällt nämlich auf, dass … Ich kann wirklich verstehen, dass du das Geld nicht einfach verpulvern willst, und ich freue mich auch, wenn du dabei an uns Kinder denkst, aber wenn du dann sogar verdorbenes Fleisch isst, habe ich als dein Kind gar kein gutes Gefühl mehr. Manchmal mache ich mir Sorgen.« Auf diese Weise kann die

Tochter sicher eher herausfinden, was die alte Mutter wirklich bewegt, und kann ihr dann die Unterstützung geben, die ihr wirklich guttut.

Das liebe Geld und der Umgang mit einem gewissen Luxus beschäftigt auch Margot. Sie beklagt die mangelnde Sparsamkeit ihrer Tochter:

Alte Werte, neue Standards: *»Sie kann auf nichts verzichten!«*

»Früher wusste man noch, was Haushalten heißt: sparsam sein. Nun regiert halt die Wegwerfgesellschaft, und wir gehören mit unserer Sorgfalt zum alten Eisen. Ja nu. Die Zeiten ändern sich halt. Aber alles hat doch Grenzen! Finden Sie nicht? Also meine Tochter ist ein regelrechtes Luxusweibchen. Unter dreimal Ferien pro Jahr geht gar nichts. Und die sind immer weit weg. Bei uns hieß es noch: Warum denn in die Ferne schweifen? Das Gute liegt so nah! Aber nein: Island-Hopping ist das Mindeste! Oder: Wenn meine Tochter Schuhe findet, die ihr gefallen, dann kauft sie die einfach. Obwohl sie gar keine braucht oder schon ähnliche hat. Sie kann einfach auf nichts verzichten. Auch ihre Kinder verwöhnt sie nach Strich und Faden. So hat beispielsweise meine 18-jährige Enkelin zu Weihnachten ein eigenes Auto bekommen. Ich kann das nicht fassen! Alle leben in Saus und Braus und müssen hart arbeiten für diesen Luxus. Mein Schwiegersohn ist ein erfolgreicher Kleinunternehmer. Aber Zeit haben sie wenig für das, was zählt: die Familie, das Zuhause, den Frieden, die Ruhe. Ganz zu schweigen von der Zeit für mich.«
Margot, 72

Margot hat kein Verständnis für den Lebensstil ihrer Tochter. Sie vergleicht diesen mit ihrem eigenen von anno dazumal. Da galt Sparsamkeit noch etwas. Heute wird einfach alles weggeworfen, und man leistet sich, was man will. Angefangen bei luxuriösen Ferien, über das Auto für die 18-Jährige bis hin zu den Schuhen, die die Tochter eigentlich gar nicht benötigt. Dieses Leben in Saus und

Braus kann Margot nur schwer mit ansehen. Sie bemerkt auch, dass ihre Tochter und ihr Schwiegersohn hart dafür arbeiten und wenig Zeit haben. Vor allem haben sie wenig Zeit für Margot!

Könnte es sein, dass da der Hase im Pfeffer liegt? Wir haben den Eindruck, als sei das das eigentliche Hauptproblem. Margot fühlt sich vernachlässigt. Materielle Dinge sind ihrer Tochter und deren Familie wichtiger als das Zusammensein mit ihr. Im Stillen wirft Margot ihrer Tochter einiges vor: Der Lebenswandel ist zu konsumorientiert und die Erziehung zu verwöhnend! Wieso kann sich Margot offenbar gar kein bisschen daran freuen, dass das Kleinunternehmen floriert und dass ihre Nachkommen das Leben genießen?

Für Margots Tochter sieht es vielleicht so aus: Wir arbeiten hart und möchten uns auch etwas leisten, und zwar nicht erst, wenn es zu spät ist, sondern jetzt, solange wir noch jung sind und es auch genießen können.

Vielleicht liegt der Ursprung dieser Haltung sogar in ihrer Kindheit mit einer sehr sparsamen Mutter? Musste Margots Tochter zu häufig verzichten? Zu vielem entsagen? Vielleicht ist es für die Kleinunternehmerin nun wichtig, so richtig aus dem Vollen schöpfen zu können und den lieben Gott immer wieder einmal einen guten Mann sein zu lassen.

Margot macht uns einen etwas verbitterten und festgefahrenen Eindruck. Sie scheint ihre alten Strukturen und ihre eigenen Werte zur Norm zu erheben. Für Margot haben sie sich bewährt. Aber müssen sie deswegen auch für die Tochter und deren Familie Gültigkeit haben? Was ist es denn, was Margot so beunruhigt? Die Tochter stürzt sich ja nicht in Schulden. Und die Füße mit schönen Schuhen zu schmücken schadet niemandem. Findet Margot aus Prinzip, man sollte verzichten? Das darf sie finden. Ihre Meinung ist ja nicht einfach nur falsch. Wir freuen uns, wenn Margot mit ihrem Leben zufrieden ist. Wir möchten die besorgte Mutter nur dazu ermutigen, ihrer Tochter einen eigenen Lebensstil zuzugestehen. Wichtig scheint uns auch, dass sie sich vor Augen führt, dass die Tochter ja nicht auf Kosten anderer lebt.

Genauso wichtig aber ist, dass Margot sagt, wo der Schuh wirklich drückt. Die alte Dame fühlt sich vernachlässigt. Bevor sie das mit ihrer Tochter bespricht, sollte sie sich selbst darüber klar werden, wie sie sich den Kontakt zu den Kindern und möglicherweise auch zu den Enkelkindern eigentlich wünscht. Möchte sie sie häufiger sehen? Möchte sie mehr telefonieren? Möchte sie mehr wissen aus ihrem Leben? Möchte sie mehr an ihrem Leben teilhaben? Möchte sie andere Dinge mit ihnen unternehmen als bisher üblich? Was genau ist nicht genug? Gleichzeitig kann die Mutter und Großmutter bei dieser Selbstbefragung im Auge behalten, ob die Erwartungen auch realistisch sind. Kann die tüchtige Tochter das überhaupt leisten?

Wenn Margot zum Schluss kommt, dass gewisse Veränderungen für sie hilfreich und realistisch sein könnten, dann kann sie in einer ruhigen Minute das Gespräch mit der Tochter suchen. Sie kann ihr mitteilen, dass sie sehe, wie sehr sie arbeite, und dass sie sicher Urlaub und Ferien brauche, dass sie sich aber dennoch freuen würde, wenn sie hier und da mehr Zeit miteinander verbringen könnten. Die Entscheidung, ob und wie das zu realisieren ist, liegt dann aber wieder bei der Tochter. Doch wenn es Margot gelingt, ihr Anliegen als echtes Bedürfnis zu formulieren, dann wird die Tochter es auch hören. Dann wird sie sich weder kritisiert noch zur Rechenschaft gezogen fühlen, und es wird ihr leichter fallen, auf die Wünsche der Mutter einzugehen.

Gerd aus unserem nächsten Beispiel wiederum beklagt, dass seine Eltern im Alter zu wenig sparsam leben. Er sieht sein Erbe gefährdet und hat den Mut, offen darüber zu reden:

Erben: *»Am Ende gehen wir leer aus!«*

»Also, es wäre mir nicht recht, wenn ich bei Ihnen den Eindruck erwecken würde, geldgierig zu sein. Nein, das sind wir eigentlich nicht.

Aber ehrlich gesagt, scheint es mir ziemlich unsinnig, dass meine Eltern nun plötzlich ihren Lebensabend in einem Altersheim verbringen wollen. Das kostet ja eine Menge Geld. Ich höre schon den Taxameter. Tag für Tag. Sie haben zwar recht viel auf der hohen Kante. Geprasst haben sie nämlich nie. Gerade deswegen wollen sie es sich nun am Lebensende gut gehen lassen, sagen sie. Genießen wollen sie die letzte Zeit. Sich ein bisschen verwöhnen lassen, ohne krank zu sein. Gut, die einen oder anderen Zipperlein hat man halt Mitte achtzig. Aber unter uns gesagt: Pflege und Verwöhnung könnten sie ja auch zu Hause haben. Meine Frau hätte ja Zeit. Unsere Kinder sind längst aus dem Haus. Ich arbeite noch ein Weilchen. Das scheint ja nun auch nötig. Denn wenn das ganze Geld der Eltern für das Heim draufgeht, gehen wir am Ende noch leer aus!«

Gerd, 64

Gerds Einstellung ist eher ungewöhnlich. Er kann die Entscheidung der Eltern, in ein Altersheim zu ziehen, nicht verstehen. Er findet es sogar unsinnig. Auch wenn er sieht, dass sie bereits das eine oder andere Zipperlein haben, befindet der Sohn, es sei noch zu früh für ein Heim. Das koste zu viel, und sich verwöhnen lassen, das könne man sich ja auch zu Hause. Seine Frau könnte das doch übernehmen!

Ob die Frau von Gerds Plan weiß und ob sie ihm wohl zustimmen würde? Uns scheint: Gerd denkt dabei vor allem an sich selbst. Keinen Gedanken verschwendet er daran, was die Pflege und Betreuung für seine Frau bedeuten würde. Keinen Gedanken daran, was das für seine Eltern hieße. Und auch keinen Gedanken daran, was passieren soll, wenn die Eltern ständig wachsende Unterstützung benötigen. Gerd macht sich nur Gedanken über das Geld. Er hat wohl damit gerechnet, dass er durch ein gutes Erbe früher aus dem Berufsleben ausscheiden könnte. Nun, wo er befürchten muss, am Ende leer auszugehen, muss er noch länger arbeiten als geplant.

Gerd hat wohl die Rechnung ohne den Wirt gemacht. Seine Eltern haben anders entschieden. Sie nutzen einen Teil ihres ersparten Geldes, um sich den Lebensabend zu erleichtern. Es gehörte nicht zu ihrem Leben, Geld einfach zu verpulvern, aber jetzt, wo sich die ersten Einschränkungen des Alters bemerkbar machen, da wollen sie das Ersparte sinnvoll nutzen. Ihre Wohnung wollen sie aufgeben und gemeinsam in ein Altersheim ziehen, an einen Ort, an dem ihnen vieles abgenommen wird. Sie wollen die verbleibenden Kräfte für all das nutzen, was nun zählt. Das gefällt uns.

Gerds Eltern entscheiden selbst über das, was für sie richtig und gut ist. Sie fallen dabei niemandem zur Last. So entsprechen sie dem Modell des erfolgreichen Alterns von Paul B. Baltes, über das Sie im 5. Kapitel dieses Buches mehr lesen können. Gerds Eltern selektionieren, was ihnen wirklich wichtig ist: ein gutes und zufriedenes Alter, ohne den Kindern zur Last zu fallen. Das erreichen sie, indem sie das, was ihnen schwerfällt, im Sinne des Kompensierens an andere delegieren. So können sie ihr Leben so leben, wie sie es sich für diesen Lebensabschnitt vorgestellt haben. Mit diesem Schritt haben sie ihren Alltag optimiert und können die verbliebenen Kräfte nutzen für das, was ihnen Freude macht.

Gerd dürfen wir raten, diese Tatsache zu akzeptieren und sich zu freuen, wie eigenständig seine Eltern ihr Leben im Alter meistern. Vielleicht macht sich der Sohn im Rentenalter auch einmal Gedanken darüber, welche Ansprüche er eigentlich an das Erben stellt. Immerhin wird Gerd, der sich selbst ja explizit als nicht geldgierig bezeichnet, klar sein, dass das Ersparte der Eltern bis zum letzten Atemzug ihr Eigentum ist. Es scheint uns nie gerechtfertigt, mit einer Erbschaft fest zu kalkulieren. Das wäre ein schlechter Hintergrund für ein gutes Miteinander von erwachsenen Kindern und ihren betagten Eltern. Und ob die Erwartungen, die Gerd offenbar ganz selbstverständlich an seine Frau stellt, eine Basis für eine gute Ehe sind, das lassen wir einmal dahingestellt. Vielleicht ist sie in diesem Punkt ja auch ganz seiner Meinung. So oder so, Gerd wünschen wir ein paar stille Momente, um über dies und das nachzudenken.

Guter Rat und gar nicht teuer

1. Große Veränderungen sind nicht von heute auf morgen zu bewältigen. Nehmen Sie sich genügend Zeit für den großen Schritt vom Beruf in den Ruhestand!

2. Das eigene Geld ist Dreh- und Angelpunkt für Autonomie. Wenn die Kräfte schwinden und alte Eltern abhängig werden, ist die finanzielle Unabhängigkeit oft ein letzter Garant für das Gefühl, doch noch souverän zu sein. Deswegen sind sie zuweilen sehr sparsam oder wirken sogar geizig. Respektieren Sie ihren Umgang mit diesem wichtigen Symbol!

3. Freuen Sie sich grundsätzlich darüber, wenn Ihre Kinder oder Ihre alten Eltern es sich gut gehen lassen. Es ist ein Zeichen von Lebensfreude!